Jonathan T. Hogan
José Roberto A. Igreja

Phrasal Verbs

Como falar inglês como um americano!

8ª reimpressão

© 2014 Jonathan T. Hogan e José Roberto A. Igreja

Preparação de texto
Larissa Lino Barbosa / Verba Editorial

Capa e projeto gráfico
Paula Astiz

Editoração eletrônica
Laura Lotufo / Paula Astiz Design

Ilustrações
Rafael Dourado

Assistente editorial
Aline Naomi Sassaki

Dados Internacionais de Catalogação na Publicação (CIP)
(Câmara Brasileira do Livro, SP, Brasil)

Hogan, Jonathan T.
  Phrasal verbs : como falar inglês como um americano /
Jonathan T. Hogan, José Roberto A. Igreja. – São Paulo : DISAL, 2014.

  Bibliografia.
  ISBN 978-85-7844-171-5

  1. Inglês - Frases do verbo 2. Inglês - Gramática 3. Inglês -
Verbos I. Igreja, José Roberto A. II. Título.

14-12719   CDD-425

          Índices para catálogo sistemático:
      1. Frases do verbo : Inglês : Linguística 425
      2. Verbos frasais : Inglês : Linguística 425

Todos os direitos reservados em nome de: Bantim, Canato e Guazzelli Editora Ltda.

Alameda Mamoré 911 - cj. 107
Alphaville - BARUERI - SP
CEP: 06454-040
Tel. / Fax: (11) 4195-2811
Visite nosso site: www.disaleditora.com.br
Televendas: (11) 3226-3111

Fax gratuito: 0800 7707 105/106
E-mail para pedidos: comercialdisal@disal.com.br

Nenhuma parte desta publicação pode ser reproduzida, arquivada ou transmitida de nenhuma forma ou meio sem permissão expressa e por escrito da Editora.

SUMÁRIO

Prefácio, prof. dr. John Milton (USP) — 5

Apresentação — 7
- Bem-vindo a **Phrasal verbs** — 7
- A quem este livro se destina? — 7
- Como posso utilizar este livro? — 8

Introdução – phrasal verbs! — 9
- Afinal, o que é phrasal verb? — 9
- Por que os phrasal verbs são TÃO importantes? — 9
- Phrasal verbs: n combinações possíveis = significados diversos — 10
- Phrasal verbs: uma combinação + contextos diferentes = significados diversos — 10
- Tipos de phrasal verbs — 11

Índice de phrasal verbs apresentados — 13

Phrasal verbs — 19

Como expressar 130 ideias essenciais com phrasal verbs — 237

Exercises — 241

Key to exercises — 283

Sobre os autores — 295

PREFÁCIO

Stop over, **get on**, **get off**, **carry out**, **go on**, **go over**, **go off**. Let's **give up**! Phrasal verbs são um dos maiores problemas para o aprendiz de inglês, talvez o maior para o falante de uma língua de raízes latinas, que não tem nada semelhante. Bom conhecimento deles, e sobretudo a habilidade para usá-los apropriadamente, é a marca principal de fluência em inglês pelo falante não-nativo da língua inglesa. Outro problema são os tipos diferentes de **phrasal verb**: pode-se separar **give up** (**give smoking up**), mas não **look after** (**look after the children**). E, ainda mais, muitas preposições são usadas para intensificar o verbo. É natural para o falante nativo dizer **clean up the room** e **tear up the paper** para "fazer uma boa limpeza do quarto" e "rasgar o papel em pedaços", mas é muito difícil para o não-nativo acostumar-se a usar essas partículas.

Assim, a grande utilidade do livro de Jonathan T. Hogan e José Roberto A. Igreja, **Phrasal Verbs – Como falar inglês como um americano**, é fazer uma apresentação clara desse fenômeno, com explicações gramaticais que esclarecem quaisquer dúvidas, um grande número de exemplos e exercícios práticos para fixar seus usos.

Work the phrasal verbs out, **gobble them down**, **sleep on them** e, depois, **show off** seu conhecimento, usando-os. E, se você não entendeu esses **phrasal verbs**, **don't give up**, **check them out**, ou **check them up** (até os falantes nativos às vezes se confundem!) em **Phrasal Verbs – Como falar inglês como um americano**.

Prof. Dr. John Milton
Professor do Curso de Pós-Graduação em Estudos Linguísticos e Literários em Inglês
Faculdade de Filosofia, Letras e Ciências Humanas (FFLCH)
Universidade de São Paulo (USP)

APRESENTAÇÃO

Bem-vindo a Phrasal verbs – Como falar inglês como um americano

Você tem em mãos uma ferramenta útil, cuidadosamente planejada para atender ao aluno brasileiro de inglês - e também aos professores - no que diz respeito a um assunto-chave no idioma: os phrasal verbs.

Cada seção do livro foi elaborada com o objetivo de facilitar a compreensão, a consolidação e o uso desses verbos no dia-a-dia.

Com abordagem essencialmente prática, **Phrasal verbs** inclui:

- Uma seleção de todos os phrasal verbs mais importantes e realmente usados na conversação cotidiana pelos falantes nativos. No caso de phrasal verbs com o mesmo significado, ou com significado oposto, o leitor encontrará também uma indicação remissiva.

- Substantivos e adjetivos formados de phrasal verbs, como **drop-out**, **grown-up**, **letdown**, **outstanding**, **printout**, **setback**, **rip-off** e **slip-up**.

- Expressões comuns formadas de phrasal verbs, como **be up to someone**, **go down in history**, **hang on in there**, **make up one's mind** e **pick up speed**.

- A seção **Como expressar 130 ideias essenciais com phrasal verbs**, planejada para possibilitar a aplicação imediata de um phrasal verb com base na ideia que se quer expressar, tal qual faria um falante nativo do inglês.

- Vinte sets de exercícios práticos, concebidos para o aluno brasileiro (com diferentes tipos de exercício), que ajudam a consolidar o aprendizado e reforçar a compreensão de maneira dinâmica e interativa.

- A seção **Key to exercises**, com as respostas a todos os exercícios apresentados, fazendo do livro um excelente material para o estudo autodidático.

A quem este livro se destina?

Ele foi concebido para ser um guia complementar e indispensável nessa área-chave do idioma, destinando-se a:

- Estudantes de inglês em geral, independentemente do nível, mas sobretudo alunos do intermediário em diante.

- Estudantes dos cursos de letras e de tradutor-intérprete.

- Professores de inglês em geral.

- Candidatos aos exames de proficiência no idioma inglês (como Michigan, FCE, CPE e TOEFL e outros), que poderão beneficiar-se em especial da seção de exercícios.

- Qualquer pessoa que já fale o inglês e deseje tornar seu discurso ainda mais natural.

Como posso utilizar este livro?

Na elaboração do livro, tivemos como objetivo proporcionar ao leitor o contato com os principais phrasal verbs mediante exemplos realistas e contextualizados, que refletissem o uso entre os falantes nativos.

Você poderá utilizar este livro como guia de referência para tirar dúvidas sobre o emprego de determinado phrasal verb, consultando os verbetes nas páginas relacionadas no **índice de phrasal verbs apresentados** (página 13).

Além da definição em inglês, você encontrará ali o significado em português. Sempre que possível, estará indicada também a equivalência coloquial em português. Por exemplo: **bounce back** ("dar a volta por cima"), **chicken out** ("amarelar"), **hang up on** ("bater o telefone na cara de alguém"), **harp on** ("bater na mesma tecla"), **screw up** ("pisar na bola"), **sneak away** ("sair de fininho"), **think up** ("bolar"), **work out** ("malhar").

Outra forma de utilizar o livro é ir à seção **Como expressar 130 ideias essenciais com phrasal verbs**, que possibilita a aplicação imediata de determinado phrasal verb, tal qual faria um falante nativo, com base na ideia que se quer expressar, remetendo aos exemplos apresentados.

A seção de exercícios (página 241), que compreende atividades variadas, ajuda a revisar e consolidar o aprendizado de modo bastante efetivo. Como já dissemos, ela se mostra especialmente interessante e útil para quem vai submeter-se a exames de proficiência no inglês.

INTRODUÇÃO - PHRASAL VERBS!

Afinal, o que é phrasal verb?
No idioma inglês, a denominação **phrasal verb** é utilizada de forma genérica para referir-se à combinação de um verbo principal com mais uma ou duas palavras, que podem ser preposições e/ou advérbios. Alguns exemplos: **bump** + **into**, **get** + **over**, **pick** + **up**, **show** + **off**, **catch** + **up** + **on**, **fall** + **back** + **on**, **put** + **up** + **with**.

Muitas vezes, conhecer o significado isolado do verbo e da(s) outra(s) palavra(s) que compõem determinado phrasal verb não é suficiente para entendê-lo com clareza, já que ele pode ter significado idiomático. No caso de **give in**, por exemplo, conhecer o verbo **give** (dar) e a preposição **in** (dentro) não basta para chegarmos ao verdadeiro significado desse phrasal verb, que é "render-se; ceder".

Por que os phrasal verbs são TÃO importantes?
Entre os falantes nativos do inglês, existe uma tendência natural a utilizar phrasal verbs em vez de verbos "puros" (os chamados **single-word verbs**).

Ao querer expressar, por exemplo, a ideia de "inventar" na frase "Tim está sempre inventando desculpas para não fazer a lição de casa", um falante nativo normalmente diria: "Tim is always **making up** excuses to avoid doing his homework". Ou seja, optaria espontaneamente pelo phrasal verb **make up** em lugar do single-word verb **invent**.

Veja mais alguns exemplos:

» A comissária de bordo pediu ao passageiro que apagasse o cigarro.
The flight attendant asked the passenger to put out his cigarette.
Nessa frase, o phrasal verb **put out** (apagar cigarro, incêndio etc.) seria a opção natural de um falante nativo, em vez do verbo **extinguish**.

» Paul não estava sentindo-se bem e vomitou.
Paul was not feeling well and threw up.
Aqui, tem-se o emprego do phrasal verb **throw up**, no lugar do verbo **vomit**, que não costuma ser usado em diálogos coloquiais.

» Ray entrou no prédio e foi a seu escritório no quinto andar.
Ray got into the building and went up to his office on the fifth floor.
Entre os falantes nativos, o uso do phrasal verb **get into** para expressar "entrar" é mais comum do que o do verbo **enter**.

Tais exemplos evidenciam a presença frequente dos phrasal verbs no discurso cotidiano e o fato de que, para utilizar o inglês de forma mais natural, é preciso estar familiarizado com os principais verbos desse tipo.

Uma característica que torna os phrasal verbs especiais é que eles são bastante descritivos e têm a capacidade de expressar com mais ou menos nuances determinada ação. **Blow out**, por exemplo, descreve com mais clareza a ideia de "apagar assoprando" (vela, fósforo) ao passo do que **put out**, que significa apenas "apagar" (cigarro, incêndio):

> » Mary **blew out** the candles on her birthday cake.
> Mary apagou as velas em seu bolo de aniversário.

> » The firefighters quickly **put out** the fire.
> Os bombeiros apagaram o incêndio rapidamente.

Outro bom exemplo é **tuck in**, que, embora compacto, descreve detalhadamente (numa das acepções desse phrasal verb), a ação completa de "colocar, especialmente crianças, na cama, ajeitando-as e cobrindo-as":

> » Every night Ralph **tucks** his son **in** and tells him a bedtime story until he falls asleep.
> Todas as noites Ralph coloca o filho na cama e lhe conta uma história até ele adormecer.

Phrasal verbs: n combinações possíveis = significados diversos

É interessante observar a quantidade de significados diferentes que resultam da combinação com um mesmo verbo. Veja-se, por exemplo, **look** (olhar) com diferentes preposições e/ou advérbios: **look after** (cuidar), **look at** (olhar para), **look down on** (desprezar), **look for** (procurar), **look forward to** (aguardar ansiosamente), **look into** (investigar), **look up** (consultar), **look up to** (admirar) etc.

Phrasal verbs: uma combinação + contextos diferentes = significados diversos

Muitas vezes, um único phrasal verb utilizado em contextos distintos pode produzir significados diversos. Veja o exemplo de **make up**:

> **inventar**
>> » Jake has a very powerful imagination. He's good at **making up** stories.
>> Jake tem imaginação fértil. Ele é bom em inventar histórias.

> **fazer as pazes**
>> » It's good to see that Linda and Matt have already **made up**.
>> É bom ver que Linda e Matt já fizeram as pazes.

> **maquiar-se**
>> » Jane always **makes** herself **up** before going to parties.
>> Jane sempre se maquia antes de ir a festas.

> **compensar**
> » "Can I take Friday off and **make** it **up** later?", Liz asked her boss.
> "Posso tirar a sexta-feira livre e compensar depois?", Liz perguntou a seu chefe.

Os tipos de phrasal verbs

A designação **phrasal verb** é utilizada de maneira geral para referir-se à categoria de verbos chamada **multi-word verbs**. Dentre estes, temos os **two-word verbs** (em que se incluem os phrasal verbs propriamente ditos e os **prepositional verbs**)* e os **three-word verbs** (mais precisamente denominados **phrasal-prepositional verbs**).

A tabela seguinte traz um resumo explicativo:

Multi-word verbs	Two-word verbs	Phrasal verbs	Intransitive	» Gary grew up in California. Gary cresceu na Califórnia.
			Transitive (separable)	» Mary blew out the candles on her birthday cake. Mary apagou as velas em seu bolo de aniversário.
		Prepositional verbs (inseparable)		» Mike looked for his keys everywhere, but couldn't find them. Mike procurou suas chaves em todos os lugares, mas não conseguiu achá-las.
	Three-word verbs	Phrasal-prepositional verbs		» It's good to have loyal friends to fall back on in times of trouble. É bom ter amigos leais a quem recorrer em tempos difíceis.

Os phrasal verbs transitivos (ou seja, que necessitam de objeto) são "separáveis" (**separable**), pois o objeto pode vir entre o verbo e a preposição.

» Mary **blew out** the candles on her birthday cake. [the candles = objeto direto]
=
» Mary **blew** the candles **out** on her birthday cake.
Ou
» Mary **blew** them **out**. [quando o contexto já estiver explícito]

Já no caso dos prepositional verbs, também transitivos, não é possível separar a preposição do verbo. Por isso, eles são denominados "inseparáveis" (**inseparable**). Na frase "Mike **looked for** his keys everywhere, but couldn't find them", não dá para colocar o objeto direto (**his keys**) entre o verbo (**look**) e a preposição (**for**), sendo apenas possível dizer (caso o contexto já esteja claro): "Mike **looked for** them".

*Prepositional verbs: verbos que normalmente são seguidos de determinadas preposições e que frequentemente não têm significado idiomático, podendo ser compreendidos com base nos significados isolados do verbo e da preposição. Exemplos: **depend on** (depender de); **deal with** (lidar com); **look for** (procurar por).

Às vezes, um mesmo phrasal verb pode ser intransitivo numa acepção e transitivo em outra. Vejamos o exemplo de **turn up**:

> **aparecer, chegar (intransitivo)**
>> "We waited for Barry until about 7 p.m., but he didn't **turn up**", Tony told us.
>> "Esperamos Barry até umas 19 h, mas ele não apareceu", Tony nos contou.

> **aumentar o volume (transitivo)**
>> "Can you **turn up** the radio?", Fred asked Stan.
>> "Você pode aumentar o rádio?", Fred perguntou a Stan.

>>> **Transitivo nessa acepção, o phrasal verb turn up requer aqui um objeto direto, the radio. Assim, podemos dizer "Can you turn the radio up?", ou ainda, caso a palavra radio já tenha sido mencionada e o contexto esteja claro: "Can you turn it up?"**

É importante enfatizar que **você não deve preocupar-se** com a classificação dos phrasal verbs descrita acima.

Lembre-se de que o termo **phrasal verb** é utilizado de forma geral para referir-se a qualquer combinação entre verbo e preposição/advérbio – e de que, quando um falante nativo emprega os phrasal verbs, ele nunca pensa em sua classificação, apenas os usa instintivamente.

ÍNDICE DE PHRASAL VERBS APRESENTADOS

Abide By 21
Abstain From 21
Account For 21
Act On 21
Act Out 22
Act Up 22
Aim At 22
Answer Back 22
Appeal To 23
Ask For 23
Ask In 23
Ask Out 23
Back Down 24
Back Off 24
Back Out 24
Back Up 24
Bail Out 25
Be About To 25
Be After 26
Be Around 26
Be Away 26
Be For 26
Be From 27
Be In 27
Be In For 27
Be Into 28
Be Off 28
Be Off To 28
Be On 28
Be On To 29
Be Out 30
Be Out Of 30
Be Out To 30
Be Over 30
Be Through 31

Be Through With 31
Be Up 31
Be Up To 32
Beat Up 32
Beef Up 33
Black Out 33
Blow Away 33
Blow Down 34
Blow Off 34
Blow Out 34
Blow Over 35
Blow Up 35
Boil Down To 36
Boil Over 36
Book In/Into 36
Boss Around 37
Bottom Out 37
Bounce Back 37
Branch Out 38
Break Down 38
Break In/Into 39
Break Out 40
Break Through 41
Break Up 41
Breathe In 42
Breathe Out 42
Brighten Up 42
Bring About 42
Bring Back 43
Bring Down 43
Bring Up 43
Brush Up On 44
Buckle Up 44
Build Up 44
Bum Off 44

Bump Into 44
Bundle Up 45
Burn Down 45
Burn Out 45
Burn Up 46
Butter Up 46
Butt In 46
Button Up 46
Buy Out 46
Buzz In 47
Call Back 47
Call For 47
Call In 48
Call Off 48
Call On 49
Call Out 49
Call Up 49
Calm Down 49
Care About 50
Care For 50
Carry On 50
Carry Out 51
Cash In On 51
Catch On 51
Catch Up On 52
Catch Up With 52
Cater To 52
Chase After 53
Cheat On 53
Check In 53
Check On 54
Check Out 54
Check Up On 54
Cheer Up 55
Chicken Out 55

13

Chill Out 56	Cut Off 69	Fill In 82
Chow Down On 56	Cut Out 70	Fill In (For) 82
Clam Up 56	Cut Up 70	Fill In (On) 82
Clean Out 56	Date Back 71	Fill Out 83
Clean Up 57	Dawn On 71	Fill Up 83
Clear Up 57	Deal With 71	Finish Off 83
Clock In 57	Depend On 71	Find Out 84
Clock Out 57	Dive Into 72	Fire Away 84
Close Down 57	Divvy Up 72	Fit In /Into 84
Close In 58	Do Over 72	Fix Up 85
Close In On 58	Do With 73	Flash Back 85
Cloud Over 58	Do Without 73	Flip Out 86
Come About 58	Draw On 73	Focus On 86
Come Across 59	Draw Up 73	Follow Up 86
Come Along 59	Dress Down 73	Fool Around (With) 87
Come Around 59	Dress Up 74	Freak Out 87
Come Back 60	Drink Up 74	Freshen Up 88
Come By 60	Drop By 74	Frown On 88
Come Down 61	Drop Out 74	Fuck Up 88
Come Down To 61	Drop In On 75	Gear Up (For) 89
Come Down With 61	Drop Off 75	Get Along 89
Come From 61	Eat In 76	Get Away 90
Come In 62	Eat Out 76	Get Away With 90
Come Into 62	Eat Up 76	Get Back 90
Come Off 62	Egg On 76	Get Back At 91
Come On 62	End Up 76	Get Back To 91
Come Out 63	Even Out 77	Get By 91
Come Over 64	Fade Away 77	Get Down 91
Come To 64	Fall Apart 77	Get Down To 92
Come Up 65	Fall Back 78	Get In /Into 92
Come Up With 65	Fall Back On 78	Get Into 92
Cool Down 66	Fall Behind 78	Get Off 93
Count Down 66	Fall Down 78	Get On 94
Count On 66	Fall For 78	Get Over 94
Cover Up 67	Fall Off 79	Get Over With 95
Crack Down On 67	Fall Out 79	Get Through 95
Crack Up 67	Fall Over 80	Get Through To 96
Crank Out 68	Fall Through 80	Get To 96
Cross Out 68	Feel Down 80	Get Up 97
Cry Out 68	Feel Like 81	Give Away 97
Cut Back (On) 68	Feel Up To 81	Give Back 98
Cut Down (On) 69	Figure Out 81	Give In 98

14

Give Off **98**	Hear From **116**	Let In On **131**
Give Out **99**	Hear Of **116**	Let Off **131**
Give Up **99**	Hear Out **116**	Let Out **131**
Give Up On **100**	Heat Up **117**	Let Up **132**
Go Against **100**	Help Out **117**	Level With **132**
Go Ahead **100**	Hit On **117**	Lie Down **133**
Go Along With **101**	Hold Back **118**	Light Up **133**
Go Away **101**	Hold Down **118**	Line Up **133**
Go Back **101**	Hold On **119**	Live Off **134**
Go Back On **102**	Hold On To **119**	Live On **134**
Go Back To **102**	Hold Out **120**	Live Up **134**
Go By **102**	Hold Up **120**	Live Up To **134**
Go Down **103**	Hook Up **120**	Liven Up **135**
Go Down On **104**	Horse Around **121**	Lock Out **135**
Go For **104**	Hurry Up **121**	Lock Up **136**
Go Into **105**	Invite Over **121**	Log Off **136**
Go Off **105**	Iron Out **121**	Log On /Onto **137**
Go On **106**	Jack Off **122**	Long For **137**
Go Out **107**	Jack Up **122**	Look After **137**
Go Out With **108**	Jerk Off **122**	Look Around **137**
Go Over **108**	Join In **123**	Look At **138**
Go Through **108**	Jot Down **123**	Look Back (On) **138**
Go Through With **109**	Keep Off **123**	Look Down On **138**
Go Under **109**	Keep On **124**	Look For **138**
Go With **109**	Keep Out **124**	Look Forward To **139**
Gobble Down **110**	Keep Up **124**	Look Into **139**
Gripe About **110**	Keep Up With **125**	Look Like **139**
Grow Up **110**	Kick Off **125**	Look Out **139**
Hack Into **111**	Kick Out **126**	Look Out For **140**
Hand In **111**	Knock Down **126**	Look Out On **140**
Hand Out **111**	Knock Off **126**	Look Over **140**
Hang Around **112**	Knock Out **127**	Look To **140**
Hang Around With **112**	Knock Up **127**	Look Up **141**
Hang On **112**	Lay Down **128**	Look Up To **142**
Hang On To **113**	Lay Off **128**	Loosen Up **142**
Hang Out **113**	Lay Out **128**	Luck Out **142**
Hang Out With **113**	Lay Over **129**	Lust After **142**
Hang Up **114**	Lean On **129**	Major In **143**
Hang Up On **114**	Leave Behind **129**	Make Of **143**
Harp On **115**	Leave Out **130**	Make Out **143**
Have On **115**	Let Down **130**	Make Up **144**
Have Over **116**	Let In /Into **130**	Make Up For **145**

Mark Down **146**	Pop In **161**	See Through **177**
Mark Up **146**	Pop Out **161**	See To **178**
Max Out **146**	Pop Up **162**	Sell Out **178**
Meet Up With **147**	Pour Down **162**	Send For **179**
Meet With **147**	Print Out **163**	Set Back **179**
Mess Around (With) **147**	Pull Off **163**	Set Up **179**
Mess Up **148**	Pull Over **163**	Settle Down **180**
Mess With **148**	Pull Through **164**	Sex Up **181**
Miss Out On **148**	Pull Together **164**	Shell Out **181**
Mix Up **148**	Pull Up **164**	Shoot Down **181**
Move In **149**	Put Away **164**	Shoot Up **182**
Move In With **149**	Put Back **164**	Show Around **182**
Move Out **150**	Put Off **165**	Show In **182**
Move Up **150**	Put On **165**	Show Off **182**
Name After **150**	Put Out **166**	Show Out **183**
Open Up **151**	Put Through **168**	Show Up **183**
Own Up **152**	Put Up **168**	Shut Down **183**
Pan Out **152**	Put Up With **169**	Shut Off **184**
Pass Away **152**	Rat On **170**	Shut Up **184**
Pass By **152**	Rat Out **170**	Shy Away (From) **184**
Pass Off As **153**	Reach Out **170**	Sign Up (For) **184**
Pass Out **153**	Refrain From **171**	Sit Back **185**
Pat Down **153**	Rely On **171**	Sit Down **185**
Patch Up **153**	Rip Off **171**	Sit Up **185**
Pay Back **154**	Root For **172**	Slave Away **186**
Pay For **154**	Rough Up **172**	Sleep On **186**
Pay Off **154**	Rule Out **172**	Sleep Over **186**
Phase In **155**	Run Away **172**	Slip Away **186**
Phase Out **156**	Run Away With **173**	Slip Into **187**
Pick On **156**	Run By **173**	Slip On **187**
Pick Out **156**	Run Down **174**	Slip Up **187**
Pick Up **156**	Run For **174**	Slow Down **188**
Pick Up After **158**	Run Into **174**	Smash Up **189**
Pig Out (On) **159**	Run Out Of **175**	Sneak Away **189**
Pile Up **159**	Run Out On **175**	Snitch On **189**
Pipe Down **159**	Run Over **176**	Sober Up **189**
Piss Off **160**	Rush In/Into **176**	Sort Out **189**
Pitch In **160**	Scare Away **176**	Sound Out **190**
Plan On **160**	Screw Over **177**	Soup Up **190**
Play Back **160**	Screw Up **177**	Speak Up **191**
Playoff (noun form) **160**	See Off **177**	Speed Up **191**
Point Out **161**	See Out **177**	Split Up **191**

Spy On 192	Take In 205	Tune Up 221
Squeeze In 192	Take Off 205	Turn Around 221
Stake Out 192	Take On 207	Turn Away 221
Stand Back 193	Take Out 207	Turn Down 222
Stand By 193	Take Out On 208	Turn In 223
Stand For 193	Take Over 208	Turn Into 223
Stand Out 194	Take To 209	Turn Off 223
Stand Up 195	Take Up 209	Turn On 224
Stand Up For 195	Talk Back 210	Turn Out 225
Start Back 195	Talk Into 210	Turn Over 225
Start Off 196	Talk Out Of 210	Turn To 226
Start Out 196	Talk Over 210	Turn Up 226
Start Over 196	Team Up With 212	Use Up 227
Start Up 197	Tear Apart 212	Veg Out 227
Stay Up 197	Tear Down 212	Vouch For 227
Steal Away 198	Tear Up 212	Wait On 227
Stem From 198	Tell Apart 213	Wait Up 228
Stick Around 198	Tell From 213	Wake Up 228
Stick To 198	Tell Off 214	Wake Up To 228
Stick Up 198	Tell On 214	Walk Out On 229
Stick Up For 199	Think Back 214	Want Out 229
Stir Up 199	Think Over 214	Warm Up 229
Stop By 199	Think Up 215	Warm Up To 230
Stop Over 200	Throw Away 215	Watch Out 230
Storm Out 200	Throw In 216	Watch Out For 231
Stow Away 200	Throw Out 216	Watch Over 231
Straighten Out 201	Throw Up 216	Wear Out 231
Strike Back 201	Tide Over 217	Wind Up 232
Strike Up 201	Top Off 217	Wipe Out 232
Subscribe To 202	Touch Down 217	Wise Up 232
Sum Up 202	Tough it Out 218	Work On 232
Swing By 202	Tow Away 218	Work Out 232
Switch Off 203	Track Down 218	Work Out To 234
Switch On 203	Trade In (For) 218	Wrap Up 234
Take After 203	Try On 219	Write Down 234
Take Away 203	Try Out 219	Zero In On 235
Take Back 204	Tuck Away 220	Zip Up 235
Take For 204	Tuck In 220	

Phrasal Verbs

A

ABIDE BY (ABIDED - ABIDED / ABIDING)

> **to comply with; to stick to** (obedecer; acatar; respeitar)
>> "We're supposed **to abide by** the rules," said Jeff to his friends.
>> "Nós devemos respeitar as regras", disse Jeff aos amigos.
>> Veja também **stick to**.

ABSTAIN FROM (ABSTAINED - ABSTAINED / ABSTAINING)

> **to avoid the use of alcohol, drugs, food, sex, etc.; to refrain from** (evitar o uso de álcool, drogas, comida, sexo, etc.; abster-se de)
>> "You'd better **abstain from** alcohol during the next few days," Brian told Jay.
>> "É melhor você evitar bebidas alcoólicas nos próximos dias", Brian disse para o Jay.
>> Veja também **refrain from**.

ACCOUNT FOR (ACCOUNTED - ACCOUNTED / ACCOUNTING)

1. **to form an amount or part of something; to make up** (constituir; ser responsável por)
   >> "This product **accounts for** more than 70% of our sales," said Nathan at the meeting.
   >> "Este produto é responsável por mais de 70% de nossas vendas", disse Nathan na reunião.

2. **to explain the reason for something** (explicar a razão de algo)
   >> The detective asked the suspect if he could **account for** his whereabouts on the night of the crime.
   >> O detetive perguntou ao suspeito se ele poderia explicar onde havia estado na noite do crime.
   >> "You know you will have to **account for** your behavior, don't you?" Mrs. Smith told Josh.
   >> "Você sabe que vai ter que explicar a razão do seu comportamento, não sabe?", a sra. Smith disse para o Josh.

ACT ON (ACTED - ACTED / ACTING)

> **to do something based on the information, instructions or advice that has been given you** (agir baseando-se em informações, instruções ou conselhos que lhe foram passados)
>> "I don't know why he did that, but I believe he was **acting on** the advice of his lawyer," Will told Norman.
>> "Eu não sei por que ele fez aquilo, mas acredito que ele tomou aquela atitude baseando-se no conselho de seu advogado", "Will disse para o Norman.

ACT OUT (ACTED - ACTED / ACTING)

› **to represent a former event in actions by miming; to perform, as if in a play** (representar um evento passado fazendo mímica)
   » Jason told us that Bill had been very rude to him and in order to make it clear, he **acted out** what had happened.
   O Jason nos disse que o Bill tinha sido muito rude com ele e para deixar claro ele representou em gestos o que tinha acontecido.

ACT UP (ACTED - ACTED / ACTING)

1. **to misbehave; behave badly** (comportar-se mal, "aprontar", "fazer bagunça")
   » Jim told his kids to stop **acting up** or they would not get their allowances for the month.
   Jim disse aos filhos para pararem de fazer bagunça, ou eles não receberiam a mesada.

2. **to not function properly** (não funcionar direito, apresentar defeito)
   » Mike's television was **acting up** again, even after it had been fixed by the repairman.
   A televisão de Mike estava com defeito outra vez, mesmo depois de ter sido consertada pelo técnico.

AIM AT (AIMED - AIMED / AIMING)

› **to direct at or intend for a particular group or goal** (direcionar para um grupo específico; dirigir a; mirar em)
   » "This book is **aimed at** people with some previous knowledge of French," explained Derek.
   "Este livro é direcionado para pessoas com algum conhecimento prévio de francês", explicou Derek.
   » "I think we'll get better results if we **aim** our next campaign **at** the teenage audience," said Bill at the meeting.
   "Acho que vamos ter melhores resultados se direcionarmos a nossa próxima campanha para o público adolescente", disse Bill na reunião.

ANSWER BACK (ANSWERED - ANSWERED / ANSWERING)

› **to reply rudely or impolitely, esp. of children talking to adults** (retrucar, responder mal)
   » Children should be taught not to **answer back** to their parents.
   As crianças deveriam ser ensinadas a não responder a seus pais.
   » Veja também **talk back**.

APPEAL TO (APPEALED - APPEALED / APPEALING)

› **to please or attract** (agradar ou atrair)
  » "I believe this new toy will **appeal to** kids of all ages," said Fred at the meeting.
  "Acredito que este novo brinquedo vai agradar crianças de todas as idades", disse Fred na reunião.

ASK FOR (ASKED - ASKED / ASKING)

1. to request (pedir)
  » Henry always **asks** his lawyer **for** advice on legal matters.
  Henry sempre pede conselho a seu advogado sobre assuntos legais.
  » The Johnsons are **asking for** two hundred thousand dollars on the house they are selling.
  Os Johnson estão pedindo duzentos mil dólares pela casa que estão vendendo.

2. to express a wish to speak to someone (perguntar por)
  » "Someone named Stuart phoned this morning **asking for** you," Ralph told Luke.
  "Alguém chamado Stuart telefonou esta manhã perguntando por você", Ralph disse a Luke.

3. to behave in a manner which will bring a negative result ("procurar")
  » Going to a dangerous neighborhood late at night is **asking for** trouble.
  Ir a um bairro perigoso tarde da noite é procurar encrenca.

ASK IN (ASKED - ASKED / ASKING)

› **to invite someone in** (convidar alguém para entrar)
  » Mrs. Jones sometimes **asks** her next-door neighbor **in** for a chat.
  A sra. Jones às vezes convida sua vizinha que mora ao lado para entrar e bater papo.

ASK OUT (ASKED - ASKED / ASKING)

› **to invite someone to go out** (convidar alguém para sair)
  » "If you are that interested in Susan, why don't you **ask** her **out**?", Tom asked me.
  "Se você está tão interessado em Susan, por que não a convida para sair?", Tom me perguntou.

BACK DOWN (BACKED - BACKED / BACKING)

> **to change one's decision or opinion about something** (voltar atrás em decisão, opinião etc.)
>> Ted is the kind of guy who doesn't usually **back down** once he makes up his mind about something.
>> Ted é o tipo de cara que normalmente não volta atrás uma vez que toma uma decisão sobre algo.

BACK OFF (BACKED - BACKED / BACKING)

> **(informal) to retreat, to withdraw** (ir para trás, afastar-se)
>> The famous singer's bodyguard told the crowd to **back off** when they started getting too close to him.
>> O guarda-costas do cantor famoso pediu à multidão que se afastasse quando ela começou a chegar perto demais dele.

BACK OUT (BACKED - BACKED / BACKING)

> **to decide not to do something you have agreed to do** (desistir de fazer algo combinado, "cair fora", "dar para trás")
>> "If I were you, I wouldn't be so sure Tim will sign the contract. He may **back out** of it at the last minute," Julia told Phil.
>> "Se eu fosse você, não teria tanta certeza de que o Tim vai assinar o contrato. Ele pode dar para trás no último minuto", Julia disse a Phil.
>> "Business is business. We've made an agreement, and you can't just **back out** now," Fred told Sam.
>> "Negócios são negócios. Fizemos um acordo, e você não pode simplesmente cair fora agora", Fred disse a Sam.

BACK UP (BACKED - BACKED / BACKING)

1. to defend or support someone, esp. in an argument (apoiar, "ficar do lado de alguém")
>> "In order to get the shareholders to accept our business plan, I need you to **back** me **up**," Mr. Wells told us.
>> "A fim de conseguir que os acionistas aceitem o nosso plano de negócios, preciso que vocês me apoiem", disse-nos o sr. Wells.
>> "I would not have **backed** you **up** if I didn't believe you were really telling the truth," Jane told Brian.
>> "Eu não teria apoiado você se eu realmente não acreditasse que estava falando a verdade", Jane disse a Brian.

2. to make a copy of (fazer uma cópia, "fazer backup")
- » "We will **back up** the files on our computer before lunch just to be on the safe side," said Ed.
  "Faremos back-up dos arquivos no nosso computador antes do almoço, só para garantir", disse Ed.

noun form: **backup:** 1. a copy, an extra copy. (cópia de segurança, backup;) 2. support (reforço)
- » Charlie made a **backup** of his banking records on his computer.
  Charlie fez backup de seus dados bancários em seu computador.
- » One of the police officers called for **backup** when the shooting started.
  Um dos policiais pediu reforço quando o tiroteio começou.

3. to move in a backward or reverse direction (dar marcha à ré, ir para trás)
- » The garbage truck accidentally **backed up** into another car, which was parked on the street.
  Ao dar marcha à ré, o caminhão do lixo bateu acidentalmente em outro carro, que estava estacionado na rua.

BAIL OUT (BAILED - BAILED / BAILING)

1. to set someone free by paying bail (tirar alguém da cadeia pagando fiança)
- » After Richard had spent a few hours in jail, his lawyer arrived and **bailed** him **out**.
  Depois que Richard passou algumas horas na cadeia, seu advogado chegou e o liberou pagando fiança.

2. to help someone out of a difficult situation, often by giving them money (socorrer alguém, frequentemente fornecendo ajuda financeira)
- » A group of entrepreneurs decided to **bail out** the small company to prevent it from going bankrupt.
  Um grupo de empresários decidiu ajudar a pequena empresa, fornecendo ajuda financeira para impedir que ela falisse.

3. to jump out of an airplane with a parachute in an emergency. (pular de paraquedas de um avião em caso de emergência)
- » When the pilot noticed his plane had been hit, he decided to **bail out**.
  Quando o piloto percebeu que seu avião tinha sido atingido, ele decidiu pular.

BE ABOUT TO (AM/ARE/IS - WAS/WERE - BEEN / BEING)

- › **to be ready or prepared to do something** (estar prestes a)

» Bob **was about** to put on his pajamas and go to bed when one of his friends dropped by for a visit.
Bob estava prestes a colocar o pijama e ir para a cama quando um de seus amigos apareceu para visitá-lo.
» Tim and Linda **are about** to start a new life now that they have just gotten married and are moving into a brand-new house.
Tim e Linda estão prestes a começar vida nova, agora que acabaram de casar e estão mudando para uma casa novinha em folha.

BE AFTER (AM/ARE/IS - WAS/WERE - BEEN / BEING)

› **to want, to be interested in** (estar interessado em, estar atrás de alguém ou algo)
   » The way he behaves around her, it's clear to see that he **is** just **after** her money.
   Da maneira que ele se comporta com ela, está claro que ele só está interessado no dinheiro dela.
   » The detectives had **been after** the suspect for over two weeks when they finally arrested him.
   Os investigadores estavam atrás do suspeito havia mais de duas semanas quando finalmente o prenderam.

BE AROUND (AM/ARE/IS - WAS/WERE - BEEN / BEING)

› **to be nearby** (estar por perto)
   » "Why is it that Mark **is** never **around** when we need him?" asked Josh.
   "Por que o Mark nunca está por perto quando precisamos dele?" perguntou Josh.
   » Daniel wishes his friends **were around** to help him out with his homework.
   Daniel gostaria que seus amigos estivessem por perto para ajudá-lo com a lição de casa.

BE AWAY (AM/ARE/IS - WAS/WERE - BEEN / BEING)

› **to have gone somewhere else** (estar fora da cidade, estar distante, estar viajando)
   » Barry will **be away** on vacation in the Bahamas for the next few weeks.
   Barry estará fora da cidade, de férias nas Bahamas, pelas próximas semanas.
   » Marsha and Steve had **been away** from their home country for so long that they hardly remembered what it looked like when they returned.
   Marsha and Steve estavam fora do país deles havia tanto tempo que quase não se lembravam como ele era quando retornaram.

BE FOR (AM/ARE/IS - WAS/WERE - BEEN / BEING)

› **to be in favor of** (ser a favor)

- » "**Are** you **for** or against capital punishment?" Jeff asked Rick.
  "Você é a favor ou contra a pena de morte?", Jeff perguntou a Rick.
- » "I am not sure I **am for** this idea; I guess I need some time to think it over," Jack told Ben.
  "Não tenho certeza de que sou a favor dessa ideia; acho que preciso de um tempo para refletir", Jack disse a Ben.

BE FROM (AM/ARE/IS - WAS/WERE - BEEN / BEING)

› **to have as one's nationality; to be from a place** (ser natural de um país)
- » "Judging by her accent, I would say Anna **is from** Australia," Fred told Matt.
  "A julgar pelo sotaque, eu diria que Anna é da Austrália", Fred disse a Matt.
- » Veja também **come from**.

BE IN (AM/ARE/IS - WAS/WERE - BEEN / BEING)

1. **to physically be in a place** (estar em algum ou determinado lugar)
   - » I wonder why Patrick **is** never **in** his office when I call him.
     Eu gostaria de saber por que Patrick nunca está em seu escritório quando ligo para ele.
   - » I wanted to speak with Sara, but when I got to her house her brother told me she **was** not **in.**
   - » Eu queria falar com Sara, mas, quando cheguei a sua casa, o irmão me disse que ela não estava.
   - » Veja também o antônimo **be out**.

2. **to be in fashion, to be popular** (estar na moda)
   - » When it comes to clothes, Bianca definitely knows what **is in** and what is out.
     No que se refere a roupas, Bianca certamente sabe o que está na moda e o que não está.
   - » Compare com **catch on**.
   - » Veja também o antônimo **be out**.

BE IN FOR (AM/ARE/IS - WAS/WERE - BEEN / BEING)

› **to be certain to experience something unpleasant** (estar certo de passar por algo desagradável)
- » "Look at those huge grey clouds. Looks like we **are in for** some nasty weather!" Ted told his friend Bob as they were heading for the beach in Bob's car.
  "Olhe aquelas nuvens cinza enormes. Parece que vamos ter um tempo horrível!", Ted disse a seu amigo Bob quando estavam indo à praia no carro de Bob.
- » When Jane was told one of the nurses on her team had not reported to work at the hospital that night, she knew she **was in for** a hectic shift.

Quando Jane foi informada de que uma das enfermeiras de sua equipe não tinha se apresentado para trabalhar no hospital aquela noite, ela soube que teria um turno agitado.

BE INTO (AM/ARE/IS - WAS/WERE - BEEN / BEING)

- **(colloquial) to be interested in or involved in something** (estar interessado em, gostar de, "ser chegado a", "ser ligado em")
    - Paul **is** not **into** country music. He prefers rock and roll.
      Paul não é chegado a country. Ele prefere rock.
    - Bob **is** really **into** sports. He plays basketball and tennis three times a week and still finds time to work out at the gym every morning.
      Bob é realmente ligado em esportes. Ele joga basquete e tênis três vezes por semana e ainda encontra tempo para malhar na academia toda manhã.

BE OFF (AM/ARE/IS - WAS/WERE - BEEN / BEING)

1. to be disconnected (estar desligado)
- "Can you check if all the computers **are off** before you leave?" Tim's boss asked him.
  "Você pode checar se todos os computadores estão desligados antes de sair?", o chefe de Tim pediu a ele.
- Veja também o antônimo **be on**.

2. -to be canceled (estar cancelado)
- "The deal **is off**! We will have to look for another business partner", said Steve.
  "O negócio está cancelado! Teremos que procurar outro parceiro comercial", disse Steve.
- Compare com **call off**.

BE OFF TO (AM/ARE/IS - WAS/WERE - BEEN / BEING)

- **to be leaving for** (estar de saída para)
    - "I'm **off** to work. I'll see you later," said Richard as he was leaving home.
      "Estou de saída para o trabalho. Vejo vocês mais tarde", Richard disse quando estava saindo de casa.
    - "Where **is** Barry **off to** in such a hurry?" Joe asked Vicky.
      "Para onde o Barry está saindo com tanta pressa?", Joe perguntou a Vicky.

BE ON (AM/ARE/IS - WAS/WERE - BEEN / BEING)

1. to be connected (estar ligado)
- "Why **is** the TV **on** if nobody is watching it?" asked Paul.
  "Por que a TV está ligada se ninguém está assistindo?", perguntou Paul.
- Veja também o antônimo **be off**.

2. to proceed, to go through with ("estar valendo", "estar de pé")
   » **"Is** the plan still **on** to go to Las Vegas for New Year's Eve?" Terry asked his friends.
   "O plano de ir para Las Vegas para passar o ano-novo ainda está de pé?", Terry perguntou a seus amigos.
   » **"Are** we still **on** for dinner tonight at 8:00 p.m.?" my friend Alan asked me.
   "O nosso jantar hoje às 20 h ainda está valendo?", meu amigo Alan me perguntou.

3. -to be working (trabalhar, cumprir turno de trabalho)
   » "What time **are** you **on** today?" Bob asked his co-worker.
   "Que horas você trabalha hoje?", Bob perguntou a seu colega de trabalho.

4. to be taking medication, drugs etc. (estar tomando medicação, drogas etc.)
   » "I've been feeling a lot better since I've **been on** this new medicine you prescribed," Tom told the doctor.
   "Eu tenho me sentido muito melhor desde que estou tomando esse novo remédio que o senhor prescreveu", Tom disse ao médico.
   » "Jeff has been very weird lately. Do you think he**'s on** drugs?" Patty asked Kate.
   "Jeff tem estado muito estranho ultimamente. Você acha que ele está tomando drogas?", Patty perguntou a Kate.

   »» Em frases como **There's a movie on**, **What's on TV?**, **There's a play on**, com o significado de "estar passando"; "estar em cartaz".
   » **"What's on** TV tonight?" Neil asked his wife.
   "O que está passando na TV hoje à noite?", Neil perguntou à esposa.
   » Some Broadway plays such as *The Phantom of the Opera* and *Miss Saigon* **have been on** for many years.
   Algumas peças da Broadway, como *O fantasma da Ópera* e *Miss Saigon*, estão em cartaz há muitos anos.
   » **"There's** a new thriller **on** at the movies. Would you like to go see it?" Rick invited Vicky.
   "Está passando um suspense novo no cinema. Você gostaria de ir assistir?", Rick convidou Vicky.

BE ON TO (AM/ARE/IS - WAS/WERE - BEEN / BEING)

› **to be aware of what is happening; to know what's going on** ("estar ligado" no que está acontecendo; "estar de olho" no que está acontecendo)
   » Helen **is on to** her boyfriend. She knows he has been fooling around with other girls.
   Helen está de olho no namorado. Ela sabe que ele a tem traído com outras garotas.
   » "You'd better be extra careful. Your boss **is on to** you," Stan advised Dick.
   "É melhor você ter cuidado redobrado. Seu chefe está de olho em você", Stan aconselhou Dick.

BE OUT (AM/ARE/IS – WAS/WERE – BEEN / BEING)

1. to physically not be in a place (estar fora de algum lugar)
- » Jerry **was out** in a meeting when Matt called him this morning.
  Jerry estava fora numa reunião quando Matt ligou para ele esta manhã.
- » When I stopped by Peter's house to see him this afternoon, his wife told me that he **was out** walking the dog.
  Quando eu parei na casa do Peter à tarde para vê-lo, sua esposa me disse que ele estava fora passeando com o cachorro.

2. to not be in fashion (estar fora de moda)
- » Sheila did not know that brightly colored shirts **were out** when she went to the mall to buy her brother a Christmas present.
  Sheila não sabia que camisas com cores vivas estavam fora de moda quando ela foi ao shopping comprar um presente de Natal para o irmão.
- » Veja também o antônimo **be in**.

BE OUT OF (AM/ARE/IS – WAS/WERE – BEEN / BEING)

› **to not have, to be without** (não ter, "estar sem")
- » The waiter told Bill they **were out** of fish and suggested another dish for him to try.
  O garçom disse a Bill que eles estavam sem peixe e sugeriu outro prato para ele experimentar.

BE OUT TO (AM/ARE/IS – WAS/WERE – BEEN / BEING)

› **to be determined to do something** (estar decidido a fazer alguma coisa)
- » "It looks like our boss **is** really **out to** find out who screwed up the deal. He's been talking to everyone about it," Henry told his co-workers.
  "Parece que o chefe está realmente decidido a descobrir quem estragou a negociação. Ele tem falado com todo mundo a respeito disso", Henry disse a seus colegas de trabalho.
- » Sheila **is** really **out to** succeed in her career as a lawyer. She's been reading every book on law she gets her hands on.
  Sheila está realmente decidida a ter sucesso na carreira de advogada. Ela tem lido todos os livros sobre direito que encontra.

BE OVER (AM/ARE/IS – WAS/WERE – BEEN / BEING)

1. to be finished (estar acabado, terminado)
- » By the time Phil got to school, his physics class **was** already **over**.
  Quando Phil chegou à escola, sua aula de física já tinha acabado.

- » As soon as the winter **is over** I plan to travel to the beach for a little relaxation.
  Assim que o inverno acabar, planejo viajar para a praia para descansar um pouco.

2. to overcome emotionally (recuperar-se emocionalmente, superar, "esquecer")
- » Even though it's been almost two years since Larry and Eve have been apart, Larry says he **is** still not **over** her.
  Embora já faça quase dois anos desde que Larry e Eve se separaram, Larry diz que ainda não a esqueceu.
- » Pete says he will **be over** Jenny as soon as a new girl comes along.
  Pete diz que irá esquecer Jenny tão logo uma nova garota aparecer.
- » Veja também **get over**.

BE THROUGH (AM/ARE/IS - WAS/WERE - BEEN / BEING)

› **to experience, esp. something difficult** (passar por uma experiência, esp. difícil)
- » Simon and Rita have **been through** a lot of hardship in the past few months.
  Simon e Rita têm passado por muitas dificuldades nos últimos meses.
- » At the end of the competition, Fred could hardly believe all that he had **been through.**
  No final da competição, Fred quase não podia acreditar em tudo pelo que ele tinha passado.

BE THROUGH WITH (AM/ARE/IS - WAS/WERE - BEEN / BEING)

› **to be finished with** (ter acabado com, no sentido de "não querer mais saber de")
- » After Jill's boyfriend dumped her, she told her sister she **was through with** men forever.
  Depois que o namorado de Jill lhe deu o fora, ela disse à irmã que nunca mais queria saber de homens.

BE UP (AM/ARE/IS - WAS/WERE - BEEN / BEING)

› **to be awake** (estar acordado, "estar de pé")
- » Since he goes to school in the morning, Sam **is** usually **up** before 7:00 a.m. every day.
  Como ele vai à escola de manhã, Sam geralmente está acordado antes das 7 h todos os dias.
- » Elizabeth **was up** all night as she had a headache which prevented her from falling asleep.
  Elizabeth ficou acordada a noite toda por causa de uma dor de cabeça que não a deixou dormir.
- ››› A expressão **Time is up** significa que o tempo está "esgotado", "acabado".
- » "Hand in your tests now, **time's up!**" our teacher told us.
  "Entreguem os seus testes agora, o tempo está esgotado!", disse-nos nosso professor.

> » A expressão coloquial muito comum **What's up?** equivale a **What is going on?**, **What's new?** (o que está acontecendo, quais são as novidades, "E aí?")
> » "**What's up?**" Bill asked me as he walked into the room where I was reading the paper.
> "E aí?", Bill me perguntou quando entrou na sala onde eu estava lendo o jornal.

BE UP TO (AM/ARE/IS - WAS/WERE - BEEN / BEING)

1. to be doing or planning (estar fazendo, estar tramando, "estar aprontando")
Bob could tell from the look on Joe's face that he **was up to** no good.
Bob viu pela cara de Joe que ele não estava tramando nada que prestasse.
» "Can you go to Billy's room and see what he **is up to**?" Sally asked her husband.
"Você pode ir até o quarto de Billy e ver o que ele está aprontando?", Sally pediu ao marido.

2. to be capable of doing something (ser capaz de fazer algo, "estar à altura de")
» "I'm not sure Jim **is up to** that task. He hasn't had much experience in that field yet," Barry told us.
"Eu não tenho certeza de que Jim esteja à altura dessa tarefa. Ele ainda não teve muita experiência nesse campo", disse-nos Barry.

> » A expressão bastante usual **be up to someone** significa "caber a alguém", "ser a decisão de alguém".
> » "**It's** not **up to** us to tell you what you should do, you have to decide on your own," Stan's friends told him.
> "Não cabe a nós lhe dizer o que você deveria fazer, você tem que decidir sozinho", os amigos de Stan disseram a ele.
> » "**It's up to** Peter to choose whether he will accept the offer or not," said Kate.
> "Cabe a Peter decidir se vai aceitar a oferta ou não", disse Kate.

BEAT UP (BEAT - BEAT / BEATING)

› **to hurt someone by hitting or kicking them** (bater ou chutar em alguém; espancar; "dar uma surra")
» "I thought those robbers would **beat** me **up**, but fortunately they just took my money," Jake told a friend.
"Eu achei que aqueles assaltantes iam me bater, mas felizmente eles só pegaram o meu dinheiro", Jake contou para um amigo.
» Mr. Thompson had to be rushed to a nearby hospital after some crooks **beat** him **up**.
O sr. Thompson teve que ser levado às pressas para um hospital próximo depois que alguns bandidos o espancaram.
» Veja também **rough up**.

BEEF UP (BEEFED - BEEFED / BEEFING)

> **to make strong or stronger; to improve; to reinforce** (reforçar; melhorar)
>> "I'm sure we can **beef up** security with the new equipment we've bought," said Malcom at the meeting.
>> "Tenho certeza de que podemos melhorar a segurança com o novo equipamento que compramos", disse Malcom na reunião.
>> The boxer thought it would be a good idea to **beef up** for his next fight so he began eating lots of foods with proteins in them.
>> O boxeador achou que seria uma boa ideia ficar mais forte para sua próxima luta e então começou a comer muitas comidas ricas em proteína.

BLACK OUT (BLACKED - BLACKED / BLACKING)

> **to become unconscious suddenly; to pass out** (perder a consciência de repente; desmaiar; "apagar")
>> "I was so exhausted that for a second I thought I was going to **black out**," Tom told his friends.
>> "Eu estava tão exausto que por um segundo achei que ia desmaiar," Tom contou para os amigos.
>> The woman told the officer that she **blacked out** after her car had been hit by the bus. She didn't remember anything that happened after that.
>> A mulher disse ao policial que tinha desmaiado depois que seu carro foi atingido pelo ônibus e que não lembrava de mais nada depois dissto.
>> Veja também **pass out**.

noun form: **blackout:** 1. the failure of electric power (blecaute) 2. a momentary loss of consciousness or memory (perda temporária de consciência ou memória; desmaio)
>> "We had a **blackout** of about half an hour so no one could do any work," Jill told a friend.
>> "Houve um blecaute de aproximadamente meia hora e ninguém conseguiu trabalhar", Jill disse para uma amiga.
>> The patient suffered from a **blackout** after he slipped on the wet floor and hit his head on the ground.
>> O paciente sofria de perda temporária de consciência depois que escorregou no chão molhado e bateu a cabeça no chão.

BLOW AWAY (BLEW - BLOWN / BLOWING)

1. **to make something go away by blowing or by the wind** (fazer ir embora assoprando ou pelo vento; "voar")
   >> Johnny's cap **blew away** during the ride on the roller coaster.
   >> O boné do Johnny voou enquanto ele estava na montanha-russa.

33

» "There's a lot of pollution around here. I always need to **blow away** the dust that collects on my desk," Paul told Heather.
"Tem muita poluição por aqui. Eu sempre preciso assoprar a poeira que junta na minha mesa", Paul disse para a Heather.

2. to impress someone very much (impressionar muito alguém)
» "That actor's performance on stage just **blew** me **away** man, he's really great!", said Jim to a friend.
"A performance daquele ator no palco me impressionou muito, cara, ele é muito bom!", disse Jim para um amigo.

3. to kill someone by shooting them (matar alguém com um revólver)
» "I can't believe that punk tried to **blow** the taxi driver **away**!", Harry told Ron.
"Não acredito que aquele arruaceiro tentou matar o taxista com uma arma!", Harry disse para o Ron.

BLOW DOWN (BLEW - BLOWN / BLOWING)

› **to cause to fall down, to topple** (derrubar com o vento)
» Some fences on Henry's farm were **blown down** by the wind.
Algumas cercas na fazenda de Henry foram derrubadas com o vento.
» Veja também **blow over**.

BLOW OFF (BLEW - BLOWN / BLOWING)

1. to be taken away by the wind (ser levado pelo vento)
» "The roof of that house was **blown off** by the wind," Jerry told Will.
"O telhado daquela casa foi levado pelo vento", Jerry contou para o Will.

2. to get rid of something or someone (livrar-se de alguma coisa ou alguém; "dispensar")
» "I was feeling so tired that I decided to just **blow off** my appointment and go home," explained Ryan to a friend.
"Eu estava tão cansado que decidi esquecer o meu compromisso e ir para casa", explicou Ryan para um amigo.
» "If I were you I'd just **blow** Rick **off**. He's a pain in the neck really!", Mary advised Kate.
"Se eu fosse você, eu dispensaria o Rick. Ele é muito chato!", Mary aconselhou a Kate.

BLOW OUT (BLEW - BLOWN / BLOWING)

1. to put out by blowing, esp. a candle (apagar assoprando, esp. velas)

» Monica smiled after she **blew out** the candles on her birthday cake.
Monica sorriu depois que ela apagou as velas em ? seu bolo de aniversário.
» Compare com **put out**.

2. to burst, to go flat, esp. a tire (estourar, furar, esp. pneus)
» After the driver ran over some nails with his car, one of his tires **blew out**.
Depois que o motorista passou com o carro por cima de alguns pregos, um de seus pneus furou.

noun form: **blowout:** bursting of a tire (um pneu furado)
» Hank apologized to his girlfriend for being late for their date and explained he had a **blowout** on the way to her house.
Hank pediu desculpas à namorada por estar atrasado para o encontro e explicou que teve um pneu furado a caminho da casa dela.

BLOW OVER (BLEW - BLOWN / BLOWING)

1. to knock over, to topple (derrubar com o vento)
» The powerful storm had **blown over** many trees in the park.
A tempestade forte tinha derrubado muitas árvores no parque.
» Veja também **blow down**.

2. to be forgotten (ser esquecido)
» The lawyer told his client not to worry about the bad publicity as it would soon **blow over**.
O advogado disse a seu cliente para não se preocupar-se com a publicidade negativa, pois ela logo seria esquecida.

BLOW UP (BLEW - BLOWN / BLOWING)

1. to explode (explodir)
» The new mayor wants to **blow up** the old bridge and build a new one.
O novo prefeito quer explodir a ponte velha e construir uma nova.
» The car **blew up** after crashing into the wall.
O carro explodiu após ter batido no muro.

2. to fill in with air or gas, inflate (encher com ar ou gás, inflar)
» The clown was **blowing up** all kinds of balloons for the children to play with.
O palhaço estava enchendo vários tipos de bexiga para as crianças brincarem.
» As he did not have an extra bed, Randy **blew up** an inflatable mattress for his friend to sleep on.
Como ele não tinha uma cama extra, Randy encheu um colchão inflável para seu amigo dormir.

BOIL DOWN TO (BOILED - BOILED / BOILING)

- **to be the most important aspect of something** (resumir-se em)
  - "Mr. Dalton's lecture **boils down to** one thing: people need to work out regularly in order to keep fit," Jason told his friends.
- "A palestra do sr. Dalton se resume numa coisa: as pessoas precisam fazer exercício físico com regularidade a fim de se manterem em forma", Jason contou a seus amigos.
  - Veja também **come down to**.

BOIL OVER (BOILED - BOILDED / BOILING)

1. to overflow while boiling (transbordar ao ferver)
  - "Hey, watch out! Don't let the milk **boil over**," Jason warned Bob.
    "Ei, cuidado! Não deixe o leite transbordar", Jason alertou Bob.
  - "Turn off the flame now or the soup will boil over," Tina told Rick.
    "Apaga o fogo agora ou a sopa vai transbordar", Tina disse para o Rick.

2. to become uncontrollable; to lose one's temper (ficar fora de controle; perder a calma)
  - The two roommates often fought about stuff in their apartment, but things really **boiled over** when one of them came home drunk and broke the television.
    Os dois colegas de quarto frequentemente brigavam a respeito das coisas no apartamento, mas a situação saiu fora do controle quando um deles chegou em casa bêbado e quebrou a televisão.

BOOK IN / INTO (BOOKED - BOOKED / BOOKING)

- **to arrange for someone to stay in a place, usually a hotel** (fazer reserva para alguém, normalmente em hotel)
  - The doctor's assistant **booked** him **into** a beautiful hotel in São Paulo where the international conference was going to be held.
    Or
  - The doctor's assistant **booked** him **in** at a beautiful hotel in São Paulo where the international conference was going to be held.
    A assistente do médico fez reservas para ele no lindo hotel em São Paulo onde a conferência internacional iria realizar-se.

  - A expressão **be booked up** é bastante comum e significa "estar lotado", "estar cheio", referindo-se esp. a hotéis, voos, shows etc.
  - As the 9:00 a.m. flight to New York **was booked up**, Jonathan was forced to spend one more day in Chicago.
    Como o voo das 9 h para Nova York estava lotado, Jonathan foi forçado a passar mais

um dia em Chicago.
» We tried to get a room at the Royal Hotel but the receptionist said they **were booked up** and suggested we go to another hotel nearby.
Tentamos conseguir um quarto no Royal Hotel, mas a recepcionista disse que eles estavam lotados e sugeriu que fôssemos para outro hotel ali perto.

BOSS AROUND (BOSSED - BOSSED / BOSSING)

› **to give orders, esp. in an unpleasant way; to keep telling someone what to do** (mandar em alguém de forma autoritária, tratar alguém como empregado)
   » "I hate the way Kate is always **bossing** me **around**," Al told Frank.
   "Eu odeio o jeito que Kate está sempre me tratando como empregado", Al disse a Frank.
   » "I don't think I'll be able to put up with you **bossing** me **around** all the time," Ed told Ruth.
   "Eu não acho que vou conseguir tolerar você me tratando como empregado o tempo todo", Ed disse a Ruth.

BOTTOM OUT (BOTTOMED - BOTTOMED / BOTTOMING)

› **to reach the lowest point possible** (atingir o nível mais baixo)
   » The stockbroker advised Mark to sell his stocks before the market **bottomed out**.
   O corretor de mercado de ações aconselhou Mark a vender suas ações antes que elas atingissem o nível mais baixo.
   » "I thought things were bad when I lost my job, but life really **bottomed out** when my car broke down and my girlfriend left me in the same week," Howard told a friend.
   "Eu pensei que as coisas estivessem ruins quando eu perdi o emprego, mas a minha vida atingiu o nível mais baixo quando o meu carro quebrou e minha namorada me largou na mesma semana", Howard contou a um amigo.

BOUNCE BACK (BOUNCED - BOUNCED / BOUNCING)

› **to recover, to become hopeful or enthusiastic again, usually after an unpleasant experience** (recuperar-se de uma adversidade, "dar a volta por cima")
   » That big toy company **bounced back** from its financial crisis and became a serious competitor in the industry.
   Aquela grande fábrica de brinquedos deu a volta por cima de sua crise financeira e se tornou uma concorrente forte no ramo.
   » "Tony is a fighter. We are sure he will **bounce back** from his heart surgery soon," said Jill.
   "Tony é um lutador. Temos certeza de que ele vai se recuperar logo da cirurgia do coração", disse Jill.

BRANCH OUT (BRANCHED - BRANCHED / BRANCHING)

› **to start doing something new; to expand** (expandir; diversificar)
   » "I heard their company has started to **branch out**. What kind of products are they selling now?", Bill asked Larry.
   "Ouvi dizer que a empresa deles começou a diversificar. Que tipos de produtos eles estão vendendo agora?", Bill perguntou ao Larry.
   » "They used to only sell women's clothes, but they have **branched out** and are also selling men's clothes now," Jeniffer told Bianca.
   "Eles vendiam apenas roupas femininas, mas eles expandiram e também estão vendendo roupas masculinas agora", Jennifer contou para a Bianca.

BREAK DOWN (BROKE - BROKEN / BREAKING)

1. **to stop working, esp. cars, electronic equipment etc.** (parar de funcionar, quebrar, esp. carros, equipamento eletrônico etc.)
   » "This is the second time my computer **breaks down** this month," said Sean.
   "Esta é a segunda vez que meu computador quebra este mês", disse Sean.

   noun form: **breakdown:** a mechanical failure (algum problema que faz um carro parar de funcionar)
   » Tom and Steve arrived very late for the party because their car suffered a **breakdown** on the road and they were forced to call a mechanic.
   Tom e Steve chegaram muito tarde à festa porque tiveram um problema com o carro na estrada e precisaram chamar um mecânico.

2. **to lose control of your emotions and start to cry** (perder o controle emocional e começar a chorar, não se conter-se)
   » When Helen's husband told her he was leaving her, she **broke down** and cried.
   Quando o marido de Helen disse a ela que iria deixá-la, ela não se conteve e chorou.

3. to become very depressed and ill because you cannot deal with your problems or because there is too much pressure on you (ter um colapso nervoso)
- » "No one can work under so much pressure without **breaking down**. Why don't you look for another job?" Larry advised his friend Dan.
"Ninguém consegue trabalhar sob tanta pressão sem ter um colapso nervoso. Por que você não procura outro emprego?", Larry aconselhou a seu amigo Dan.
- » Veja também **crack up**.

noun form: **breakdown or nervous breakdown:** a physical or mental failure (colapso nervoso)
- » "If I were Steve I'd quit that job. He will end up having a nervous **breakdown** if he keeps working under so much pressure," Mark told us.
"Se eu fosse Steve, largaria aquele emprego. Ele vai acabar tendo um colapso nervoso se continuar a trabalhar sob tanta pressão", disse-nos Mark.
- » Veja também **crackup**.

4. to open or remove with force (derrubar com força)
- » The firefighter **broke down** the door to get inside and save the people trapped in the burning building.
O bombeiro derrubou a porta para entrar e salvar as pessoas presas no edifício em chamas.

5. to explain in detail, to elucidate (explicar em detalhes, detalhar)
- » The accountant **broke down** the figures so that we could understand what he was talking about.
O contador detalhou os números de tal forma que pudéssemos entender o que ele estava falando.

noun form: **breakdown:** a division of something into smaller parts (detalhamento)
- » "I'd like to see a **breakdown** of these figures before we sign the contract," Mr. Harris told Jake at the meeting.
"Gostaria de ver o detalhamento destes números antes de assinarmos o contrato", o sr. Harris disse para o Jake na reunião.

BREAK IN / INTO (BROKE - BROKEN / BREAKING)

1. to enter by force (arrombar)
   The detectives are still trying to figure out how the thieves **broke in** as there were no apparent signs of forced entry.
Os investigadores ainda estão tentando entender como os ladrões entraram, já que não havia sinais aparentes de arrombamento.

» "That is a dangerous street. Someone **broke into** my car and stole my CD-player a few months ago while I was parked there," Fred told Joe.
"Aquela é uma rua perigosa. Alguém arrombou meu carro e roubou meu CD-player alguns meses atrás, enquanto meu carro estava estacionado lá", Fred contou a Joe.

noun form: **break-in:** illegal entrance into a place with the intent to steal (arrombamento)
» "We'd better be extra careful. There have been some **break-ins** in our neighborhood lately," Thomas told his wife.
"É melhor tomarmos cuidado redobrado. Tem havido alguns arrombamentos no nosso bairro ultimamente", Thomas disse à esposa.

2. to wear new shoes for short periods of time until they become comfortable for normal use (amaciar sapatos)
» Harold was **breaking in** his new basketball sneakers before the big game later that day.
Harold estava amaciando o seu novo tênis de basquete antes do grande jogo que iria acontecer mais tarde.
» Jack usually prefers to **break** his new shoes **in** at home first. Then he wears them to work.
Jack geralmente prefere amaciar seus sapatos novos em casa. Só depois ele os usa para ir trabalhar.

››› Nessa acepção, apenas com a preposição **in**, como se vê pelos exemplos.

3. to invade a computer system or network (invadir um sistema ou rede de computadores)
» The police are still trying to track down the hackers who **broke into** the bank's computer system.
A polícia ainda está tentando encontrar os hackers que invadiram o sistema de computadores do banco.
» "**Breaking into** computer networks is a crime. You can go to jail for that," Mick warned Ray.
"Invadir redes de computadores é um crime. Você pode ir para a cadeia por isso", Mick alertou Ray.

››› Nessa acepção, apenas com a preposição **in**, como se vê pelos exemplos.

BREAK OUT (BROKE - BROKEN / BREAKING)

1. to happen or begin suddenly and often violently (surgir de repente, começar, irromper)
A fire **broke out** in the hotel lobby, and some guests had to be evacuated.
Começou um incêndio no saguão do hotel, e alguns hóspedes tiveram de ser evacuados.

2. to escape (escapar, fugir)
» "Has anyone ever **broken out** from that high security prison?" Larry asked Victor.
"Alguém já escapou daquela prisão de segurança máxima?", Larry perguntou a Victor.

noun form: **breakout:** an escape from prison (fuga)
» Due to the recent **breakouts**, authorities are planning to transfer some inmates to another prison.
Devido às recentes fugas, as autoridades estão planejando transferir alguns detentos para outra prisão.

BREAK THROUGH (BROKE - BROKEN / BREAKING)

› **to force one's way through a barrier** ("romper barreiras")
» It was not easy for Marylin to **break through** the barriers of indifference around her, but as time went by and people got to know her better she eventually earned the respect of everyone.
Não foi fácil para Marylin romper a barreira da indiferença ao redor dela, mas, à medida que o tempo passou e as pessoas a conheceram melhor, ela finalmente ganhou o respeito de todos.

noun form: **breakthrough:** sudden advance especially in knowledge, such as a great discovery (avanço ou descoberta importante)
» The discovery of penicillin by Alexander Flemming in 1928 was a major **breakthrough** in medicine.
A descoberta da penicilina por Alexander Flemming em 1928 foi um grande avanço na medicina.

BREAK UP (BROKE - BROKEN / BREAKING)

1. to break/divide into pieces, to separate (quebrar em pedaços, dividir, separar)
» The mother **broke up** the chocolate bar and gave each of her children a piece.
A mãe dividiu a barra de chocolate e deu um pedaço a cada um dos filhos.
» The police officer **broke up** the fight between the two men.
O policial separou a briga entre os dois homens.

2. to end a relationship (terminar um relacionamento, romper, separar-se)
» We could hardly believe it when they told us that Joe and Sandra had **broken up.**
Quase não acreditamos quando eles nos contaram que Joe e Sandra tinham se separado.
» Ray has been feeling miserable since his girlfriend **broke up** with him.
Ray tem se sentido muito infeliz desde que a namorada rompeu com ele.
» Veja também **split up**.

noun form: **breakup:** the end of a relationship (separação)
» "Bob told me that the **breakup** with his girlfriend was driving him crazy," Stan told Jay.
"Bob me disse que ter rompido com a namorada o estava deixando maluco", Stan contou a Jay.

3. to end, to finish (terminar, acabar)
» The hockey game **broke up** after two periods of overtime.
O jogo de hóquei terminou após dois períodos de prorrogação.

BREATHE IN (BREATHED - BREATHED / BREATHING)

› **to inhale** (inspirar)
» "Does it hurt when you **breathe in**?"', the doctor asked Clive.
"Dói quando você inspira?", o médico perguntou ao Clive.

BREATHE OUT (BREATHED - BREATHED / BREATHING)

› **to exhale** (expirar)
» "O.k., **breathe out** slowly now please," the doctor told the patient.
"O.k., expire de vagar agora por favor", o médico pediu ao paciente.

BRIGHTEN UP (BRIGHTENED - BRIGHTENED / BRIGHTENING)

1. to improve, ref. to the weather; to get sunnier (melhorar; clarear; "limpar")
» "It's great the weather is starting to **brighten up** now. Maybe we can even go to the beach later," said Jack to his friends.
"Que bom que o tempo está melhorando agora. Talvez nós possamos até ir à praia mais tarde", disse Jack aos amigos.

2. to make more attractive (tornar mais atraente ou agradável)
» "I'm sure we can **brighten up** the presentation with some visual aids," Brian told Todd.
"Tenho certeza de que podemos tornar a apresentação mais atraente com alguns recursos visuais", Brian disse para o Todd.

BRING ABOUT (BROUGHT - BROUGHT / BRINGING)

› **to cause to happen or occur** (causar, ocasionar)
» Reckless drivers **bring about** many car accidents.
Motoristas descuidados causam muitos acidentes de carro.
» "Nick is usually such a calm person, I wonder what has **brought about** this change in his behavior," Sally told Marcy.

"Nick é normalmente uma pessoa tão calma, eu gostaria de saber o que provocou essa mudança em seu comportamento", Sally disse a Marcy.

BRING BACK (BROUGHT - BROUGHT / BRINGING)

- **to return, to give back** (trazer de volta)
- I can lend you my car only if you promise to **bring** it **back** tomorrow.
  Eu só posso emprestar o meu carro a você se você prometer trazê-lo de volta amanhã.
- » Compare com **give back**.

- »» O phrasal verb **bring back** associado à palavra **memory** forma uma expressão comum, **bring back memories**, que significa "fazer lembrar", "trazer lembranças".
- » Watching the children laugh and play together **brought back memories** from Sara's own childhood.
  Ter observado as crianças rirem e brincarem juntas fez Sara lembrar sua própria infância.

BRING DOWN (BROUGHT - BROUGHT / BRINGING)

- **to make someone sad, depressed** (deixar triste, deprimido, "para baixo")
  "This cloudy and rainy weather is really **bringing** me **down**," Ernie told Vicky.
  "Este tempo nublado e chuvoso está realmente me deixando deprimido", Ernie disse a Vicky.
- » Compare com **get down**.

BRING UP (BROUGHT - BROUGHT / BRINGING)

1. to look after and educate a child (criar filhos)
  » Ken was **brought up** by his uncle after his parents died in a car accident.
    Ken foi criado pelo tio depois que os pais morreram num acidente de carro.
  » "**Bringing up** children is not an easy task!" said Agnes.
    "Criar filhos não é tarefa fácil!", disse Agnes.

noun form: **upbringing**: process of bringing up and training a child (criação; educação)
  » Stephanie was lucky to have had an excellent upbringing.
    Stephanie teve sorte em ter tido uma educação excelente.

2. to mention, present (mencionar, apresentar)
  » The sales director **brought up** some new subjects during the weekly meeting.
    O diretor de vendas apresentou alguns novos assuntos durante a reunião semanal.
  » "I wish Mike had not **brought up** that embarrassing subject during our meeting with the shareholders," Jack told Barry.
    "Eu gostaria que Mike não tivesse mencionado aquele assunto embaraçoso durante nossa reunião com os acionistas", Jack disse a Barry.

BRUSH UP ON (BRUSHED - BRUSHED / BRUSHING)

› **to improve a knowledge or skill** (melhorar, reciclar conhecimento)
  » Diane needs to **brush up on** her Spanish before she goes to Madrid for the summer.
  Diane precisa melhorar seu espanhol antes de ir passar o verão em Madri.
  » Mark and Todd are taking a refresher course to **brush up on** their mathematics.
  Mark e Todd estão fazendo um curso de reciclagem para melhorar seus conhecimentos de matemática.

BUCKLE UP (BUCKLED - BUCKLED / BUCKLING)

› **(colloquial) to fasten a seatbelt** (colocar cinto de segurança)
  » The pilot of the plane asked the passengers to **buckle up** as there would be some turbulence ahead.
  O piloto do avião pediu aos passageiros que colocassem o cinto de segurança porque haveria alguma turbulência à frente.

BUILD UP (BUILT - BUILT / BUILDING)

1. to strengthen gradually (fortalecer gradualmente)
  » "All Brad needs is to **build up** his self-confidence a little more and he will be fine," dr. Johnson told Brad's mother.
  "Tudo de que o Brad precisa é fortalecer um pouco mais a sua autoconfiança, e ele ficará bem", o dr. Johnson disse à mãe de Brad.
  » Tony has been **building up** his physique since he started going to a gym.
  Tony tem fortalecido o físico desde que começou a frequentar uma academia.

2. to increase in size or extent, become gradually larger (aumentar gradualmente)
  » Traffic starts **building up** at about 5:00 p.m.
  O trânsito começa a aumentar por volta das 17 h.

BUM OFF (BUMMED - BUMMED / BUMMING)

› **to ask someone to give you something for free** (pedir alguma coisa de alguem; "filar")
  » "You'd better stop **bumming** things **off** everyone and get yourself a job!", Frank told Mike.
  "É melhor você parar de ficar filando coisas de todo mundo e arrumar um emprego!", Frank disse para o Mike.

BUMP INTO (BUMPED - BUMPED / BUMPING)

1. to meet someone by chance (encontrar alguém por acaso, "dar de cara com")

- » Jack **bumped into** a very old friend from high school in the supermarket the other day.
  Jack encontrou um velho amigo do colegial por acaso no supermercado outro dia.
- » Susan says she is always **bumping into** people she doesn't want to meet.
  Susan diz que está sempre dando de cara com pessoas que ela não quer encontrar.
- » Veja também **run into**.
- » Compare com **come across**.

2. to knock or hit someone or something, usually in an accidental manner (esbarrar em alguém ou alguma coisa acidentalmente)
- » Nelson **bumped into** the table, and the bottles fell over.
  Nelson esbarrou na mesa, e as garrafas caíram.
- » While inside the library, a little girl **bumped into** a bookcase, and some books fell down.
  Enquanto estava na biblioteca, uma garotinha esbarrou numa estante, e alguns livros caíram.

BUNDLE UP (BUNDLED - BUNDLED / BUNDLING)

› **to put on warm clothes; to wrap in something warm** (agasalhar-se)
- » "If I were you I would **bundle up**, it's freezing out there man!", Ralph told Larry.
  "Se eu fosse você, eu me agasalharia, está um gelo lá fora, cara!", Ralph disse para o Larry.
- » It was so cold outside that the mother decided to **bundle up** her baby with an extra blanket.
  Estava tão frio do lado de fora que a mãe decidiu agasalhar seu bebê com um cobertor extra.
- » Veja também **wrap up**.

BURN DOWN (BURNED - BURNED / BURNING)

› **to burn to the ground, esp. a house, building etc.** (queimar, ser destruído por incêndio, esp. casas, prédios etc.)
- » The fire was so intense that the whole building **burned down** in a matter of hours.
  O incêndio foi tão intenso que o prédio inteiro foi destruído pelo fogo em questão de horas.

BURN OUT (BURNED - BURNED / BURNING)

1. to extinguish, said of a fire, candle, etc. (apagar, referindo-se a fogo, vela, etc.)
- » How long do you think that candle will last before it **burns out**?
  Quanto tempo você acha que aquela vela vai durar antes de apagar?

2. to become sick because of overwork (ficar doente de tanto trabalhar)
- » "You will **burn out** if you keep working double shifts!", said Jeff to a friend.
  "Você vai ficar doente se continuar a fazer turno dobrado!", disse Jeff para um amigo.

BURN UP (BURNED - BURNED / BURNING)

> **to burn completely** (queimar por completo)
>> Most of David's personal objects were **burned up** in the fire.
>> A maioria dos objetos pessoais de David foi queimada no incêndio.

BUTTER UP (BUTTERED - BUTTERED / BUTTERING)

> **(informal) to flatter someone so that they will do what you want** (agradar alguém por interesse; bajular)
>> Daniel is always trying to **butter up** his teachers, hoping they will give him good grades on his tests.
>> Daniel está sempre tentando agradar seus professores, na esperança de que eles lhe darão boas notas nas provas.
>> Jim hates when his employees **butter** him **up** with the sole intention of getting a raise.
>> Jim odeia quando seus funcionários o bajulam com a única intenção de conseguir aumento.

BUTT IN (BUTTED - BUTTED / BUTTING)

> **(colloquial) to interrupt, to interfere** (interromper, intrometer-se)
>> "I was having a personal conversation with Jane when Henry **butted in**," said Ray.
>> "Eu estava tendo uma conversa pessoal com Jane quando Henry interrompeu", disse Ray.
>> Sheila told Sam she would rather he didn't **butt in**, because she would like to solve the problem herself.
>> Sheila disse a Sam que preferia que ele não se intrometesse, pois ela gostaria de resolver o problema sozinha.

BUTTON UP (BUTTONED - BUTTONED / BUTTONING)

> **to fasten with buttons** (abotoar)
>> "You'd better **button up** your jacket. It's really cold outside," Miles advised Ted.
>> "É melhor você abotoar sua jaqueta. Está muito frio lá fora", Miles aconselhou Ted.
>> The kindergarten teacher had to **button up** a few of her students" coats before they went outside to play at recess.
>> A professora do jardim da infância precisou abotoar os casacos de alguns de seus alunos antes de eles saírem para brincar durante o recreio.

BUY OUT (BOUGHT - BOUGHT / BUYING)

> **to buy full ownership of a business** (comprar a parte do(s) sócio(s) em uma empresa)

» "Frank's **bought out** his partners, he's the only one running the company now," Michael told Lisa.
"O Frank comprou a parte dos sócios, só ele está dirigindo a empresa agora", Michael contou para Lisa.

BUZZ IN (BUZZED - BUZZED / BUZZING)

› **to let someone enter a door by operating the electric lock** (abrir a porta para alguém acionando controle elétrico)
» "Can you please **buzz** me **in**?"," Ron asked Luke over the intercom.
"Você pode, por favor, abrir a porta?", Ron pediu ao Luke pelo interfone.

C

CALL BACK (CALLED - CALLED / CALLING)

› **to return a phone call to someone** (retornar uma ligação para alguém, "ligar de volta")
» "Listen Joe, I'm kind of busy right now, can I **call** you **back** later?" said Tim.
"Escute, Joe, eu estou meio ocupado agora, posso ligar de volta para você mais tarde?", disse Tim.
» Compare com **get back to**.

CALL FOR (CALLED - CALLED / CALLING)

1. **to demand or request something** (requerer, exigir)
» "In order to be done correctly, this assignment **calls for** a lot of work," Neil explained to us.
"A fim de ser executada corretamente, essa tarefa exige muito trabalho", Neil nos explicou.
» On the couple's wedding day, the bride's father stood up and said, "This **calls for** a toast!"
No dia do casamento do casal, o pai da noiva se levantou e disse: "Isto requer um brinde!".

2. **to ask for help or service** (pedir ajuda ou serviço)
» During Frank's first night in the hotel, he was so tired that he preferred to **call for** room service rather than go out for dinner.
Durante a primeira noite de Frank no hotel, ele estava tão cansado que preferiu pedir serviço de quarto a sair para jantar.
» Compare com **ask for**.

CALL IN (CALLED - CALLED / CALLING)

› **to ask someone with a special skill to come and deal with a problem** (chamar alguém com alguma habilidade especial para fazer algum serviço)
  » "I think we should **call in** an electrician to have the wires checked," Mary told Bill.
  "Acho que deveríamos chamar um eletricista para checar os fios", Mary disse a Bill.
  » The police **called in** the SWAT* team to help them out right after the first shots were fired.
  A polícia chamou a equipe da SWAT para ajudá-la logo depois que os primeiros tiros foram disparados.

CALL OFF (CALLED - CALLED / CALLING)

1. to cancel (cancelar)
  The marketing director had to **call off** the meeting due to a family emergency.
  O diretor de marketing teve de cancelar a reunião devido a uma emergência familiar.
  The baseball game was **called off** because of a rainstorm.
  O jogo de beisebol foi cancelado por causa de uma tempestade.
  » Compare com **put off**.

  ››› Não confundir o phrasal verb **call off** (cancelar) com o phrasal verb **put off** (adiar):
  » "Their wedding was **put off** for a few weeks, not **called off** completely!" Peter told us.
  "O casamento deles foi adiado por algumas semanas, não cancelado!", Peter nos contou.

2. to stop or halt (suspender, parar)
  » The rescue team had to **call off** the search for the missing boy scouts when it got too dark.
  A equipe de resgate teve de suspender a busca dos escoteiros perdidos quando ficou escuro demais.
  » After coming to an agreement with their employers, the factory workers **called off** the strike and went back to work.
  Após terem chegado a um acordo com seus empregadores, os funcionários da fábrica suspenderam a greve e voltaram ao trabalho.

3. to order a dog or a person to stop attacking (pedir para parar de atacar, referindo-se a um cachorro ou pessoa)
  » "**Call off** your dog! It's going to bite me!" Rick shouted to his friend Mike.
  "Peça para o seu cachorro parar! Ele vai me morder!", Rick gritou para seu amigo Mike.

*SWAT: abreviação de **Special Weapons and Tactics**, grupo da polícia americana especialmente treinado para utilizar armamento mais pesado e lidar com criminosos perigosos.

CALL ON (CALLED - CALLED / CALLING)

› **to briefly visit someone** (fazer uma visita breve a alguém)
  » The Hendersons always **call on** their friends on Christmas Eve.
    Os Henderson sempre fazem uma visitinha aos amigos na véspera de Natal.
  » Veja também **come by**, **drop by**, **drop in on**, **stop by** e **swing by**.

CALL OUT (CALLED - CALLED / CALLING)

› **to speak in a loud voice, to shout** (falar em voz alta, gritar para chamar a atenção de alguém)
  » Adam **called out** Bianca's name, but the music made it too noisy for her to hear him.
    Adam chamou o nome da Bianca em voz alta, mas a música estava alta demais para ela o ouvir.
  » During graduation, the dean of the law school **called out** the names of his students so he could give them their diplomas.
    Durante a formatura, o diretor da faculdade de direito chamou em voz alta os nomes dos alunos para lhes dar os diplomas.

CALL UP (CALLED - CALLED / CALLING)

› **to telephone someone, to phone, to call** (telefonar, ligar para alguém)
  » "If you are feeling so guilty, why don't you **call** her **up** and apologize for what you did?" Neil's friend suggested to him.
    "Se você está se sentindo tão culpado, por que não liga para ela e pede desculpas pelo que você fez?", o amigo de Neil sugeriu a ele.

  ››› O verbo **call** desacompanhado da preposição **up** também é usado para expressar a ideia de "telefonar", "ligar para alguém", além de também significar "chamar" alguém.
  » "I **called** Clint, but he wasn't home. I'll try again later," said Jake.
    Ou
  » I **called up** Clint, but he wasn't home. I'll try again later, said Jake.
    "Eu liguei para Clint mas ele não estava em casa. Eu vou tentar de novo mais tarde", disse Jake.
  » "Can you come here for a minute?" Howard's boss **called** him from his office.
    "Você pode vir aqui um minuto?", o chefe de Howard o chamou de seu escritório.

CALM DOWN (CALMED - CALMED / CALMING)

› **to make or become calm** (acalmar alguém, acalmar-se)
  » We had to **calm** Jennifer **down** after the heated argument.
    Tivemos de acalmar a Jennifer depois da discussão acirrada.

49

» Mr. Jones asked his kids to **calm down** because he wanted to read the paper in peace.
O sr. Jones pediu aos filhos que se acalmassem porque ele queria ler o jornal em paz.
» Veja também **cool down**.

CARE ABOUT (CARED – CARED / CARING)

› **to be concerned about, to be interested in** (preocupar-se com alguma coisa ou alguém, importar-se com, "ligar para")
   » A good mother will always **care about** her children, no matter what may happen.
   Uma boa mãe vai sempre se preocupar com os filhos, não importando o que aconteça.
   » Jeff doesn't **care** much **about** politics, he's more interested in sports.
   Jeff não liga muito para política, ele está mais interessado em esportes.

CARE FOR (CARED – CARED / CARING)

1. to take care of, to look after (cuidar de)
   » The nurse had been **caring for** her patient for over two months before he got better.
   A enfermeira vinha cuidando de seu paciente havia mais de dois meses, até que ele melhorou.
   » Veja também **look after**.

2. to like (gostar)
   » "You know I don't **care for** fast food. I prefer to have a real meal," Joe told his wife.
   "Você sabe que eu não gosto de fast food. Prefiro comer uma refeição de verdade", Joe disse à esposa.
   » "Would you **care for** a drink?" Stanley asked Linda.
   "Você gostaria de um drinque?", Stanley perguntou a Linda.

   ››› Como se vê pelos exemplos, o phrasal verb **care for** com o significado de "gostar" é normalmente usado em negativas e perguntas.

3. to love someone (amar alguém)
   » Brad told his friend Tim that he never really **cared for** anyone but Ruth.
   Brad disse a seu amigo Tim que ele realmente nunca amou ninguém a não ser Ruth.
   » "Why are you making such a fuss? You know that I only **care for** you", Mark told his jealous wife.
   "Por que você está fazendo um escândalo? Você sabe que eu só amo você", Mark disse a sua esposa, ciumenta.

CARRY ON (CARRIED – CARRIED / CARRYING)

› **to continue doing something; to go on** (continuar a fazer algo)

- » **"Carry on** reading please," Bill told Maryanne.
  "Continue lendo por favor", Bill pediu a Maryanne.
- » "So, I heard you're going to **carry on** the family tradition and study medicine, is it true?", Mike asked Terry.
  "E então, ouvi falar que você vai continuar com a tradição da família e estudar medicina, é verdade?", Mike perguntou ao Terry.

adjective form: **carry-on luggage:** luggage that you can carry with you on a plane; hand luggage (bagagem de mão)
- » "Can I take this small bag as **carry-on luggage**?", Mr. Sullivan asked the check-in attendant.
  "Posso levar esta mala pequena como bagagem de mão?", o sr. Sullivan perguntou ao atendente de check-in.
- » Veja também **go on** e **keep on**.

CARRY OUT (CARRIED - CARRIED / CARRYING)

› **to accomplish a task etc.** (realizar; executar um plano, ordens etc.)
  - » The business plan was **carried out** successfully, and sales were up again.
    O plano de negócios foi executado com sucesso, e as vendas subiram novamente.
  - » The murder investigation was **carried out** for over two months, but no one was ever found guilty.
    A investigação do homicídio foi realizada por mais de dois meses, mas nunca acharam o culpado.

CASH IN ON (CASHED - CASHED / CASHING)

› **to take full financial or any other kind of advantage of a situation** (tirar proveito de uma situação, faturar ou lucrar com)
  - » Bianca has certainly **cashed in on** her career as a top international model.
    Bianca certamente faturou com sua carreira de top model internacional.
  - » The talented young basketball player **cashed in on** his success by signing a contract with a major sneaker company.
    O jovem e talentoso jogador de basquete tirou proveito financeiro de seu sucesso assinando um contrato com uma grande empresa fabricante de tênis.

CATCH ON (CAUGHT - CAUGHT / CATCHING)

1. to become popular (tornar-se comum, entrar na moda, "pegar")
  - » "Do you think that new hairstyle will **catch on**?" Steve asked his friend Bob.
    "Você acha que aquele novo penteado vai pegar?", Steve perguntou a seu amigo Bob.

» "Have you noticed that minivans are **catching on**? It seems that one out of every three cars on the streets is a minivan now," Phil told his friend Brian.
"Você notou que as minivans estão se tornando comuns? Parece que, de cada três carros nas ruas, um agora é minivan", Phil disse a seu amigo Brian.
» Compare com **be in**.

2. to understand, realize what is happening (entender, "sacar")
» Debora didn't **catch on** to the joke until after we explained it to her.
Debora só foi entender a piada depois que nós a explicamos para ela.

CATCH UP ON (CAUGHT - CAUGHT / CATCHING)

› **to do what needs to be done in order to be up to date** (fazer algo que já deveria ter sido feito, "colocar em dia")
» "I'm not planning to go out tonight because I need to **catch up on** my sleep," Neil told Brad.
"Não estou planejando sair hoje à noite porque preciso colocar meu sono em dia", Neil disse a Brad.
» Dan missed a few classes while he was sick and now needs to **catch up on** his class work.
Dan perdeu algumas aulas enquanto estava doente e agora precisa colocar em dia a matéria.

CATCH UP WITH (CAUGHT - CAUGHT / CATCHING)

› **to reach the same point or level as** (alcançar)
Paul had to walk faster so he could **catch up with** Mark
Paul teve que andar mais rápido para poder alcançar Mark.
» One of the runners started lagging behind, and he could not **catch up with** the rest of the group.
Um dos corredores começou a ficar para trás e não conseguiu alcançar o resto do grupo.

CATER TO (CATERED - CATERED / CATERING)

› **to provide someone with what they want or need** (atender às necessidades de alguém; satisfazer)
» "Don't worry! I'm sure our company can **cater to** all your needs," Simon told Mr. Jacobs.
"Não se preocupe! Tenho certeza de que a nossa empresa pode atender a todas as suas necessidades", Simon disse para o Sr. Jacobs.

CHASE AFTER (CHASED - CHASED / CHASING)

- **to pursue; to try to catch** (perseguir; correr atrás)
  - "Watch out for Billy! He's a flirt and he's always **chasing after** girls," Elaine warned Vera.
  "Cuidado com o Billy! Ele é um paquerador e está sempre perseguindo as garotas", Elaine alertou Vera.

CHEAT ON (CHEATED - CHEATED / CHEATING)

- **to be unfaithful to your husband, wife etc.** (trair o marido, esposa etc.; "pular a cerca")
  - Jake says he has always been faithful to his wife and that he has never ever **cheated on** her.
  Jake diz que sempre foi fiel a sua esposa e que ele nunca a traiu.
  - Compare com **fool around (with)** e **mess around (with)**.

CHECK IN (CHECKED - CHECKED / CHECKING)

- **to register at a hotel, airport etc.** (registrar-se em hotel etc.; fazer o check-in em aeroporto)
  - "We are supposed to **check in** at the airport at least one hour before our plane leaves," Marylin told her husband.
  "Nós devemos fazer o check-in no aeroporto pelo menos uma hora antes de o avião partir", Marylin disse ao marido.
  - Donald and his wife **checked in** at the Waldorf Astoria Hotel earlier than they thought as their flight got in New York about two hours ahead of schedule.
  Donald e sua esposa registraram-se no hotel Waldorf Astoria mais cedo do que pensavam, já que o voo deles chegou em Nova York umas duas horas antes do previsto.

  - **Check into** também pode ser usado para substituir o phrasal verb **check in** no contexto específico de hotéis, motéis etc. ("Donald and his wife **checked into** the Waldorf Astoria Hotel"), mas não no de aeroportos.

CHECK ON (CHECKED - CHECKED / CHECKING)

- **to check if someone or something is all right** (checar alguém ou algo para saber se está tudo bem, "dar uma olhada")
  - "Don't you think the kids are too quiet? I think you'd better **check on** them," Vivian asked her husband while they were watching TV.
  "Você não acha que as crianças estão quietas demais? É melhor você ir dar uma olhada nelas", Vivian pediu ao marido enquanto estavam assistindo à TV.

» "The washing machine is making a weird noise. Could you go into the laundry room and **check on** it?" Mrs. Jones asked her maid.
"A máquina de lavar roupa está fazendo um barulho esquisito. Você poderia ir a lavanderia dar uma olhada nela?", a sra. Jones pediu a sua empregada.
» Veja também **check up on**.

CHECK OUT (CHECKED - CHECKED / CHECKING)

1. to pay the bill and leave a hotel (pagar a conta e sair de um hotel; "fazer o check-out")
» Angela was **checking out** of her hotel when she realized that she was late for a meeting.
Angela estava fazendo o check-out no hotel quando percebeu que estava atrasada para uma reunião.
» Veja também o antônimo **check in**.

2. to research someone or something (checar alguém ou algo, investigar, averiguar)
» The police **checked out** the suspect's alibi and found that he had made it up.
A polícia checou o álibi do suspeito e descobriu que ele o tinha inventado.

3. to look at someone or something because they are attractive or different (olhar para alguém ou algo atraente ou diferente)
» "Hey! **Check** that girl **out**! She's really cute, isn't she?" Tony told his friend Jason.
"Ei! Olhe aquela garota! Ela é uma graça, não é?", Tony disse a seu amigo Jason.
» "**Check out** that guy's clothes. Don't you think they are a bit strange?" Bob asked Alan.
"Olha só as roupas daquele cara. Você não as acha um pouco estranhas?", Bob perguntou a Alan.

4. to borrow a book from a library (pegar um livro emprestado da biblioteca)
» Robert had **checked out** three books from the library for his research on physics.
Robert tinha pegado três livros emprestados da biblioteca para fazer sua pesquisa sobre física.

CHECK UP ON (CHECKED - CHECKED / CHECKING)

› **to check if someone is all right and doing what they are supposed to** (checar se alguém está bem e se está fazendo o que deveria)
» "I hate the way Mr. Brown is always **checking up on** our work. Doesn't he trust anyone?" Phil asked his coworker Brad.
"Eu odeio o modo que o sr. Brown está sempre checando nosso trabalho. Ele não confia em ninguém?", Phil perguntou a seu colega de trabalho Brad.
» Veja também **check on**.

noun form: **checkup:** a thorough medical examination (checkup, exame médico geral)
» Mr. Hopper is very concerned about his health and always goes for a **checkup** every year.
O sr. Hopper é muito preocupado com a saúde e sempre faz checkup anual.

CHEER UP (CHEERED - CHEERED / CHEERING)

> **to become happier, to make someone happy** (animar-se, alegrar-se; animar alguém)
» Jessica's mother tried her best to **cheer** her daughter **up** after she got hurt falling off her bicycle.
A mãe de Jessica tentou ao máximo animar a filha depois que ela se machucou caindo da bicicleta.
» A good friend can always **cheer** you **up**, no matter how sad you may be.
Um bom amigo sempre consegue animar a gente, não importando quão triste se esteja.

CHICKEN OUT (CHICKENED - CHICKENED)

> **(colloquial) to be afraid to do something** (ter medo de fazer alguma coisa, "amarelar")
» Jim had planned to ask Cathy to go to the dance with him, but he **chickened out** at the last minute.
Jim tinha planejado convidar Cathy para ir ao baile com ele, mas amarelou na última hora.
» The wrestler **chickened out** when he saw the size of his opponent and refused to wrestle him.
O lutador amarelou quando viu o tamanho do adversário e recusou-se a lutar com ele.

CHILL OUT (CHILLED – CHILLED / CHILLING)

- **to relax; to take it easy** (relaxar; "ficar frio")
  - "I've had a very busy day at work. I guess I just need to **chill out** for a while," said Dan to his wife.
    "Tive um dia muito corrido no trabalho. Acho que só preciso relaxar um pouco", disse Dan para a esposa.
  - "There's no need to worry. **Chill out** pal!", Mark told Tim.
    "Não precisa se preocupar. Relaxa, cara!", Marki disse para o Tim.

CHOW DOWN ON (CHOWED – CHOWED / CHOWING)

- **to eat a lot, usually quickly** (comer muito e normalmente depressa; "devorar")
  - "Wow, Dave was sure hungry. Did you see how he **chowed down on** that double cheeseburger?", Fred asked Jason.
    "Nossa, o Dave estava mesmo com fome. Você viu como ele devorou aquele X-burguer duplo?", Fred perguntou para o Jason.

CLAM UP (CLAMMED – CLAMMED / CLAMMING)

- **to stop talking suddenly or to refuse to talk about a subject** (ficar calado de repente ou recusar-se a falar sobre um assunto)
  - "Did you notice how Dave **clammed up** as soon as Mary walked into the room?" said Bob.
    "Você notou como Dave ficou calado assim que Mary entrou na sala?", disse Bob.
  - "Why do you think Stewart **clammed up** when we asked him about his stepmother?" Rick asked Greg.
    "Por que você acha que o Stewart ficou calado quando perguntamos a ele sobre a madrasta?", Rick perguntou a Greg.

CLEAN OUT (CLEANED – CLEANED / CLEANING)

1. **to empty and clean something completely** (esvaziar e limpar por completo)
   - Dora told Carl it was about time they **cleaned out** their attic and threw away all of the old stuff.
     Dora disse a Carl que já estava na hora de eles limparem tudo no sótão e jogarem fora todas as coisas velhas.

2. **(informal) to steal everything from someone or some place** (roubar tudo, "limpar")
   - The thieves **cleaned out** all of the jewelry from the store during the robbery.
     Os ladrões roubaram todas as joias da loja durante o assalto.

CLEAN UP (CLEANED - CLEANED / CLEANING)

› **to clean thoroughly and organize** (limpar tudo, organizar, arrumar)
  » "Whose turn is it to **clean up** the kitchen?", Mary asked her husband.
    "De quem é a vez de limpar a cozinha?", Mary perguntou ao marido.
  » "This room is a mess, why don't you **clean** it **up**?", Tim's mother asked him.
    "Este quarto está uma bagunça, por que você não o arruma?", a mãe de Tim perguntou a ele.

CLEAR UP (CLEARED - CLEARED / CLEARING)

1. to make clear or more easily understood (esclarecer)
  » Tommy was glad that his teacher could **clear up** all the doubts he had about his homework.
    Tommy estava contente de porque seu professor pôde esclarecer todas as dúvidas que ele tinha na lição de casa.
  » Unfortunately, many murder cases are never **cleared up.**
    Infelizmente, muitos casos de homicídio nunca são esclarecidos.

2. to become clear, esp. when talking about the weather (clarear, "limpar", referindo-se a condições meteorológicas)
  » Tom said that if the weather **cleared up** on the weekend he might go to the beach.
    Tom disse que, se o tempo limpasse no final de semana, ele talvez fosse à praia.

CLOCK IN (CLOCKED - CLOCKED / CLOCKING)

› **to register one's arrival at work** (bater ponto ao iniciar o trabalho)
  » "I usually **clock in** at about 9:00 a.m. but I sometimes arrive at work earlier," Bart told a friend.
    "Eu geralmente bato ponto por volta das 9 h, mas às vezes chego ao trabalho mais cedo", Bart contou a um amigo.

CLOCK OUT (CLOCKED - CLOCKED / CLOCKING)

› **to register one's departure from work; to leave work** (bater ponto ao final do trabalho)
  » "What time did you **clock out** yesterday?", Jeff asked a coworker.
    "Que horas você bateu ponto ao final do trabalho ontem?", Jeff perguntou ao um colega de trabalho.

CLOSE DOWN (CLOSED - CLOSED / CLOSING)

› **to close permanently, esp. a business** (fechar, encerrar as atividades)

» Pete said that he will have to **close down** his restaurant if business does not pick up.
Pete disse que terá de fechar seu restaurante se os negócios não melhorarem.
» Veja também **shut down**.

CLOSE IN (CLOSED - CLOSED / CLOSING)

) **to approach, to get closer, esp. the night or morning** (aproximar-se, esp. a noite ou a manhã)
» Fred stood up and told his wife, Nicole, they had better leave as night was **closing in**.
Fred se levantou e disse a sua esposa, Nicole, que era melhor saírem porque já ia anoitecer.
» Barry was at the party for such a long time that when he finally left morning was already **closing in**.
Barry ficou na festa por tanto tempo que, quando ele finalmente saiu, já era quase de manhã.

CLOSE IN ON (CLOSED - CLOSED / CLOSING)

) **to get closer to someone or something** (cercar, encurralar, "apertar o cerco")
» Within a few hours of search, the FBI* team **closed in on** the suspects and had the situation under control.
Após poucas horas de busca, a equipe do FBI encurralou os suspeitos e controlou a situação.

CLOUD OVER (CLOUDED - CLOUDED / CLOUDING)

) **to become clouded** (ficar nublado; nublar)
» "We were having a lot of fun at the amusement park, but then the sky clouded over all of a sudden and it started to rain," Mick told his friends.
"Nós estavamosestávamos nos divertindo muito no parque de diversão, mas aí ficou nublado de repente e começou a chover", Mick contou aos amigos.

COME ABOUT (CAME - COME / COMING)

) **to happen; to take place** (acontecer; ocorrer)
» "I have no idea how this **came about**," said Jill.
"Não faço a minimamínima ideia de como issto aconteceu", disse Jill.
» "How did it **come about** that you met your friend Carol in the mall? Wasn't she supposed to be at a doctor's appointment?", Fred asked Stanley.
"Como é que você foi encontrar a sua amiga Carol no shopping? Não era para ela estar em uma consulta médica?", Fred perguntou ao Stanley.

*FBI: abreviação de **Federal Bureau of Investigation**, a polícia federal dos EUA.

COME ACROSS (CAME - COME / COMING)

› **to meet someone or find something, esp. by chance** (encontrar alguém ou algo, esp. por acaso)
  » Mary and Stuart **came across** some old photographs while they were cleaning out their attic.
    Mary e Stuart encontraram algumas fotos antigas enquanto estavam limpando o sótão.
  » Linda told Tom that she **came across** their old teacher in the mall yesterday.
    Linda disse a Tom que ela havia encontrado o velho professor deles por acaso, no shopping, ontem.
  » Compare com **bump into** e **run into**.

COME ALONG (CAME - COME / COMING)

1. to go somewhere with someone (ir a algum lugar com alguém, ir junto)
  » I think I will go out for a drink after work. Would you like to **come along**?
    Acho que vou sair para tomar um drinque depois do trabalho. Você gostaria de ir junto?

2. to make progress; to develop (progredir; desenvolver; "ir bem")
  » "Things seem to be **coming along** fine in the office now that we have a new manager," said Tom to his wife.
    "As coisas parecem estar indo bem no escritório agora que temos um novo gerente", disse Tom à esposa.

3. to arrive or appear somewhere; to show up (chegar; aparecer; surgir)
  » "You should take all the good opportunities that **come along**," Jerry's father advised him.
    "Você deve aproveitar todas as boas oportunidades que aparecerem", o pai de Jerry o aconselhou.

COME AROUND (CAME - COME / COMING)

1. to regain consciousness (recobrar a consciência, voltar a si)
  » Even though Dave had been hit pretty hard in the head, he **came around** after a few seconds.
    Embora Dave tivesse levado uma pancada forte na cabeça, ele recobrou a consciência depois de alguns segundos.
  » Veja também **come to**.

2. to happen again (acontecer de novo; "voltar")
  » "What goes around, **comes around**. That's what my mom used to always say," said Bill to friend.
    "O que vai, volta. É o que a minha mãe sempre dizia", disse Bill para um amigo.

» "You should probably buy those sneakers now, because you never know when they'll be **coming around** again," Howard told Jeff.
"É melhor você comprar aquele tênis agora porque nunca se sabe quando eles vão voltar", Howard disse para o Jeff.

3. to visit someone (visitar alguém; "dar um pulo")
» "So, when can you **come around** so we can talk?", Fred asked Mike.
"E então, quando você pode dar um pulo aqui para conversarmos?", Fred perguntou ao Mike.

COME BACK (CAME - COME / COMING)

› **to return, esp. after being away for some time** (voltar de algum lugar, esp. após algum tempo de ausência)
» One of Jill's friends just **came back** from Europe after living there for a year.
Uma das amigas de Jill acabou de voltar da Europa depois de ter morado lá por um ano.
» Peggy's mother asked her what time she was planning to **come back** home later that night.
A mãe de Peggy perguntou a ela a que horas ela estava planejando voltar para casa naquela noite.
» Compare com **get back**.

COME BY (CAME - COME / COMING)

1. to find or get something (encontrar ou conseguir algo)
» "Dave's really lucky! He **came by** a very nice furnished apartment near the campus," said Fred to his friends.
"O Dave tem muita sorte! Ele encontrou um apartamento super legal e mobiliado perto do campus", disse Fred para os amigos.
» The detective asked the suspect how he happened to **come by** the medallion in his pocket.
O detetive perguntou ao suspeito como ele havia conseguido o medalhão que estava em seu bolso.

2. to pay a short visit; to drop by (fazer uma visita rápida; "passar por"; "dar um pulo")
» "Why don't you **come by** tomorrow so we can chat?", Celine asked Sophie.
"Por que você não passa por aqui amanhã para batermos um papo?", Celine pediu a Sophie.
» My grandmother decided to **come by** for a few hours yesterday, so we played cards together.
Minha avó decidiu me visitar por algumas horas ontem e então jogamos cartas.
» Veja também **call on**, **drop by**, **drop in on**, **stop by** e **swing by**.

COME DOWN (CAME - COME / COMING)

1. **1. to fall esp. prices etc.** (abaixar, cair, referindo-se a preços etc.)
   » Brenda said she wouldn't buy any more strawberries until the price **comes down** a little bit.
   Brenda disse que não compraria mais morangos até o preço abaixar um pouco.

2. **to come from another place, esp. from a location further north** (vir de outro lugar, esp. de algum lugar ao norte)
   » "I wish Frank could **come down** from Boston to spend Thanksgiving with us here in Miami," Daisy told her sister Heather.
   "Eu gostaria que o Frank pudesse vir de Boston para passar o feriado de Ação de Graças conosco aqui em Miami", Daisy disse a sua irmã Heather.

COME DOWN TO (CAME - COME / COMING)

› **to be the most important aspect of something** (resumir-se em)
   » "What their argument seemed to **come down to** was who would pay for the damages caused to the cars," Mark told Frank.
   "A discussão deles parecia se resumir em quem pagaria pelos danos causados aos carros", Mark disse a Frank.
   » Veja também **boil down to**.

COME DOWN WITH (CAME - COME / COMING)

› **to catch a disease, to catch a cold etc.** (contrair uma doença, pegar resfriado etc.)
   » After Melissa stayed out all night in the cold rain she **came down with** the flu.
   Depois que Melissa passou a noite fora na chuva fria, ela pegou gripe.
   » While George and Steve were on vacation in Bolivia they **came down with** food poisoning.
   Enquanto George e Steve estavam de férias na Bolívia, eles tiveram intoxicação alimentar.

COME FROM (CAME - COME / COMING)

› **to be from a place, esp. a country of origin** (ser natural de algum país, " vir de")
   » "I thought Richard **came from** Ireland, but Sandy told me he is from Scotland," said Bill.
   "Eu pensei que Richard era da Irlanda, mas Sandy me contou que ele é da Escócia", disse Bill.
   » "Do you know what country the kiwi **comes from**?" Terry asked his friend Dick.
   "Você sabe de que país vem o kiwi?", Terry perguntou a seu amigo Dick.
   » Veja também **be from**.

COME IN (CAME - COME / COMING)

1. used to ask someone to enter the room etc. (usado para pedir a alguém que entre numa sala etc.)
- » "**Come in!**" said Mr. Daniels loudly when he heard someone knocking on the door of his office.
  "Entre!", disse o sr. Daniels em voz alta quando ouviu alguém bater à porta de seu escritório.

2. to arrive, esp. a bus, plane etc. (chegar, esp. ônibus, avião etc.)
- » "What time is Tim's plane supposed to **come in**?" Rachel asked Mary.
  "A que horas o avião de Tim deve chegar?", Rachel perguntou a Mary.
- » Veja também **get in**.

COME INTO (CAME - COME / COMING)

› **to inherit** (herdar)
- » Douglas **came into** a fortune after his father died of old age.
  Douglas herdou uma fortuna depois que o pai morreu de velhice.
- » It was only after Michael read his grandfather's will that he realized he would be **coming into** nothing.
  Foi só depois que Michael leu o testamento do avô que ele percebeu que não herdaria nada.

COME OFF (CAME - COME / COMING)

› **to fall off or become unfastened** (sair, soltar-se)
- » Some posters in Jim's bedroom were so old that they were beginning to **come off** the wall.
  Alguns pôsteres [que estavam] no quarto de Jim eram tão velhos que estavam começando a se soltar-se da parede.
- » Mary's wedding ring nearly **came off** while she was washing her hands.
  A aliança de Mary quase saiu enquanto ela estava lavando as mãos.

- ››› A expressão informal **Come off it!** significa "Pare(m) de mentir ou brincar!".
- » "**Come off it!** You can't be serious about buying that boat!" Jim told his friend William.
  "Pare de brincar! Você não pode estar falando sério a respeito de comprar aquele barco!", Jim disse a seu amigo William.

COME ON (CAME - COME / COMING)

› **used to encourage someone or make someone move faster** (expressão usada para animar, encorajar ou apressar alguém, "Vamos")
- » "**Come on!** Don't be afraid, you will definitely succeed if you try!" Nick told Mark.

"Vamos! Não tenha medo, você certamente vai conseguir se tentar!", Nick disse a Mark.
» **"Come on!** We will be late for the show unless you hurry up," Fred told his girlfriend.
"Vamos! A menos que você se apresse, nós vamos nos atrasar para o show", Fred disse à namorada.

COME OUT (CAME – COME / COMING)

1. to leave a place (sair de algum lugar)
   » "Could you please hurry up and **come out** of the bathroom?" Donald asked his sister.
   "Você poderia, por favor, se apressar e sair do banheiro?", Donald pediu à irmã.

2. to appear, esp. the sun, the stars (aparecer, sair, esp. o sol, as estrelas)
   » After three cloudy days in a row the sun is finally **coming out.**
   Depois de três dias nublados seguidos, o sol está finalmente saindo.
   » The view from Dan's apartment balcony is great, especially when the stars **come out** at night.
   A vista da sacada do apartamento do Dan é ótima, especialmente quando as estrelas aparecem à noite.

3. to be made available to the public (sair, ser publicado, estar disponível ao público)
   » Linda says she is looking forward to reading her favorite author's new book, which has just **come out.**
   Linda diz que está ansiosa para ler o novo livro de seu autor preferido, que acaba de ser publicado.
   » The young director's new movie was a hit as soon as it **came out**.
   O novo filme do jovem diretor foi sucesso assim que entrou em cartaz.

4. to be revealed or made apparent (ser revelado)
   » "We were really shocked when the scandalous story about that politician **came out**," said Fred.
   "Ficamos realmente chocados quando a história escandalosa sobre aquele político foi revelada", disse Fred.

5. to remove, to disappear, esp. a stain from clothing (sair, desaparecer, esp. manchas em roupas)
   » Paul had his shirt washed two times, but the coffee stain still hasn't **come out.**
   Paul lavou a camisa dele duas vezes, mas a mancha de café ainda não saiu.

6. to reveal oneself as a homosexual (assumir a homossexualidade; "sair do armário")
   » James **came out** to his family and close friends about a year ago.
   James assumiu sua homossexualidade para a família e os amigos íntimos há aproximadamente um ano.

» Donald was not ready to **come out** yet, even though everyone already thought he was gay.
Donald ainda não estava pronto para assumir a homossexualidade, embora todos já achassem que ele era gay.

››› Nessa acepção, o phrasal verb **come out** tem origem na expressão **come out of the closet** ("sair do armário").

COME OVER (CAME - COME / COMING)

1. to approach, to move close to someone or something (aproximar-se, chegar perto de)
» "Brenda **came over** to talk to me at the party," Warren told Ben.
"Brenda se aproximou para conversar comigo na festa", Warren disse a Ben.
» "Can you **come over** here, please?" Paul asked Jeff.
"Você pode vir aqui perto, por favor?", Paul pediu a Jeff.

2. to be possessed by a feeling (ser tomado por um sentimento, sensação)
» After studying for about three hours, a strong desire to sleep **came over** Alicia.
Após ter estudado umas três horas, uma grande vontade de dormir tomou conta de Alicia.

››› A frase informal **What has come over someone?** é muito usual e equivale em português a "O que deu em você?", "O que deu em fulano?", etc.
» "**What's come over you?**" Howard asked his friend Jay.
"O que deu em você?", Howard perguntou a seu amigo Jay.
» "I don't know **what's come over Tom**. He's been acting very strange lately," said Andy.
"Eu não sei o que deu no Tom. Ele tem agido de modo muito estranho ultimamente", disse Andy.

3. to drop by someone's house (visitar alguém; "dar um pulo")
» "Can you **come over** to my place tonight? I really need to talk to you," Alice told Josh.
"Você pode dar um pulo na minha casa hoje à noite? Preciso muito falar com você", Alice disse para o Josh.
» Veja também **call on**, **drop by**, **drop in on**, **stop by** e **swing by**.

COME TO (CAME - COME / COMING)

1. to regain consciousness (recobrar a consciência, voltar a si)
» After being in a coma for over a week after a car accident, Neil suddenly **came to**.
Depois de ter ficado em coma por mais de uma semana após um acidente de carro, Neil de repente voltou a si.
» Veja também **come around**.

2. to reach a total; to amount to (chegar a um total; "dar um determinado valor")
- » "How much did the bill **come to**?," Jeff asked Burt.
  "Quanto deu a conta?", Jeff perguntou ao Burt.
- » Veja também **work out to**.

COME UP (CAME – COME / COMING)

1. to be mentioned (ser mencionado)
- » Some new ideas to boost sales **came up** during our last meeting with the managers.
  Algumas novas ideias para aumentar as vendas foram mencionadas durante nossa última reunião com os gerentes.
- » Compare com **bring up**.

2. to happen unexpectedly, to appear (surgir, aparecer de repente)
- » Something **came up** at work, and Fred had to call his wife to tell her he would be home late.
  Surgiu um imprevisto no trabalho, e Fred teve de ligar para a esposa e avisá-la de que chegaria tarde em casa.
- » A new job opportunity has **come up** for Tim, and he's really excited about it.
  Uma nova oportunidade de emprego apareceu para Tim, e ele está realmente animado com isso.

3. to approach, to come near, esp. by walking ("come up to") (abordar alguém, chegar perto)
- » A stranger **came up** to Peter on the street and asked him if he had a light.
  Um estranho se aproximou de Peter na rua e perguntou se ele tinha fogo.

4. to rise, esp. the sun (nascer, referindo-se ao sol)
- » Neil and his friend Mark decided it was time to leave the party and go home as soon as they noticed that the sun was **coming up**.
  Neil e seu amigo Mark decidiram que era hora de sair da festa e ir para casa tão logo notaram que o sol já estava nascendo.

COME UP WITH (CAME – COME / COMING)

› **to think of a plan, idea, solution etc.** (apresentar, ter uma ideia, plano, solução etc.)
- » "Do you think Ted can **come up with** some good ideas for our advertising campaign?" Don asked Mike.
  "Você acha que o Ted pode apresentar algumas boas ideias para a nossa campanha publicitária?", Don perguntou a Mike.
- » Daniel **came up with** some interesting suggestions during our weekly meeting.
  Daniel apresentou algumas sugestões interessantes durante nossa reunião semanal.

COOL DOWN (COOLED - COOLED / COOLING)

1. (colloquial) to become calm, tranquil (ficar calmo, tranquilo, acalmar-se, "esfriar a cabeça")
- » Ralph will need some time to **cool down** when he finds out his sister crashed his car.
  Ralph vai precisar de algum tempo para acalmar-se quando descobrir que a irmã bateu o carro dele.
- » Veja também **calm down**.

2. to become cooler, esp. in temperature (ficar mais frio, mais fresco, referindo-se à temperatura)
- » Dan's mother told him he should give the soup a few minutes to **cool down** before having it.
  A mãe de Dan disse a ele que esperasse alguns minutos para a sopa esfriar antes de tomá-la.
- » The weather has really been **cooling down** since the summer ended.
  O tempo tem realmente ficado mais fresco desde que o verão acabou.

COUNT DOWN (COUNTED - COUNTED / COUNTING)

› **to count backwards to an event that is expected to happen when zero is reached** (fazer contagem regressiva)
- » "Have you started to **count down** to the new year yet?"," Bob asked Alice.
  "Você já começou a fazer contagem regressiva para o ano novo?", Bob perguntou para a Alice.

noun form: countdown: backward counting to mark the time before an event (contagem regressiva)
- » "The **countdown** to the launch of the rocket is about to start any minute now," Bill told a friend.
  "A contagem regressiva para o lançamento do foguete deve começar a qualquer minuto", Bill disse para um amigo.

COUNT ON (COUNTED - COUNTED / COUNTING)

› **to trust someone or something** (confiar em alguém ou alguma coisa, "contar com")
- » You can always **count on** your parents to help you out when times get tough.
  Você sempre pode contar com a ajuda de seus pais em momentos difíceis.
- » Veja também **rely on**, **lean on** e **depend on**.

  »› **Count upon** significa o mesmo que **count on**, mas é mais formal.

COVER UP (COVERED - COVERED / COVERING)

› **to hide something, to prevent from becoming publicly known** (esconder algo, encobrir, acobertar, evitar que se torne publicamente conhecido)
   » Jerry tried to **cover up** what he had done with lies, but the truth was eventually discovered.
   Jerry tentou encobrir com mentiras o que ele tinha feito, mas a verdade foi descoberta no final.

CRACK DOWN ON (CRACKED - CRACKED / CRACKING)

› **to deal with bad or illegal behavior more severely; to repress something considered undesirable** (lidar de forma mais severa com algo que é considerado ilegal ou errado; reprimir)
   » "The police have been **cracking down on** the drug addicts that hang out in this square," said Joe to a friend.
   "A polícia tem reprimido os viciados em drogas que frequentam esta praça," disse Joe para um amigo.

   noun form: **crackdown:** severely disciplinary action (repressão; medida enérgica)
   » They are planning a **crackdown** against traffic offenders.
   Eles estão planejando medidas enérgicas contra os violadores das leis de trânsito.

CRACK UP (CRACKED - CRACKED / CRACKING)

1. to suffer a mental or physical breakdown (ter um colapso nervoso)
   » "You'd better get some rest or you're going to **crack up** from working too much," Mr. Sheldon advised Ray.
   "É melhor você descansar um pouco ou vai ter um colapso nervoso de tanto trabalhar", o sr. Sheldon aconselhou Ray.
   » Veja também **break down**.

   noun form: **crackup:** a mental or physical breakdown (colapso nervoso)
   » "I badly need a vacation. I feel like I'm about to have a **crackup** real soon," Tony told a friend.
   "Preciso muito de umas férias. Eu sinto que estou para ter um colapso nervoso em breve", Tony contou para um amigo.
   » Veja também **breakdown**.

2. to laugh very hard (morrer de rir)
   » "We all **cracked up** when we heard that hilarious joke," said Tony to his friends.
   "Nós todos morremos de rir quando ouvimos aquela piada engraçada", disse Tony para os amigos.

CRANK OUT (CRANKED - CRANKED / CRANKING)

> **to produce a large quantity rapidly** (produzir rapidamente e em grande número; gerar)
>> "That author has been **cranking out** great new books for almost thirty years now," Pamella told Dick.
>> "Aquele autor tem produzido ótimos novos livros há quase trinta anos", Pamella disse para o Dick.

CROSS OUT (CROSSED - CROSSED / CROSSING)

> **to mark or indicate something, esp. a mistake** (excluir erro ou palavra riscando)
>> The teacher looked into Carol's essay carefully and **crossed out** some mistakes she had made.
>> O professor olhou a redação de Carol cuidadosamente e riscou alguns erros que ela havia cometido.
>> William's publisher **crossed out** some of the words he had written in his article that he felt were too dramatic and suggested William replace them with something a bit more realistic.
>> O editor de William riscou algumas palavras que ele tinha escrito em seu artigo que ele achava dramáticas demais e sugeriu que William as substituísse por algo um pouco mais realista.

CRY OUT (CRIED - CRIED / CRYING)

> **to scream or shout** (gritar)
>> "Watch out! There's a car coming," Bill **cried out**.
>> "Cuidado! Tem um carro vindo", Bill gritou.

CUT BACK (ON) (CUT - CUT / CUTTING)

> **to reduce expenses or the amount of something** (reduzir despesas ou a quantidade de algo, "cortar")
>> The company tried to **cut back on** expenses by laying off a few of its employees.
>> A empresa tentou cortar despesas despedindo alguns de seus funcionários.
>> During the recession many factories had to **cut back** their work force by even forty percent.
>> Durante a recessão, muitas fábricas tiveram de cortar o número de funcionários em até 40%.
>> Veja também **cut down (on)**.

CUT DOWN (ON) (CUT - CUT / CUTTING)

› **to reduce the amount of something** (diminuir, reduzir, "cortar")
  Harry has not given up smoking completely, but he's been trying to **cut** it **down.**
  Harry não parou de fumar completamente, mas tem tentado diminuir.

» Veja também **cut back (on)**.

CUT OFF (CUT - CUT / CUTTING)

1. to cut, to separate (cortar, separar)
  » Diana's mother **cut off** a piece of cake to give to her.
    A mãe de Diana cortou um pedaço de bolo para dar a ela.
  » The carpenter told his assistant to watch out for the saw because he could **cut** his finger **off.**
    O carpinteiro disse a seu assistente para tomar cuidado com a serra porque ele [o assistente] poderia cortar o dedo fora.

2. to interrupt, to stop someone from speaking (interromper, cortar a fala de alguém)
  » Every time Frank tries to speak, his little sister Cindy **cuts** him **off.**
    Todas as vezes que Frank tenta falar, sua irmãzinha Cindy o interrompe.

3. to block or prohibit someone or something to pass, esp. a car ("cortar", "fechar", referindo-se à direção de veículos)
  » Barry told us he was **cut off** by a crazy driver on the highway so he missed his exit.
    Barry nos contou que foi fechado por um motorista maluco na estrada e assim perdeu a saída.

4. to stop a utility from being provided to someone, esp. electricity, gas, water, phone line etc. (cortar o fornecimento de eletricidade, gás, água, linha telefônica etc.)

» Because Brent hadn't paid his bills in a long time, his electricity was **cut off**.
Como Brent não vinha pagando suas contas fazia muito tempo, sua eletricidade foi cortada.

5. to be unable to finish a phone conversation because the line is suddenly disconnected (ter uma conversa telefônica interrompida, "a linha/ligação caiu")
» Phil was talking on the phone with his girlfriend when he was suddenly **cut off**.
Phil estava conversando no telefone com a namorada quando, de repente, a linha caiu.
» Sally was just about to tell her friend Norma what had happened at the party the night before when she got **cut off**.
Sally estava prestes a contar a sua amiga Norma o que tinha acontecido na festa na noite anterior quando a ligação caiu.

»» Nessa acepção, o phrasal verb é usado normalmente na voz passiva: **be cut off/get cut off**.

CUT OUT (CUT - CUT / CUTTING)

1. to remove something by cutting (recortar algo)
» "Hey Fred! How's it going? I **cut** this article **out** of today's newspaper for you," said Terry.
"Ei, Fred! Como estão as coisas? Recortei este artigo do jornal de hoje para você", disse Terry.

2. to stop eating, drinking or doing something (parar de comer ou fazer algo)
» "The doctor advised me to **cut out** alcoholic beverages for a while," Brad told Jim.
"O médico me aconselhour a parar de tomar bebidas alcoólicas por algum tempo", Brad contou para o Jim.
» "I had to **cut out** jogging in the morning when I changed jobs," said Nick to a friend.
"Eu tive que parar de correr de manhã quando mudei de emprego", disse Nick para um amigo.

»» A expressão informal **cut it out** é usada para pedir a alguém que pare de perturbar, reclamar, brigar, fazer bagunça, etc.
» "Hey, **cut it out** man! I'm trying to watch a movie here!"," said Randy to his roommate.
"Ei, para com isso, cara! Estou tentando assistir a um filme aqui!", disse Randy para o colega de quarto.

CUT UP (CUT - CUT / CUTTING)

1. to cut into pieces (cortar em pedaços)
» Sheila **cut up** the apple and gave it to her puppy.
A Sheila cortou a maçã em pedaços e deu para o seu cachorrinho.

2. to behave in a playful, silly way (fazer graça; brincar; fazer palhaçada)
» "You know Chuck. He's always **cutting up** in class. He does that to call everyone's attention," said Jake to a friend.
"Você conhece o Chuck. Ele está sempre fazendo palhaçada na classe. Ele faz isso para chamar a atenção de todos", disse Jake para um amigo.

DATE BACK (DATED - DATED / DATING)

› **to have origins that go back to the time of something or someone** (remontar a)
» "This tradition **dates back** to the seventeenth century," explained the tour guide.
"Esta tradição remonta ao século dezessete", explicou o guia de turismoístico.
» Veja também **go back to**.

DAWN ON (DAWNED - DAWNED / DAWNING)

› **to suddenly realize something; to occur to someone** (perceber algo; "cair a ficha")
» As time went by, it started to **dawn on** George that they could be a lot more productive if he redistributed the tasks more equally among the staff.
À medida que o tempo foi passando, o George começou a perceber que eles poderiam ser muito mais produtivos se ele redistribuísse as tarefas de forma mais racional entre a equipe.

DEAL WITH (DEALT - DEALT / DEALING)

› **to handle people, a situation, a problem etc.** (lidar com pessoas, uma situação, um problema, etc.)
» Natalie says she hates to **deal with** arrogant people who think they are superior.
Natalie diz que odeia lidar com pessoas arrogantes que pensam que são superiores.
» "Next time you screw up you will have to **deal with** the problem on your own. Don't count on me for help anymore," Edward told Dave angrily.
"Na próxima vez que você pisar na bola, você vai ter que lidar com o problema sozinho. Não conte mais com a minha ajuda!", Edward disse, bravo, para Dave.

DEPEND ON (DEPENDED - DEPENDED / DEPENDING)

› **to need something or someone's help or support** (depender de)
» "Even though Grace is already in her late twenties, she has never worked in her entire life and **depends** solely **on** her parents to support her," James told Ted.

"Embora Grace já tenha quase trinta anos, ela nunca trabalhou em toda a sua vida e depende unicamente dos pais para sustentá-la", James contou a Ted.
» Jeff wishes he had a car so that he wouldn't need to **depend on** public transportation and have to commute to work every day.
Jeff gostaria de ter um carro para não ter que depender do transporte público e tomar condução para o trabalho todos os dias.
» Veja também **rely on**, **lean on** e **count on**.

»» **Depend upon** significa o mesmo que **depend on**, mas é mais formal.

»» Nunca utilize a preposição **of** após o verbo **depend**. "Depender de" em inglês é sempre **depend on**.

DIVE INTO (DIVED - DIVED / DIVING)

› **to start doing something in a very enthusiastic way** (começar a fazer algo com entusiasmo)
» "I know just what needs to be done. Don't worry, I'll **dive into** it as soon as the meeting is over," Greg told Mr. Harris at the meeting.
"Eu sei exatamente o que precisa ser feito. Não se preocupe, vou cuidar disso assim que acabar a reunião", Greg disse para o sr. Harris na reunião.

DIVVY UP (DIVVIED - DIVVIED / DIVVYING)

› **to divide; distribute** (dividir; "rachar")
» "Let's **divvy up** what we made last night," Josh told his fellow coworkers at the restaurant.
"Vamos dividir o que ganhamos ontem à noite", Josh disse para os colegas de trabalho no restaurante.

DO OVER (DID - DONE / DOING)

1. to redo, to do again (refazer, fazer de novo)
» "This essay is not very clear," said Tim's teacher. "Why don't you **do** it **over** for me?"
"Esta redação não está muito clara", disse o professor de Tim. "Por que você não a refaz para mim?"

2. to redecorate (redecorar)
» Rita's apartment looks brand-new since she **did** it **over**.
O apartamento de Rita parece novinho em folha desde que ela o redecorou.

DO WITH (DID - DONE / DOING)

› **(informal) to need or want something** ("ir bem", "vir a calhar")
  » "It's so hot in here! I could definitely **do with** a cold beer!" said Frank.
    "Está tão quente aqui dentro! Uma cerveja gelada viria a calhar!", disse Frank.
  » Dan said that he could **do with** some extra money every month to help pay his bills.
    Dan disse que algum dinheiro extra todo mês viria a calhar para ajudar a pagar suas contas.

  ››› Normalmente precedido de **could**.

DO WITHOUT (DID - DONE / DOING)

› **to manage to live without** (passar bem sem, ficar sem)
  » "I can probably **do without** a car when I go to New York on vacation as it is quite easy to get around by simply using the subway," Rick told his friend Jeff.
    "Eu provavelmente vou passar bem sem carro quando for a Nova York de férias, já que é bastante fácil se locomover simplesmente usando o metrô", Rick disse a seu amigo Jeff.
› "I don't think we can **do without** Peter because his quality work and experience are essential to the success of our company," said Brian.
    "Eu não acho que podemos ficar sem o Peter, porque a qualidade de seu trabalho e sua experiência são essenciais para o sucesso da nossa empresa", disse Brian.

DRAW ON (DREW - DRAWN / DRAWING)

› **to get ideas from previous experiences** (lançar mão de; valer-se de)
  » Fred **drew on** his experience as soccer coach and did a good job coordinating the project team.
    Fred valeu-se de sua experiência como treinador de futebol e fez um bom trabalho coordenando a equipe do projeto.

DRAW UP (DREW - DRAWN / DRAWING)

› **to prepare a document such as a contract** (elaborar um documento; fazer um contrato)
  » The attorneys had to **draw up** a contract so that both parties involved would be protected.
    Os advogados tiveram que fazer um contrato de tal forma que ambas as partes envolvidas fossem protegidas.

DRESS DOWN (DRESSED - DRESSED / DRESSING)

› **to wear plain or simple clothes, esp. more informal than you usually wear** (vestir-se informalmente)

» Jack advised the tourists to **dress down** and carry little money on them when going to that part of the city at night.
Jack aconselhou os turistas a vestirem-se informalmente e levarem pouco dinheiro ao irem àquela região da cidade à noite.
» Veja também o antônimo **dress up**.

DRESS UP (DRESSED - DRESSED / DRESSING)

› **to put on fancy or formal clothes** (vestir-se bem, formalmente, "arrumar-se")
» Mark told us there was no need to **dress up** as it was an informal party.
Mark nos disse que não havia necessidade de vestir-se formalmente, já que era uma festa informal.
» The couple was all **dressed up** when they left for the ball.
O casal estava todo arrumado quando saiu para o baile.
» Veja também o antônimo **dress down**.

››› **Dress up as** produz a ideia de "colocar fantasia".
» Uncle Fred always **dresses up** as Santa Claus at Christmas.
O tio Fred sempre coloca fantasia de Papai Noel no Natal.
» Jim came to the costume party **dressed up** as a cowboy.
Jim veio à festa à fantasia vestido de caubói.

DRINK UP (DRANK - DRUNK / DRINKING)

› **to drink all of something; to finish one's drink** (beber tudo; terminar de beber algo)
» "Come on, **drink up**! We have a bus to catch, remember?", Ryan told Jim.
"Vamos, acaba de beber! Temos que pegar um ônibus, lembra?", Ryan disse para o Jim.

DROP BY (DROPPED - DROPPED / DROPPING)

› **to visit someone, esp. briefly** (fazer uma visita breve, "dar um pulo na casa de")
» "Do you want to **drop by** your mother's house next weekend?" Jeff asked his wife.
"Você quer dar um pulo na casa da sua mãe no próximo final de semana?", Jeff perguntou à esposa.
» Veja também **call on**, **come by**, **drop in on**, **stop by** e **swing by**.

DROP OUT (DROPPED - DROPPED / DROPPING)

1. to leave or abandon, esp. a school (abandonar, largar, referindo-se a escola)
» Charles got a job as a waiter after he **dropped out** of college.
Charles arrumou um emprego de garçom depois que largou a faculdade.

» **Dropping out** of school was the worst decision Stephanie ever made.
Abandonar a escola foi a pior decisão que Stephanie já tomou.

noun form: **dropout:** someone who quits school before graduating (aluno que larga a escola sem se formar; desistente)
» Even though Jack is a college **dropout**, he managed to get a very good job at a software company.
Embora Jack não tenha terminado a faculdade, ele conseguiu arrumar um emprego muito bom numa empresa de software.

2. to give up, to leave an activity before it has finished (desistir)
» The candidate was forced to **drop out** of the election after it was discovered he had stolen taxpayer money.
O candidato foi forçado a desistir da eleição depois que se descobriu que ele havia roubado dinheiro do contribuinte.

DROP IN ON (DROPPED - DROPPED / DROPPING)

› **to visit someone, esp. briefly** (fazer uma visita breve; "dar um pulo na casa de")
» "Why don't we **drop in on** Tracy and see how she is doing?" Martha asked her friend Rita.
"Por que não damos um pulo na casa da Tracy para ver como ela está?", Martha perguntou a sua amiga Rita.
» Veja também **call on**, **come by**, **drop by**, **stop by** e **swing by**.

DROP OFF (DROPPED - DROPPED / DROPPING)

1. to leave something or someone somewhere, esp. by car (deixar alguma coisa ou alguém em algum lugar, esp. de carro)
» Bob **dropped off** his sister at her friend's house on his way to the mall.
Bob deixou a irmã na casa da amiga a caminho do shopping.
» "Can you give me a ride downtown? I need to **drop off** a letter at the post office," Joe asked his friend Mark.
"Você pode me dar uma carona até o centro? Eu preciso deixar uma carta no correio", Joe pediu ao amigo Mark.
» Veja também o antônimo **pick up**.

2. to diminish esp. sales, quality etc. (diminuir, cair, referindo-se esp. a vendas, qualidade etc.)
» "Our profits have **dropped off** ever since we lost our best salesman," Jim told his partner.
"Nossos lucros caíram desde que perdemos nosso melhor vendedor", Jim disse a seu sócio.
» Veja também **fall off**.

EAT IN (ATE - EATEN / EATING)

› **to eat at home instead of in a restaurant** (comer em casa, em vezao invés de em um restaurante)
  » "I don't feel like going out. Let's **eat in** tonight honey," Barbara told her husband.
    "Não estou com vontade de sair. Vamos comer em casa hoje à noite, querido", Barbara disse ao marido.

EAT OUT (ATE - EATEN / EATING)

› **to eat outside the house, esp. at a restaurant** (comer fora, esp. em restaurante)
  » "Would you like to **eat out** at a French restaurant tonight?" Greg asked his fiancée.
    "Você gostaria de comer num restaurante francês hoje à noite?", Greg perguntou à noiva.

EAT UP (ATE - EATEN / EATING)

1. to eat everything or all of something (comer tudo)
  » Jake **ate up** everything on his plate in no time.
    O Jake comeu tudo no prato rapidinho.
  » "Hey, **eat up** your veggies!"," Jimmy's mother told him.
    "Ei, coma todos os legumes!", a mãe de Jimmy lhe disse.

2. to consume; to use up (consumir; gastar muito)
  » "Why don't you sell that old car? It **eats up** a lot of gas," Joey asked Ralph.
    "Por que você não vende aquele carro velho? Ele consome muita gasolina", Joey perguntou ao Ralph.

EGG ON (EGGED - EGGED / EGGING)

› **to instigate, to incite** (instigar, encorajar a fazer algo ilegal, errado ou perigoso)
  » The naughty boys kept **egging on** their friend to pull the girl's hair.
    Os garotos levados ficaram instigando o amigo a puxar o cabelo da menina.
  » It's not right to **egg** someone **on** to do something they do not want to do.
    Não é certo encorajar alguém a fazer algo que ele não queira fazer.

END UP (ENDED - ENDED / ENDING)

› **to result, to arrive in a place without planning** (acabar acontecendo, "ir parar em")
  » Anna studied so hard in high school that she **ended up** getting into Harvard.
    Anna estudou tanto no colegial que acabou entrando na Harvard.

» As Terry did not know the region so well, he took the wrong exit on the highway and **ended up** in a neighborhood where he had never been before.
Como Terry não conhecia a região muito bem, ele pegou a saída errada na estrada e foi parar num bairro onde nunca havia estado antes.
» Veja também **wind up**.

EVEN OUT (EVENED – EVENED / EVENING)

1. to make something even, flatter or smoother (aplanar)
» "They've **evened out** the surface of this road, so it's a lot safer now," Fred told Walter.
"Eles aplanaram a superfície desta estrada, que é muito mais segura agora", Fred contou para o Walter.

2. to share or divide equally; to make more balanced; to make equal (compartilhar ou dividir igualmente; tornar mais equilibrado)
» "I think it's up to the manager to **even out** the workload more fairly," said Bill to a coworker.
"Eu acho que cabe ao gerente dividir a carga de trabalho de uma forma mais justa", disse Bill ao um colega de trabalho.

FADE AWAY (FADED – FADED / FADING)

› **to become weaker; to disappear slowly** (ficar mais fraco; desaparecer lentamente)
» "I could see the lights **fading away** in the distance as I drove on," said Jake.
"Eu podia ver as luzes desaparecendo na distância à medida que continuava a dirigir", disse Jake.

FALL APART (FELL – FALLEN / FALLING)

› **to deteriorate, to break into pieces** (despedaçar-se, ruir, "cair aos pedaços")
» Julian told Mike his car is **falling apart** and that he needs to get a new one soon.
Julian contou a Mike que seu carro está caindo aos pedaços e que ele precisa comprar um novo logo.
» The couple's marriage started **falling apart** after Susan found out her husband was having an affair.
O casamento do casal começou a ruir depois que Susan descobriu que o marido estava tendo um caso.

77

FALL BACK (FELL – FALLEN / FALLING)

› **to retreat** (recuar, voltar para trás, retroceder)
   » As the enemy troops outnumbered ours, we were forced to **fall back.**
   Como os soldados inimigos eram mais numerosos do que os nossos, fomos forçados a recuar.
   » It was only after the police started using tear gas bombs that the angry crowd **fell back** and the riot was controlled.
   Foi só depois que a polícia começou a usar bombas de gás lacrimogêneo que a multidão irada recuou e o tumulto foi controlado.

FALL BACK ON (FELL – FALLEN / FALLING)

› **to resort to, to turn to** (recorrer a)
   » Peter had to **fall back on** his skills as a lifeguard to save the little girl who almost drowned in the hotel's pool.
   Peter teve de recorrer a seu preparo de salva-vidas para salvar a garotinha que quase se afogou na piscina do hotel.
   » "You can always **fall back on** your law degree if your music career doesn't work out," Brian told his friend George.
   "Você pode sempre recorrer ao diploma de advogado se a sua carreira musical não der certo", Brian disse a seu amigo George.

   »» **Fall back** upon significa o mesmo que **fall back on**, mas é mais formal.

FALL BEHIND (FELL – FALLEN / FALLING)

› **to become behind or late** (atrasar, ficar atrasado, ficar para trás)
   » "You should do your best not to **fall behind** in your credit car payments, otherwise the interest will get out of control," Roger advised his friend Brian.
   "Você deve fazer o melhor que puder para não atrasar os pagamentos do seu cartão de crédito, pois do contrário os juros vão ficar fora de controle", Roger aconselhou a seu amigo Brian.
   » Larry **fell behind** in the race as he was not as in shape as the other runners.
   Larry ficou para trás na corrida porque não estava tão em forma quanto os outros corredores.

FALL DOWN (FELL – FALLEN / FALLING)

› **to fall to the ground** (cair no chão, desmoronar)
   » "If you want to play football,* you have to be aware that **falling down** and getting hurt is part of the game," Mark told his Brazilian friend.

"Se você quer jogar futebol americano, precisa estar ciente de que cair e se machucar faz parte do jogo", Mark disse a seu amigo brasileiro.
» **The world watched in awe as the World Trade Center fell down on September 11th, 2001, causing the death of thousands of people.**
O mundo assistiu com espanto enquanto World Trade Center desmoronava em 11 de Setembro de 2001, causando a morte de milhares de pessoas.
» Veja também **fall over**.

noun form: **downfall:** ruin; sudden loss of position, success or reputation (declínio)
» The **downfall** of the large corporation was due to embezzlement by the financial director.
O declínio da grande empresa se deveu ao desfalque feito pelo diretor financeiro.

FALL FOR (FELL - FALLEN / FALLING)

1. to be deceived, tricked or fooled (ser enganado, "cair" na conversa de alguém ou em algum truque)
» "I can't believe Sam **fell for** that silly trick," Ray told us.
"Não posso acreditar que Sam caiu naquele truque bobo", disse-nos Ray.
» Even though it was obvious that Jeff had made up a phony alibi for staying out all night, Susan **fell for** it.
Embora fosse óbvio que Jeff tinha inventado um álibi falso para ter passado a noite toda fora de casa, Susan caiu na conversa.

2. to fall in love with someone (apaixonar-se por uma pessoa)
» Bill **fell for** Rita the first time he laid eyes on her.
Bill apaixonou-se por Rita a primeira vez que colocou os olhos nela.
» Jill **fell for** Stuart easily as he was such a charming young man.
Jill apaixonou-se por Stuart facilmente, já que ele era um jovem tão charmoso.

FALL OFF (FELL - FALLEN / FALLING)

› **to become less in demand, quality, amount** (diminuir demanda, cair a qualidade, quantidade)
» The company's sales have **fallen off** drastically due to the economic crisis.
As vendas da empresa caíram drasticamente devido à crise econômica.
» Paul says the demand for small cars next year will **fall off** because everybody now wants to buy minivans.
Paul diz que a demanda por carros pequenos vai cair no próximo ano porque agora todo mundo quer comprar minivans.
» Veja também **drop off**.

*Nos EUA, a palavra **football** é utilizada apenas para designar o futebol americano. Para referirem-se ao "nosso" futebol (o football association), os americanos utilizam a palavra soccer.

FALL OUT (FELL - FALLEN / FALLING)

1. to fall, esp. hair, tooth etc. (cair cabelo, dente etc.)
» When Ray first noticed that his hair was starting to **fall out**, he became concerned about being bald.
Quando Ray notou pela primeira vez que seu cabelo estava começando a cair, ele ficou preocupado com a possibilidade de ficar careca.
» One of William's teeth **fell out** when he bit into the apple.
Um dos dentes de William caiu quando ele mordeu a maçã.

2. to quarrel, to fight about (desentender-se, brigar)
» Peter and Mary **fell out** over a silly subject and have not talked to each other since then.
Peter e Mary brigaram por causa de um assunto bobo e não têm conversado desde então.

FALL OVER (FELL - FALLEN / FALLING)

› **to fall from an upright position; to fall down** (cair)
» Some small vases had **fallen over** because of the windy weather.
Alguns vasos menores tinham caidocaído por causa da ventania.
» Jake tripped and **fell over**, but fortunately he didn't get hurt.
O Jake tropeçou e caiu, mas felizmente não se machucou.
» Veja também **fall down**.

FALL THROUGH (FELL - FALLEN / FALLING)

› **to not happen, to fail, esp. plans, projects etc.** (fracassar, "não dar certo", "não dar em nada", esp. planos, projetos etc.)
» "Our plans to go to the beach **fell through** when our son suddenly came down with a cold," Emily explained to her friend.
"Nossos planos de ir à praia fracassaram quando nosso filho pegou um resfriado de repente", Emily explicou à amiga.
» "We were almost closing a good deal with a new company, but one of its partners backed out, and it **fell through**," explained Roger.
"Estávamos quase fechando um bom negócio com uma nova empresa, mas um dos sócios de lá deu para trás, e o negócio gorou", Roger explicou.

FEEL DOWN (FELT - FELT / FEELING)

› **to feel sad or depressed** (sentir-se triste ou deprimido)
» I found out that the reason why Susan was **feeling down** in the past few days was because her dog had died.

Descobri que a razão pela qual Susan estava se sentindo-se triste nos últimos dias era porque o cachorro dela tinha morrido.

FEEL LIKE (FELT - FELT / FEELING)

1. to desire or to want to do something (sentir vontade de, ter vontade de, "estar a fim de")
» "Do you **feel like** going out and having some fun tonight?" Barry asked his friend Paul.
"Você está a fim de sair e se divertir hoje à noite?", Barry perguntou a seu amigo Paul.
» When Rick gets home from work, he usually **feels like** a hot shower.
Quando Rick chega em casa do trabalho, ele normalmente tem vontade de uma ducha quente.

2. to physically or emotionally feel like someone or something else (sentir-se como outra pessoa ou coisa, física ou emocionalmente)
» Sally makes her husband **feel like** a king on his birthday.
Sally faz o marido sentir-se um rei no aniversário dele.
» Gerald said he **felt like** a fool when he found out his wife had been cheating on him.
Gerald disse que se sentiu um tolo quando descobriu que a esposa o estava traindo.

FEEL UP TO (FELT - FELT / FEELING)

› **to feel able to** (sentir-se capaz de, sentir-se em condições de)
» "If you don't **feel up to** the job, just be honest with your boss and let him know," Mary told her friend Sandra.
"Se você não se sente capaz de fazer o serviço, apenas seja sincera com seu chefe e conte a ele", Mary disse a sua amiga Sandra.
» "I'm really tired out. I don't **feel up to** going jogging with you in the park right now," Steve told us when we invited him to go jogging in the park.
"Eu estou realmente esgotado. Não me sinto em condições de ir correr com vocês no parque neste momento", Steve nos disse quando o convidamos para ir correr no parque.

FIGURE OUT (FIGURED - FIGURED / FIGURING)

1. to understand someone or something (entender alguém ou algo)
» "Jack's personality is still a real mystery to me. I can't **figure** him **out**!" Brian told us.
"A personalidade do Jack ainda é um verdadeiro mistério para mim. Eu não consigo entendê-lo!", disse-nos Brian.
» The doctors are still trying to **figure out** what caused Stephanie to become sick.
Os médicos ainda estão tentando entender o que fez Stephanie ficar doente.

2. to find the answer to a question, the solution to a problem etc. (encontrar a resposta para uma questão, a solução de um problema etc.)
» "We need to **figure out** a way to get there faster or else we will be late for the lecture," Mike told his classmates.
"Precisamos encontrar um jeito de chegar lá mais rápido, pois do contrário vamos chegar atrasados para a palestra", Mike disse a seus colegas de classe.

FILL IN (FILLED - FILLED / FILLING)

› **to complete a form, questionnaire, document etc.** (preencher um formulário, questionário, documento etc.; completar)
» After Sue **filled in** the application form for employment, she was interviewed by one of the managers.
Depois que Sue preencheu o formulário de requerimento de emprego, ela foi entrevistada por um dos gerentes.
» Veja também **fill out**.

FILL IN (FOR) (FILLED - FILLED / FILLING)

› **to substitute, to take the place of someone** (substituir alguém)
» As one of the employees was sick, the manager asked Frank if he could **fill in**.
Como um dos funcionários estava doente, o gerente perguntou a Frank se este podia substituí-lo.
» "We need to hire someone to **fill in for** Linda while she is away on maternity leave," the manager told the director of the company.
"Precisamos contratar alguém para substituir Linda enquanto ela estiver de licença-maternidade", o gerente disse ao diretor da empresa.

FILL IN (ON) (FILLED - FILLED / FILLING)

› **to inform or supply with information** ("fill someone in on") (informar, contar a alguém, inteirar alguém de algo, colocar a par)
» "I wonder what happened at Jake's party last night. Can you **fill** me **in**?" Bob asked his friend Neil, who had been at the party the night before.
"Eu gostaria de saber o que aconteceu na festa de Jake ontem à noite. Você pode me contar?", Bob perguntou a seu amigo Neil, que havia estado na festa na noite anterior.
» Paul asked his friend Jimmy to **fill** him **in on** what happened at school in the morning since he had been absent.
Paul pediu a seu amigo Jimmy que lhe contasse o que aconteceu na escola de manhã, já que ele havia estado ausente.

FILL OUT (FILLED - FILLED / FILLING)

› **to complete a form, questionnaire, document etc.** (preencher um formulário, questionário, documento etc.; completar)
  » Thomas **filled out** all of the answers on his test before he gave it to his teacher.
  Thomas preencheu todas as respostas em seu teste antes de entregá-lo ao professor.
  » Veja também **fill in**.

FILL UP (FILLED - FILLED / FILLING)

1. **to put fuel in a car so that the tank is full** (encher o tanque de um carro)
   » "We are running out of gas. We need to stop at the next gas station to **fill up** the tank," Gary told his friends.
   "Nossa gasolina está acabando. Precisamos parar no próximo posto para encher o tanque", Gary disse a seus amigos.

2. **to make a container full, e.g. a glass, a bottle etc.** (encher um recipiente, p. ex. um copo, uma garrafa etc.)
   » Leslie asked Bill not to **fill up** her glass again because she had already had enough to drink and was feeling tipsy.
   Leslie pediu a Bill que não enchesse seu copo novamente, porque ela já tinha bebido o suficiente e estava se sentindo-se meio alta.

3. **to become full with people or things** (ficar repleto de pessoas ou coisas)
   » The cafeteria in Mike's school usually **fills up** with students by 9:00 a.m.
   O refeitório na escola de Mike normalmente enche de alunos por volta das 9 h.

4. **to make your stomack full** (encher o estômago; encher a barriga)
   » Danny wasn't hungry at lunch time as he had **filled up** on cookies.
   Danny não estava com fome na hora do almoço, porque tinha enchido a barriga de biscoitos.

FINISH OFF (FINISHED - FINISHED / FINISHING)

1. **to end, to finish** (finalizar, terminar, concluir, acabar)
   » The fat child **finished off** the whole bag of potato chips in a few minutes.
   A criança gorda acabou com o saco inteiro de batatinhas em poucos minutos.
   » After William **finished off** waxing his car, he decided to go for a drive.
   Depois que William terminou de encerar seu carro, ele decidiu dar um giro.

   ››› Nos exemplos acima, observe que se pode utilizar o verbo **finish** desacompanhado da preposição **off**, usada para dar mais ênfase à ideia de "arremate" da ação.

2. to kill (matar, sacrificar, "acabar com")
- » The horse was so old and sick that the farmer thought the best thing to do was to **finish** it **off**.
  O cavalo estava tão velho e doente que o fazendeiro achou que a melhor coisa a fazer era sacrificá-lo.

3. to defeat a person or team (derrotar uma pessoa ou time, "acabar com")
- » The boxer **finished off** his opponent in the sixth round of the fight.
  O boxeador derrotou o adversário no sexto assalto.

FIND OUT (FOUND - FOUND / FINDING)

- › **to learn or discover** (descobrir)
  - » After careful investigation, the police **found out** who had broken into Mr. Hill's apartment.
    Após uma investigação cuidadosa, a polícia descobriu quem tinha arrombado o apartamento do sr. Hill.
  - » Jerry got mad at his friend Anderson when he **found out** that he had lied to him.
    Jerry ficou bravo com seu amigo Anderson quando descobriu que este tinha mentido para ele.

FIRE AWAY (FIRED - FIRED / FIRING)

- › **to start talking or asking questions** (começar a falar ou fazer perguntas)
  - » Tim: Can I ask you a question?
    Tim: Posso te fazer uma pergunta?
  - » Ryan: Sure! **Fire away**.
    Ryan: Claro! Pode falar.
  - » The reporters were **firing away** at the celebrity during the press conference.
    Os repórteres não paravam de fazer perguntas à celebridade durante a coletiva de imprensa.

FIT IN /INTO (FIT - FIT / FITTING)

1. to get along with, to adapt to (adaptar-se, entrosar-se)
- » Tim dropped out of his theater class as he had not **fit in** with the rest of the group.
  Tim abandonou a aula de teatro porque não tinha se entrosado com o resto do grupo.

2. to find or make time for someone or something (arrumar um horário para alguém, "encaixar")
- » As it was an emergency, Dr. Keith's secretary managed to **fit** me **into** his busy schedule.

Como era uma emergência, a secretária do dr. Keith conseguiu me encaixar em sua agenda lotada.
» A: "Can you **fit** me **into** next week's schedule?" Barbara asked the receptionist at the dental office.
» B: "Yes, I think I can **fit** you **in** at 2:30 p.m. on Tuesday. Is that okay with you?" the receptionist answered Barbara.
A: "A senhorita consegue me encaixar no horário da próxima semana?", Barbara perguntou à recepcionista no consultório dentário.
B: "Sim, acho que posso encaixá-la às 14h30 na terça-feira. Tudo bem para a senhora?", a recepcionista respondeu a Barbara.

3. to have or make enough space for something (caber)
» "I think our new DVD-player will **fit into** the space next to the TV," Diane told Joe.
"Acho que o nosso novo aparelho de DVD vai caber no espaço ao lado da televisão", Diane disse a Joe.

FIX UP (FIXED - FIXED / FIXING)

1. to repair (consertar; arrumar; "dar um jeito")
» "Did you **fix up** the table yourself?", Max asked Jay.
"Você mesmo que consertou a mesa?", Max perguntou ao Jay.

2. to provide someone with something they need (providenciar algo para alguém; arrumar ou conseguir algo para alguém)
» "Don't worry, I'm sure we can **fix** you **up** with a place to spend the night," Bill told Sam.
"Não se preocupe, tenho certeza de que conseguimos arrumar um lugar para você passar a noite", Bill disse para o Sam.

3. to find a romantic partner for someone (arrumar namorado/(a) para alguéúem)
» "Why don't we try and **fix** Terry **up** with one of your cousins? He's been feeling miserable since his girlfriend dumped him," Don asked Matt.
"Por que nós não tentamos juntar o Terry com uma das suas primas? Ele tem se sentido muito triste desde que a namorada o largou", Don perguntou ao Matt.

FLASH BACK (FLASHED - FLASHED / FLASHING)

› **to return briefly to a past event, usually ref. to movies, novels, etc.** (voltar brevemente a um evento passado, normalmente referindo-se a filmes, romances, etc.)
» "There are many moments when the story **flashes back** to the main character's childhood and what life was like then," Jason told a friend.
"Há muitos momentos em que a hiestória retorna à infância do personagem principal e a como a vida era naquela época", Jason contou a um amigo.

noun form: **flashback:** a transition in a novel, movie, etc, to an earlier event or scene that interrupts the normal chronological flow of a story (flashback)
- » "That movie director often uses **flashbacks** in his films," said Ted to a friend.
  "Aquele director de cinema frequentemente usa flashbacks em seus filmes", disse Ted para um amigo.

FLIP OUT (FLIPPED - FLIPPED / FLIPPING)

› **to suddenly become very angry or excited** ("surtar"; "pirar")
- » Mrs. Peterson **flipped out** when she came home from work and saw that her son was having a party at their house.
  A sra. Peterson pirou quando chegou em casa do trabalho e viu que o filho estava dando uma festa.
- » When Mick saw what they had done to his car he totally **fipped out**.
  Quando Mick viu o que eles tinham feito com o carro dele ele surtou.
- » Veja também **freak out**.

FOCUS ON (FOCUSED - FOCUSED / FOCUSING)

› **to concentrate on something** (concentrar-se em alguma coisa)
- » "If you don't **focus on** your school assignment and avoid distractions, you won't get it done on time," Cheryl's mother told her.
  "Se você não se concentrar no seu trabalho escolar e evitar distrações, não vai conseguir terminá-lo no prazo", a mãe de Cheryl disse a ela.
- » Compare com **zero in on**.

»» **Focus upon** significa o mesmo que **focus on**, mas é mais formal.

FOLLOW UP (FOLLOWED - FOLLOWED / FOLLOWING)

› **to find out more about something** (acompanhar, investigar)
- » After **following up** the clues they had, the police were unfortunately unable to solve the murder case.
  Após ter investigado as pistas que tinha, a polícia infelizmente não foi capaz de resolver o caso de homicídio.
- » Mark is a great sales director. He is always **following up** on every detail with his sales team.
  Mark é um ótimo diretor de vendas. Ele está sempre acompanhando todos os detalhes com sua equipe de vendas.

noun form: **follow-up:** something done to continue an earlier action or to check up on results (follow-up)

» "This afternoon's meeting is a **follow-up** to the one we had about business strategy a few days ago," Barry explained to his co-worker.
"A reunião de hoje à tarde é um follow-up daquela que tivemos sobre estratégia de negócios alguns dias atrás", Barry explicou a seu colega de trabalho.

adjective form: a **follow-up** meeting, visit, call etc. (uma reunião, visita, telefonema de follow-up)
» "Make sure you schedule **follow-up** calls to the prospective customers to find out if they need any more information about our products," the sales director told his team.
"Não deixem de agendar ligações de follow-up para os clientes potenciais para saber se eles precisam de mais informações sobre nossos produtos", o diretor de vendas disse a sua equipe.

FOOL AROUND (WITH) (FOOLED - FOOLED / FOOLING)

1. to waste time; to behave in a playful way (desperdiçar tempo; brincar; "vadiar")
» Rather than work hard, Byron chooses to **fool around with** his friends all the time.
Em vez de dar duro no trabalho, Byron prefere vadiar com seus amigos o tempo todo.
» The teacher told his students to stop **fooling around** and start doing the exercises he had written on the board.
O professor disse para seus alunos pararem de brincar e começarem a fazer os exercícios que ele tinha escrito no quadro.
» Compare com **mess around (with)**.
» Veja também **horse around**.

2. to have an affair with someone, to cheat on a husband/wife (ter caso com alguém, "pular a cerca")
» Trevor is not faithful to his girlfriend. He has been **fooling around with** lots of other girls behind her back.
Trevor não é fiel à namorada. Ele tem pulado a cerca com muitas outras garotas às escondidas.
» Everybody in the office suspects that Patty is **fooling around with** a married man.
Todos no escritório desconfiam de que Patty esteja tendo um caso com um homem casado.
» Veja também **mess around (with)**.
» Compare com **cheat on**.

FREAK OUT (FREAKED - FREAKED / FREAKING)

1. (informal) to become frantic or extremely agitated (ter uma reação extrema, "pirar"; "surtar")

- » Samantha nearly **freaked out** when she got her phone bill last month.
  Samantha quase pirou quando recebeu sua conta telefônica no mês passado.
- » Veja também **flip out**.

2. (informal) to become very excited because of drugs (ficar muito empolgado por causa de drogas, "ter um barato")
- » Joe said he had never seen anyone **freak out** on ecstasy like that before.
  Joe disse que nunca tinha visto ninguém ter um barato de ecstasy como aquele antes.
- » Veja também **get off**.

FRESHEN UP (FRESHENED - FRESHENED / FRESHENING)

› **to wash one's face, to make oneself look more presentable** (refrescar-se, lavar o rosto, retocar a aparência)
- » Carol went into the bathroom to **freshen up** before going out to dinner with her boyfriend.
  Carol entrou no banheiro para lavar o rosto e dar um retoque na aparência antes de sair para jantar com o namorado.

FROWN ON (FROWNED - FROWNED / FROWNING)

› **to disapprove of** (desaprovar)
- » Peter's parents **frown on** smoking cigarettes and drinking alcohol.
  Os pais de Peter desaprovam o fumo e as bebidas alcoólicas.
- » Everyone **frowned on** Greg's weird behavior at the party the night before.
  Todos desaprovaram o comportamento estranho de Greg na festa da noite anterior.

›» **Frown upon** significa o mesmo que **frown on**, mas é mais formal.

FUCK UP (FUCKED - FUCKED / FUCKING)

› **(vulgar) to make careless mistakes, to spoil something** (fazer alguma coisa errada, "estragar", "arruinar", "pisar na bola")
- » "If you let Dick handle this deal, you can be sure he's going to **fuck up**. Make sure you find somebody else who can take care of it," Jack's boss told him.
  "Se você deixar o Dick negociar essa transação, pode ter certeza de que ele vai pisar na bola. Veja se encontra outra pessoa para cuidar disso", o chefe de Jack disse a ele.
- » "I guess I just **fucked up** my last chances of getting a promotion!" Ralph told his coworker Brian as he showed up late for work again.
  "Eu acho que acabei de arruinar as minhas últimas chances de conseguir uma promoção!", Ralph disse a seu colega de trabalho Brian quando chegou atrasado ao emprego de novo.
- » Veja também **screw up**.
- » Compare com **slip up**.

GEAR UP (FOR) (GEARED - GEARED / GEARING)

> **to get ready for something; to prepare yourself** (preparar-se para algo)
> » "We'd better start **gearing up** for the fishing trip," said Stan to his friends.
> "É melhor começarmos a nos preparar para a pescaria", disse Stan para os amigos.
> » It seems that most politicians are already **gearing up** for the upcoming election.
> Parece que a maioria dos políticos já está se preparando para a eleição que estar por vir.

GET ALONG (GOT - GOTTEN / GETTING)

1. to have a friendly relationship with (ter relacionamento amigável com; dar-se bem com)
> » "I think that if Bob and Ray can't **get along** well they should not work together," said Amy.
> "Acho que, se Bob e Ray não conseguem ter um relacionamento amigável, não devem trabalhar juntos", disse Amy.
> » Jill says she doesn't **get along** with Sandra because she is too picky.
> Jill diz que não se dá bem com Sandra porque ela é detalhista demais.

> » Veja também **get on**.

>>> A expressão informal **hit it off** é também usada com um sentido muito próximo do phrasal verb **get along** nessa acepção.
> » The class seems **to have hit it off** with the new teacher.
> A classe parece ter-se dado bem com o novo professor.
> » Wesley and Emily **hit it off** as soon as they met.
> Wesley e Emily se deram bem assim que se conheceram.

2. to make progress, to get ahead (progredir, "sair-se")
- » "How is your daughter **getting along** at college?" Jack asked his friend.
  "Como sua filha está se saindo na faculdade?", Jack perguntou a seu amigo.

GET AWAY (GOT - GOTTEN / GETTING)

- › **to escape** (escapar)
  - » "The security guards tried to catch him, but he was lucky enough to **get away**," Fred told a friend.
    "Os seguranças tentaram pegá-lo, mas por sorte ele escapou", Fred contou para um amigo.

  noun form: **getaway:** 1. a escape (fuga) 2. an appropriate place to relax or for a vacation (um lugar apropriado para descansar ou passar férias)
  - » The thieves made a quick **getaway** in a stolen car.
    Os ladrões escaparam rapidamente em um carro roubado.
  - » "I wish I could just go to my beach **getaway** and rest for a few days," said Rachel to a friend.
    "Eu gostaria de poder ir para o meu cantinho na praia e descansar alguns dias", disse Rachel para uma amiga.

GET AWAY WITH (GOT - GOTTEN / GETTING)

- › **to not be caught doing something wrong** (conseguir escapar sem ser punido, "livrar-se de")
  - » The police officer told the suspect that he would not **get away with** the crimes he had committed.
    O policial disse ao suspeito que ele não iria escapar impune dos crimes que tinha cometido.

GET BACK (GOT - GOTTEN / GETTING)

1. to return from somewhere (retornar, voltar de algum lugar)
- » "When did Jim **get back** from Europe?" Phil asked Bill.
  "Quando Jim voltou da Europa?", Phil perguntou a Bill.
- » Compare com **come back**.

2. to recover, to retrieve (recuperar, reaver)
- » "I lent Donald some money about two months ago and now I'm not so sure I will ever **get** it **back**," Rick told his friend Tony.
  "Emprestei algum dinheiro a Donald uns dois meses atrás, e agora não tenho tanta certeza de que algum dia vou recuperá-lo", Rick disse a seu amigo Tony.

GET BACK AT (GOT - GOTTEN / GETTING)

› **to get revenge on** (vingar-se de)
  » Bruce can hardly wait to **get back at** the man who ruined his business.
    Bruce mal pode esperar para se vingar-se do homem que arruinou seu negócio.
  » Veja também **pay back**.

GET BACK TO (GOT - GOTTEN / GETTING)

› **to contact again later, esp. by telephone** (contatar mais tarde, esp. por telefone)
  » "I'm in the middle of an important meeting right now. Can I **get back to** you in about twenty minutes?" Larry asked Tina.
    "Estou no meio de uma reunião importante agora. Posso retornar a ligação para você daqui a uns 20 minutos?", Larry perguntou a Tina.
  » Veja também **call back**.

GET BY (GOT - GOTTEN / GETTING)

› **to manage to live or survive without much money, help etc.** (conseguir sobreviver sem muito dinheiro, ajuda etc.; "virar-se com")
  » Mr. Brown doesn't make a lot of money working in that factory, but it's enough for him and his family to **get by**.
    O sr. Brown não ganha muito trabalhando naquela fábrica, mas é o suficiente para ele e sua família sobreviverem.
  » Sheila told me her knowledge of Italian is limited, but when she was in Rome last month she could at least **get by**.
    Sheila me disse que seu conhecimento de italiano é limitado, mas que, quando esteve em Roma no mês passado, ela conseguiu pelo menos se virar.

GET DOWN (GOT - GOTTEN / GETTING)

1. to depress ("get someone down") (deixar triste, deprimido ou desanimado)
  » "Don't let this situation **get** you **down**! Things aren't that bad!" Todd told his friend Phil.
    "Não deixe esta situação deixar você desanimado! As coisas não estão assim tão ruins!", Todd disse a seu amigo Phil.
  » Compare com **bring down**.

2. to descend, to move downward (descer, abaixar-se)
  » When Rita saw her kids up in the tree, she told them to **get down**.
    Quando Rita viu os filhos na árvore, ela os mandou descer.

GET DOWN TO (GOT - GOTTEN / GETTING)

- **to go straight to, to start doing something** (ir direto a, começar a fazer algo)
  - When our boss saw us laughing at Mark's jokes, he told us to stop fooling around and **get down to** work.
    Quando nosso chefe nos viu rindo das piadas de Mark, ele nos disse para pararmos de brincar e começarmos a trabalhar.
  - "We don't have any time to waste. Let's **get down to** business!" Ray's partner told him.
    "Não temos tempo a perder. Vamos direto aos negócios!", o sócio de Ray disse a ele.

GET IN /INTO (GOT - GOTTEN / GETTING)

1. **to enter a place, a car etc.** (entrar em algum lugar, em carro etc.)
   - After paying the parking attendant, Peter **got in** his car, buckled up and drove out of the parking lot.
     Or
   - After paying the parking attendant, Peter **got into** his car, buckled up and drove out of the parking lot.
     Depois de ter pagado ao manobrista, Peter entrou em seu carro, colocou o cinto de segurança e saiu dirigindo do estacionamento.
   - "The door was locked. How did you **get in**?" Greg asked Sally.
     "A porta estava trancada. Como você entrou?", Greg perguntou a Sally.

2. **to arrive, esp. plane, train, bus etc.** (chegar, referindo-se esp. a avião, trem, ônibus etc.)
   - Mark will be **getting in** late tonight as his train was delayed two hours due to the snowstorm.
     Mark vai chegar tarde hoje à noite porque seu trem atrasou duas horas devido à tempestade de neve.
   - Veja também **come in**.

GET INTO (GOT - GOTTEN / GETTING)

1. **to enter, to be admitted into a school, university etc.** (entrar, ingressar, ser admitido em escola, universidade etc.)
   - As he had never been a good student, we could hardly believe when Derek told us he had **gotten into** MIT.*
     Como ele nunca tinha sido um bom aluno, nós quase não acreditamos quando Derek nos contou que tinha entrado no MIT.

---

*MIT: abreviação de **Massachussets Institute of Technology**, uma das mais renomadas universidades tecnológicas americanas, localizada em Boston.

2. to get involved in a difficult situation, esp. trouble, debt etc. (envolver-se em situação difícil, esp. problemas, dívidas etc.)
- » John's parents have always told him to avoid **getting into** fights with his friends at school.
Os pais de John sempre lhe disseram para evitar envolver-se em brigas com os colegas na escola.
- » Peter had no other choice but sell his car when he **got into** debt.
Peter não teve outra escolha a não ser vender seu carro quando se envolveu numa dívida.

GET OFF (GOT – GOTTEN / GETTING)

1. to leave a bus, train, subway, plane etc. (sair, descer, de ônibus, trem, metrô, avião etc.; desembarcar)
- » "Can you tell me where I should **get off** the subway to go to Central Park?" a tourist asked Gloria.
"A senhorita pode me dizer onde eu deveria descer do metrô para ir ao Central Park?", um turista perguntou a Gloria.

2. to dismount from a bicycle, a motorcycle, a horse (sair, desmontar de uma bicicleta, moto ou cavalo)
- » The cyclist **got off** his bike and stretched out his arms and legs in an attempt to relax as he had already been pedaling for about two hours.
O ciclista desmontou da bicicleta e esticou os braços e pernas tentando relaxar, pois já vinha pedalando fazia umas duas horas.

3. to remove, esp. a stain (tirar, remover uma mancha)
- » "Our maid managed to **get** a nasty stain **off** our carpet by applying some new kind of product," Nancy told her friend Anna.
"A nossa empregada conseguiu tirar uma mancha feia do nosso carpete aplicando algum tipo de produto novo", Nancy disse a sua amiga Anna.

4. to be found innocent, esp. in court (ser declarado inocente em julgamento; livrar-se de pena ou castigo)
- » "There is far too much evidence against him. We don't believe Jake is going to **get off** this time," Brian told us.
"Há provas de sobra contra ele. Não acreditamos que Jake vá se livrar da pena desta vez", disse-nos Brian.

5. (informal) to experience orgasm, to come (ter orgasmo, "gozar")
- » Mary's friend advised her to go see a sex therapist as she was having trouble **getting off**.
A amiga de Mary aconselhou-a a ir a um terapeuta sexual, já que Mary tinha dificuldade em chegar ao orgasmo.

6. to have a good feeling because of the effects of drugs ("ter um barato", "curtir um barato", ref. a drogas)
   » Greg told me his friend Nick used to go to some wild parties when he was younger where people **got off** on ecstasy.
   Greg me disse que seu amigo Nick, quando era mais jovem, ia a festas malucas em que as pessoas curtiam barato de ecstasy.
   » Veja também **freak out**.

GET ON (GOT - GOTTEN / GETTING)

1. to enter, to board a bus, train, subway, plane etc. (entrar, subir em ônibus, trem, metrô, avião etc.; embarcar)
   » A security guard at the train station told us to **get on** the train quickly as it was just about to leave the platform.
   Um segurança na estação de trem disse para subirmos no trem rapidamente, pois ele estava prestes a sair da plataforma.
   » The bus driver informed Brad that he had **gotten on** the wrong bus and had to transfer at the next stop.
   O motorista de ônibus informou Brad de que ele havia pegado o ônibus errado e tinha de trocar no ponto seguinte.
   »» Nessa acepção, **get on** é utilizado com a maioria dos meios de transporte (ônibus, trem, metrô, avião, navio), mas não com veículos menores. Aí, utiliza-se **get in** ou **get into**.
   » Bob **got in(into)** his pick-up truck in a hurry and drove off.
   Bob entrou em sua picape às pressas e saiu dirigindo.

2. to have a friendly relationship with (ter relacionamento amigável com; dar-se bem com)
   » Alex is **getting on** very well with his new friends at school.
   Alex está se dando muito bem com seus novos amigos na escola.
   » Veja também **get along**.

3. to continue doing something ("get on with") (continuar, ir em frente)
   » "Stop chatting and **get on** with your work, otherwise you won't finish your reports today!" said Richard to his co-workers.
   "Parem de bater papo e continuem com o trabalho, pois do contrário vocês não terminarão os seus relatórios hoje!", disse Richard a seus colegas de trabalho.
   » Compare com **go on**, **keep on** e **carry on**.

GET OVER (GOT - GOTTEN / GETTING)

1. to recover from a cold, the flu etc. (recuperar-se de um resfriado, gripe etc.; sarar)

- » It took Bill nearly a week to **get over** his cold.
  Levou-se quase uma semana para Bill se recuperar-se do resfriado.
- » Jim's doctor told him he would need to stay home and rest for at least a day in order to **get over** the flu.
  O médico de Jim lhe disse que ele precisaria ficar em casa e descansar pelo menos um dia para se recuperar-se da gripe.

2. to overcome difficult emotional situations (superar problemas emocionais; recuperar--se, "esquecer")
- » Even though Jane and Stuart broke up about three months ago, Jane says she hasn't **gotten over** him yet.
  Embora Jane e Stuart tenham rompido o relacionamento há uns três meses, Jane diz que ainda não o esqueceu.
- » It's been almost two years since Mrs. White's husband passed away, but she hasn't **gotten over** his death yet.
  Já faz quase dois anos que o marido da sra. White faleceu, mas ela ainda não superou sua morte.
- » Veja também **be over**.

GET OVER WITH (GOT - GOTTEN / GETTING)

- › **to finish doing something usually unpleasant** ("get something over with") (terminar logo, normalmente algo desagradável)
  - » Catherine told her dentist to **get** it **over with** as she couldn't stand the pain any longer.
    Catherine disse a seu dentista para terminar logo porque ela não conseguia aguentar mais a dor.
  - » Sandy wished she could **get** that dull homework **over with** so she could go to the movies.
    Sandy queria terminar logo com aquela lição de casa chata para poder ir ao cinema.

GET THROUGH (GOT - GOTTEN / GETTING)

1. to succeed in contacting someone, esp. by telephone (conseguir contatar alguém, esp. por telefone)
- » As Barbara couldn't **get through** to Alex by telephone, she decided to send him an e-mail.
  Como Barbara não conseguia ligar para Alex, ela resolveu lhe mandar um e-mail.
- » Bill told me I should have my phone line checked as he tried to call me a few times but couldn't **get through**.
  Bill me disse para checar minha linha telefônica, pois ele tinha tentado me ligar algumas vezes mas não conseguiu me contatar.

2. to finish or complete (terminar, finalizar)
   "I need to **get through** this book today. I have a test on it tomorrow," Jessica told her friend.
   "Preciso terminar de ler este livro hoje. Tenho prova sobre ele amanhã", Jessica disse a sua amiga.

3. to overcome a difficult experience (superar uma experiência difícil)
   » "I wish I could help Mike **get through** his problems, but I don't know how I can help him," Sam told us.
   "Eu gostaria de poder ajudar Mike a superar seus problemas, mas não sei como posso ajudá-lo", disse-nos Sam.

GET THROUGH TO (GOT - GOTTEN / GETTING)

› **to make someone understand something** (fazer alguém entender algo)
   » Albert was trying to **get** an important mathematical concept **through to** his students, but they just didn't seem interested.
   Albert estava tentando fazer seus alunos entenderem um conceito matemático importante, mas eles simplesmente não pareciam interessados.
   » Jerry tried to explain to Sue why he was so late for their date, but he couldn't **get through to** her.
   Jerry tentou explicar a Sue por que ele estava tão atrasado para o encontro, mas não conseguiu fazê-la entender.

GET TO (GOT - GOTTEN / GETTING)

1. to arrive at some place (chegar a algum lugar)
   » Brad had car problems on his way to work, **got to** the office late and missed the meeting.
   Brad teve problemas com seu carro a caminho do trabalho, chegou tarde ao escritório e perdeu a reunião.
   » Anthony and Daisy were informed that they were supposed to **get to** the airport at least one hour before their flight.
   Anthony and Daisy foram informados de que deveriam chegar ao aeroporto pelo menos uma hora antes do voo.

2. to annoy (irritar, aborrecer, afetar)
   » "This noisy music is **getting to** me. Could you please turn it down?" Sean asked me.
   "Esta música barulhenta está me irritando. Você poderia diminuir o volume, por favor?", Sean me pediu.

3. used esp. when we ask where someone or something is (usado esp. quando queremos saber onde alguém ou alguma coisa está, "onde foi parar")
- » "Do you know where my toothbrush **got to**?", Greg asked his wife. "I can't seem to find it."
  "Você sabe onde a minha escova de dentes foi parar?", Greg perguntou à esposa. "Não consigo achá-la."

- »» A construção gramatical **get to do something** é comum e significa "ter a oportunidade de fazer alguma coisa".
- » Marsha had been dating Bob for over five months when her father finally **got to** meet him.
  Marsha estava namorando o Bob havia mais de cinco meses quando pai dela finalmente teve a oportunidade de conhecê-lo.
- » "Did you **get to know** the Eiffel Tower when you were in Paris on your business trip last month?" Cynthia asked Frank.
  "Você teve a oportunidade de conhecer a Torre Eiffel quando esteve em Paris na sua viagem de negócios no mês passado?", Cynthia perguntou a Frank.

GET UP (GOT - GOTTEN / GETTING)

1. to get out of bed, to arise (levantar-se da cama)
- » As they go to school in the morning, Nancy's kids are used to **getting up** early every day.
  Como eles vão à escola de manhã, os filhos de Nancy estão acostumados a levantar cedo todos os dias.

- »» Não confundir o significado de **get up** (levantar da cama) com **wake up** (despertar, acordar).
- » Paul **woke up** at six, when his alarm clock went off, but as he was tired he spent a few more minutes in bed before he **got up**.
  Paul acordou às seis, quando seu despertador tocou, mas, como estava cansado, ficou mais alguns minutos na cama antes de levantar.

2. to stand (ficar em pé; levantar-se)
- » Jack **got up** and walked out of the movie theater because the film was so boring.
  Jack levantou-se e saiu do cinema porque o filme era muito chato.
- » Veja também **stand up**.

GIVE AWAY (GAVE - GIVEN / GIVING)

1. to give something that you don't want or need anymore to someone (dar alguma coisa que você não quer mais ou não precisa para alguém; desfazer-se de)
- » Ray usually **gives away** his old clothes to charity institutions.
  Ray normalmente dá suas roupas velhas a instituições de caridade.

2. to give or distribute something for free (dar ou distribuir de graça)
   » Some companies try to promote their products by **giving away** free samples.
   Algumas empresas tentam promover seus produtos distribuindo amostras gratuitas.

3. to reveal a secret or something (revelar um segredo ou algo)
   » We could never have imagined that Harold would **give** such classified information **away** to our competitors.
   Nunca poderíamos ter imaginado que Harold revelaria informações tão secretas a nossos concorrentes.

4. to betray someone by not keeping a secret (trair alguém, revelando um segredo, "entregar alguém")
   » "Sue must have **given** us **away**. She was the only one who knew where we had hidden the money," Bill told his partner.
   "Sue deve ter nos entregado. Ela era a única que sabia onde tínhamos escondido o dinheiro", Bill disse a seu comparsa.

GIVE BACK (GAVE - GIVEN / GIVING)

› **to return something to its owner** (devolver)
   » "When are you planning to **give** me **back** the money you owe me?" Bill asked Josh.
   "Quando você está planejando devolver o dinheiro que me deve?", Bill perguntou a Josh.
   » "I **gave** Dan's lawn-mower **back** to him as soon as I finished using it," Tony told his wife.
   "Eu devolvi o cortador de grama do Dan assim que terminei de usá-lo", Tony disse à esposa.

GIVE IN (GAVE - GIVEN / GIVING)

› **to surrender** (render-se, ceder)
   » The enemy troops were forced to **give in** when they ran out of ammunition.
   Os soldados inimigos foram forçados a se render-se quando ficaram sem munição.
   » After arguing for over an hour about where their son should go to school, Charles eventually **gave in** and accepted his wife's choice.
   Após terem discutido por mais de uma hora sobre onde o filho deles deveria estudar, Charles finalmente cedeu e aceitou a escolha da esposa.

GIVE OFF (GAVE - GIVEN / GIVING)

› **to emit a smell** (exalar cheiro)
   » Rita does not enjoy the scent that roses **give off** as she is allergic to flowers.
   Rita não aprecia o perfume que as rosas exalam, já que é alérgica a flores.

GIVE OUT (GAVE - GIVEN / GIVING)

1. to distribute (distribuir)
» "Can you help me **give out** these forms please?", Brian asked Jake.
"Você pode me ajudar a distribuir estes formulários por favor?", Brian pediu ao Jake.
» Veja também **hand out**.

2. to stop functioning; fail, said of machines and parts of the body (parar de funcionar; quebrar; falhar)
» "It looks like this old microwave is about to **give out** any minute now," said Patty to her brother.
"Parece que este micro-ondas velho vai quebrar logo", disse Patty para o irmão.

3. to come to an end; run out (chegar ao fim; acabar)
» "It seems like their enthusiasm is about to **give out**," Henry told Sam.
"Parece que o entusiasmo deles está chegando ao fim", Henry disse para o Sam.

4. to emit or discharge (emitir; produzir)
» The horn will **give out** a loud noise to alert everyone in the building that there is a fire
A sirene emite um som alto para alertar todos no prédio que há um incêndio.

GIVE UP (GAVE - GIVEN / GIVING)

1. to stop doing something; to quit (parar de fazer alguma coisa, largar)
» It takes a lot of will power to **give up** smoking.
É preciso muita força de vontade para parar de fumar.
» "We could hardly believe when Sam told us Jim had **given up** his job as financial director of a big firm," Jack told us.
"Quase não conseguimos acreditar quando Sam nos contou que Jim tinha largado seu emprego como diretor financeiro de uma firma grande", disse-nos Jack.

2. to stop trying to do something, to admit defeat (desistir)
» After trying to guess what Stan had gotten her for her birthday, Sheila **gave up** and asked him what it was.
Depois de ter tentado adivinhar o que Stan havia comprado para ela de aniversário, Sheila desistiu e perguntou a ele o que era.
» Those algebra exercises were far too difficult for David and after a couple of minutes he **gave up** trying to solve them by himself.
Aqueles exercícios de álgebra eram difíceis demais para David, e, após alguns minutos, ele desistiu de tentar resolvê-los sozinho.

3. to let someone have or use (ceder, abrir mão de)
- » As a considerate young man, Mark **gave up** his seat on the bus to a pregnant woman.
  Como jovem atencioso, Mark cedeu seu assento no ônibus a uma grávida.

4. to surrender to the police, authorities etc. ("give oneself up to") (entregar-se à polícia, às autoridades etc.)
- » After hours of tense negotiation, the hijackers of the plane were forced to **give themselves up** to the FBI* team.
  Após horas de tensa negociação, os sequestradores do avião foram forçados a se entregar-se à equipe do FBI.
- » Veja também **turn in**.

GIVE UP ON (GAVE - GIVEN / GIVING)

› **to lose hope on someone or something** (perder as esperanças de, desistir)
- » We all thought Dennis had **given up on** his project of moving away to the countryside, but it's clear now that he is still pursuing his dream.
  Nós todos pensamos que Dennis tinha desistido de seu projeto de se mudar-se para o interior, mas agora está claro que ele ainda persegue esse sonho.
- » Even though the car crash victim's heart had already stopped beating, the paramedics did not **give up on** him and went on trying to resuscitate him.
  Embora o coração da vítima do acidente de carro já tivesse parado de bater, os paramédicos não perderam as esperanças e continuaram a tentar ressuscitá-lo.

GO AGAINST (WENT - GONE / GOING)

› **to be against someone's wishes or principles** (ir contra a vontade ou os princípios de alguém)
- » Rita told Neil she would not **go against** her religious beliefs just to please her in-laws.
  Rita disse a Neil que não iria contra sua crença religiosa apenas para agradar a família do marido.

GO AHEAD (WENT - GONE / GOING)

› **to go on** (continuar, ir em frente)
- » "**Go ahead** and open your Christmas present. Aren't you curious to see what you got?" David asked his son.
  "Vá em frente e abra o seu presente de Natal. Você não está curioso para ver o que ganhou?", David perguntou ao filho.

***FBI:** abreviação de **Federal Bureau of Investigation**, a polícia federal dos EUA.

GO ALONG WITH (WENT - GONE / GOING)

- **to agree with, to support a plan, a decision, an idea etc.** (concordar com, apoiar um plano, uma decisão, uma ideia etc.)
    - » "Whatever your decision is, I will **go along with** it," Marsha told Robert.
      "Qualquer que seja a sua decisão, eu vou apoiá-la", Marsha disse a Robert.
    - » Rachel told her friends that she wasn't sure her husband would **go along with** her plan to build a swimming pool in the back of their house.
      Rachel disse a suas amigas que ela não tinha certeza de que o marido iria concordar com seu plano de construir uma piscina atrás da casa deles.

GO AWAY (WENT - GONE / GOING)

1. **to leave, to go somewhere else** (sair, ir embora)
    - » Fred told us that he couldn't stand the stress of the city anymore, so he is **going away** to the countryside for a few days.
      Fred nos disse que não aguentava mais a agitação da cidade e que, por isso, iria embora para o interior por alguns dias.

2. **to disappear, esp. a headache, a pain, spots etc.** (desaparecer, sumir, "passar", esp. dor, está repetidamanchas etc.)
    - » About half an hour after Diane took an aspirin, her headache started to **go away.**
      Depois de aproximadamente meia hora desde que a Diane tinha tomado uma aspirina, sua dor de cabeça começou a passar.
    - » "The heat rashes on Billy's face and chest seem to be **going away**," Billy's mother told her husband over the phone.
      "As brotoejas de calor no rosto e no peito de Billy parecem estar sumindo", a mãe de Billy disse ao marido pelo telefone.

GO BACK (WENT - GONE / GOING)

- **to return, esp. to a place you have been in before** (voltar, retornar, ir de volta)
    - » After trying to settle down in Brazil for over three years, Pablo is **going back** to Spain.
      Após haver tentado estabelecer-se no Brasil por mais de três anos, Pablo vai voltar para a Espanha.
    - » Mary had to **go back** home to pick up the school paper she was supposed to hand in to her teacher.
      Mary teve que voltar para casa para pegar o trabalho escolar que deveria entregar a seu professor.

GO BACK ON (WENT - GONE / GOING)

> **to not keep a promise** (deixar de cumprir uma promessa; "voltar atrás")
>> "You can never trust Dennis because he always **goes back on** his word," Mark told us.
>> "Nunca se pode confiar no Dennis, porque ele sempre volta atrás no que diz", disse-nos Mark.

GO BACK TO (WENT - GONE / GOING)

1. to start doing something again, to return to a former state (voltar a fazer alguma coisa; voltar a um estado anterior)
>> We all thought Sam had given up cigarettes for good, but Rose told us he **went back to** smoking.
>> Nós todos pensamos que Sam tinha largado o cigarro para sempre, mas Rose nos contou que ele voltou a fumar.
>> After a period of economic turmoil, things seem to be **going back to** normal.
>> Após um período de instabilidade econômica as coisas parecem estar voltando ao normal.

2. to have its origin in, to date back (datar de, remontar a)
>> Some of the buildings in the central area of the city **go back to** the nineteenth century.
>> Alguns dos prédios na área central da cidade remontam ao século XIX.
>> Sarah is an antique collector. Some of the pieces that she owns **go back to** the Victorian Age.
>> Sarah é uma colecionadora de antiguidades. Algumas das peças que ela possui datam da época vitoriana.
>> Veja também **date back**.

GO BY (WENT - GONE / GOING)

1. to pass by a place (passar por algum lugar)
>> "Could you **go by** the supermarket and pick up some vegetables?" Helen asked Leo.
>> "Você poderia passar pelo supermercado e pegar alguns legumes?", Helen pediu a Leo.
>> Ray enjoys sitting at open-air pubs, drinking beer and watching the world **go by**.
>> Ray gosta de ficar sentado em pubs ao ar livre, bebendo cerveja e vendo o mundo passar.
>> Veja também **pass by**.

2. to pass, esp. time (passar, esp. tempo)
>> Four years **went by** since Mary last saw her grandparents in Europe.
>> Quatro anos se passaram desde a última vez que Mary viu os avós na Europa.
>> They say that as time **goes by** we grow older and wiser.
>> Dizem que, à medida que o tempo passa, ficamos mais velhos e mais sábios.

3. to act according to rules, advice etc. (seguir regras, conselho etc.)
- » Mike told us that if we wanted to play with him we would have to **go by** the rules of the game.
  Mike nos disse que, se quiséssemos brincar com ele, teríamos de seguir as regras do jogo.
- » "If I were you, I wouldn't **go by** what Jerry says. I'm not sure he's that reliable," said Paul.
  "Se fosse você, eu não iria pelo que Jerry diz. Não tenho certeza de que ele é assim tão confiável", disse-nos Paul.

4. to be known by a particular name (ser conhecido por um nome em especial)
- » Donald asked us if we knew a guy who **goes by** the name of "Big Man" at school.
  Donald nos perguntou se conhecíamos um cara conhecido pelo apelido de "Grandão" na escola.

GO DOWN (WENT - GONE / GOING)

1. to fall, to decrease, esp. the price or the level of something (cair, abaixar, esp. preço ou nível de algo)
- » Since the patient had a high fever, the nurse gave him some medicine to help make it **go down**.
  Como o paciente tinha febre alta, a enfermeira lhe deu um remédio para ajudar a abaixá-la.

2. to sink (ships); **to crash to the ground** (planes); **to fall down** (buildings) (afundar [navios]; cair [aviões], [prédios])
- » The ship **went down** after hitting an iceberg, but fortunately there was enough time to rescue all of its passengers.
  O navio afundou depois de ter batido num iceberg, mas felizmente houve tempo suficiente para resgatar todos os passageiros.
- » The experts are still trying to figure out what caused the plane to **go down**.
  Os peritos ainda estão tentando entender o que causou a queda do avião.
- » After the terrible earthquake, the building **went down** in a matter of minutes.
  Após o terrível terremoto, o prédio caiu em questão de minutos.

3. to set (the sun) (pôr-se o sol)
- » "Watching the sun **go down** over the ocean was awesome!" Sally told her friends.
  "Assistir ao pôr do sol sobre o oceano foi demais!", Sally disse a suas amigas.

4. to stop working temporarily, esp. a computer or a telephone line (parar de funcionar temporariamente, esp. computador ou linha telefônica)
- » Because of the heavy storm, all telephone lines **went down** in the city where Jake lives.
  Por causa da forte tempestade, todas as linhas telefônicas pararam de funcionar na cidade onde Jake mora.

- » Last time Alice's computer **went down**, she couldn't work for a whole day until the problem was fixed.
  Da última vez que o computador da Alice parou de funcionar, ela não pôde trabalhar por um dia inteiro até o problema ser resolvido.

- ››› A expressão **go down in history**, formada a partir do phrasal verb **go down**, significa "passar para a história", "ficar famoso como".
- » Charlie Chaplin **went down in history** as one of the greatest comedians of all times.
  Charlie Chaplin passou para a história como um dos maiores comediantes de todos os tempos.
- » Ayrton Senna will certainly **go down in history** as one of the best Formula 1 drivers.
  Ayrton Senna certamente entrará para a história como um dos melhores pilotos de Fórmula 1.

GO DOWN ON (WENT - GONE / GOING)

› **to perform oral sex on someone** (fazer sexo oral em alguém; "chupar")
  - » "My girlfriend loves it when I **go down on** her," Mike told a friend.
    "A minha namorada adora quando eu chupo ela", Mike contou para um amigo.
  - » "I didn't expect her to **go down on** me on our first date, but that's what happened," Roy told Tony.
    "Eu não esperava que ela fosse me chupar no nosso primeiro encontro, mas foi o que aconteceu", Roy contou para o Tony.

GO FOR (WENT - GONE / GOING)

1. to like a particular kind of person or thing (gostar de um tipo de pessoa ou coisa, ser atraído por algum tipo de pessoa ou coisa)
  - » Sandra usually **goes for** older men.
    Sandra geralmente é atraída por homens mais velhos.
  - » Jack says he doesn't usually **go for** flashy colors in clothes.
    Jack diz que normalmente não gosta de cores muito vivas em roupas.

2. to choose (escolher)
  - » "I think I will **go for** the chicken soufflé," Amy told the waiter.
    "Acho que vou escolher o suflê de frango", Amy disse ao garçom.
  - » "If I had a choice, I'd rather **go for** a quiet weekend on the farm," Joe told Tim.
    "Se eu tivesse escolha, optaria por um final de semana calmo na fazenda", Joe disse a Tim.

3. to attack someone physically or criticize them (atacar física ou verbalmente; "vir para cima de")

- » "You'd better keep that dog of yours on a leash. Every time my friends come into the house, it **goes for** them," Neil's sister told him.
  "É melhor você manter aquele seu cachorro preso na coleira. Toda vez que meus amigos entram em casa, ele vai para cima deles", a irmã de Neil disse a ele.

- »» A expressão informal **go for it** é usada para encorajar alguém a tentar conseguir algo ou ir atrás de algum objetivo.
- » "You will never know whether you can do it or not unless you **go for it**," Bob told Luke.
  "Você nunca saberá se você é capaz de fazê-lo ou não a menos que tente", Bob disse a Luke.

GO INTO (WENT - GONE / GOING)

1. to enter a place (entrar num lugar)
  - » The couple **went into** the store hoping to buy some clothes for their nephew.
    O casal entrou na loja esperando comprar roupas para o sobrinho.

2. to begin or embark on a career (iniciar num emprego ou carreira, ingressar, "entrar")
  - » When Henry turned nineteen, he decided to **go into** the navy against his father's will.
    Quando Henry fez dezenove anos, ele decidiu entrar na Marinha contra a vontade do pai.

3. to talk about something in detail (entrar em detalhes)
  - » When we asked Tim about his breakup with Sue, he told us he didn't feel like **going into** it.
    Quando perguntamos a Tim sobre sua separação de Sue, ele nos disse que não tinha vontade de entrar em detalhes.
  - » "I'd rather not **go into** this subject now. Can we talk some other time?" Brian told Linda.
    "Eu preferiria não entrar em detalhes sobre esse assunto agora. Podemos conversar outra hora?", Brian disse a Linda.

4. to enter a certain state, e.g. a coma, a recession etc. (entrar em determinado estado, p.ex. um coma, uma recessão etc.)
  - » After a severe car accident, Raymond **went into** a coma.
    Depois de um sério acidente de carro, Raymond entrou em coma.
  - » Anderson says he will leave the country if the economy **goes into** a recession again.
    Anderson diz que vai sair do país se a economia entrar em recessão de novo.

GO OFF (WENT - GONE / GOING)

1. to leave for (partir para, ir para)
  - » Rita says she is planning to **go off** to Europe and spend some time with an aunt who lives there.

Rita diz que está planejando ir para a Europa e passar algum tempo com uma tia que mora lá.

2. to ring or sound, esp. alarms (disparar, tocar, esp. alarmes)
» Barry was late for work as he forgot to set his alarm clock to **go off** in the morning.
Barry se atrasou para o trabalho porque esqueceu de programar o despertador para tocar de manhã.
» The factory's alarm **went off**, scaring the thieves away.
O alarme da fábrica disparou, afugentando os ladrões.

3. to explode, esp. bombs; to fire, esp. guns (explodir, esp. bombas; disparar, esp. armas)
» The police evacuated the office building as there was an anonymous call saying a bomb might **go off** at any minute.
A polícia evacuou o prédio de escritórios, pois uma ligação anônima dizia que uma bomba poderia explodir a qualquer minuto.
» "Stop fooling around with that gun! It might **go off!**" Larry told his nephew.
"Pare de brincar com essa arma! Ela pode disparar!", Larry disse ao sobrinho.

4. to stop functioning, esp. the lights, electrical equipment etc. (parar de funcionar, desligar, esp. luzes, equipamento elétrico etc.)
» Steve usually sets his TV to **go off** automatically at around midnight, when he goes to sleep.
Steve geralmente programa sua TV para desligar automaticamente por volta da meia-noite, quando ele adormece.
» Veja também o antônimo **go on**.

5. to stop taking a medicine (parar de tomar um remédio)
» Hillary **went off** the medication she had been taking because it was causing her to have headaches and lose sleep.
Hillary parou de tomar a medicação que vinha tomando porque aquilo estava lhe causando dores de cabeça e lhe tirando o sono.

GO ON (WENT - GONE / GOING)

1. to continue (continuar)
» Carol **went on** talking even though the teacher had told her to stop.
Carol continuou a conversar, muito embora o professor tivesse dito a ela para parar.
» "**Go on** reading, please" our teacher asked Andy.
"Continue a ler por favor", nosso professor pediu a Andy.
» Veja também **carry on** e **keep on**.

2. to happen (acontecer)
- » "Hey, What's **going on** here?" Mike asked his kids when he saw the mess their room was in.
  "Ei, o quê está acontecendo aqui?", Mike perguntou a seus filhos quando viu a bagunça que estava o quarto deles.
- » "You cannot imagine what **went on** at the party last night!" Sandra told Karen.
  "Você não pode imaginar o que aconteceu na festa ontem à noite!", Sandra disse a Karen.

3. to start to function, esp. the lights, electrical equipment etc. (começar a funcionar, acender, esp. luzes, equipamento elétrico etc.)
- » The music **went on** as soon as Bob put a coin in the jukebox.*
  A música começou assim que Bob colocou uma moeda na jukebox.
- » "The street lights **go on** automatically when it gets dark," explained Willy.
  "As luzes da rua acendem automaticamente quando escurece", Willy explicou.

- »» **Go on and on about something** é usado para se referir a alguém que fala demais sobre um assunto, especialmente de forma chata ou cansativa.
  - » "I wish Jeff would stop **going on and on** about his new sports car. We can't stand it anymore!" said Barry.
    "Eu gostaria que o Jeff parasse de falar tanto sobre o seu novo carro esporte. Nós não aguentamos mais!", disse Barry.
  - » "Our history teacher **went on and on** about World War Two, even though half of the class was already asleep," Jim told us.
    "Nosso professor de história ficou falando sem parar sobre a Segunda Guerra Mundial, embora metade da classe já estivesse dormindo", Jim nos contou.

GO OUT (WENT - GONE / GOING)

1. to leave home, esp. for entertainment (sair de casa, esp. para divertir-se)
- » Matt and Liz sometimes prefer to spend their weekend at home rather than **going out** somewhere.
  Matt e Liz às vezes preferem passar o final de semana em casa a sair para algum lugar.

2. to stop shining (a light); **to stop burning** (a candle, a fire) (parar de brilhar, apagar, esp. luzes; apagar, esp. vela ou fogo)
- » Jerry was so tired that as soon as the lights **went out** he fell asleep.
  Jerry estava tão cansado que, assim que as luzes se apagaram, ele adormeceu.
- » "We need to put some more wood in the fireplace. The fire **went out**," Jeff told us.
  "Precisamos colocar mais lenha na lareira. O fogo apagou", disse-nos Jeff.

*****Jukebox:** toca-discos automático que funciona com moedas ou fichas.

3. to go out of fashion or style (sair de moda)
  - » Classic shirts never **go out** of style.
    Camisas clássicas nunca saem de moda.
  - » Hats **went out** a long time ago, but some people now wear caps on a daily basis.
    Os chapéus saíram de moda há muito tempo, mas algumas pessoas agora usam boné todo dia.
  - » Compare com **be out**.

4. to be announced, esp. news (divulgar, anunciar)
  - » The news that **went out** this morning about a major earthquake in Japan shocked everyone.
    As notícias que foram divulgadas esta manhã sobre um terremoto de grandes proporções no Japão deixaram todos chocados.

GO OUT WITH (WENT – GONE / GOING)

› **to date someone** (sair com alguém, namorar)
  - » Nick has been **going out with** Patty for over a year now.
    Já faz mais de um ano que Nick namora a Patty.
  - » Veja também **go with**.

GO OVER (WENT – GONE / GOING)

› **to check carefully, to examine** (rever, checar)
  - » "We'd better **go over** the plan once more to make sure we know exactly what we are supposed to do," Jack told us.
    "É melhor revermos o plano mais uma vez para ter certeza de que sabemos exatamente o que devemos fazer", disse-nos Jack.

GO THROUGH (WENT – GONE / GOING)

1. to experience difficulties or any unpleasant situation (passar por dificuldades ou qualquer situação desagradável)
  - » Matt hopes he will never have to **go through** the unpleasant experience of being fired again.
    Matt espera que nunca mais tenha de passar pela experiência desagradável de ser despedido.
  - » Veja também **be through**.

2. to complete a period of training, a phase etc. (passar por uma etapa de treinamento, uma fase etc.)

» Don explained to us that in order to become a marine you have to **go through** several training programs, including some very tough ones.
Don nos explicou que, para se tornar-se fuzileiro naval, você tem de passar por vários programas de treinamento, incluindo alguns bastante difíceis.

3. to use up something in a short time (gastar ou consumir algo em pouco tempo)
» Bob **went through** a bottle of whisky last night. That's why he has such a bad hangover today.
Bob tomou uma garrafa inteira de uísque ontem à noite. É por isso que está de ressaca hoje.

4. to examine carefully in order to find something (examinar cuidadosamente a fim de encontrar algo)
» The police **went through** the stranger's pockets looking for drugs.
A polícia examinou com cuidado os bolsos do estranho, procurando por drogas.

GO THROUGH WITH (WENT – GONE / GOING)

› **to complete something that has been agreed to** (ir até o fim com algo que foi combinado; levar adiante)
» "Knowing Tom like I do, I would not be surprised if he doesn't **go through with** his promise of marrying Rita by the end of the year," said Frank.
"Conhecendo Tom como conheço, eu não ficaria surpreso se ele não levasse adiante a promessa de casar com Rita até o final do ano", disse-nos Frank.

GO UNDER (WENT – GONE / GOING)

1. to go bankrupt (falir)
» It's sad to see so many companies **going under** because of these tough economic times.
É triste ver tantas empresas falirem por causa destes tempos difíceis na economia.

2. to sink (afundar)
» The coastguard doesn't have a clue so far as to what caused the ship to **go under**.
A Guarda Costeira ainda não tem ideia do que fez o navio afundar.
» Veja também **go down**.

GO WITH (WENT – GONE / GOING)

1. to match, to suit (combinar com)
» Sam is a terrible dresser. His tie never **goes with** his shirt.
Sam se veste muito mal. Sua gravata nunca combina com a camisa.

» Paul is definitely a beer lover. He thinks beer **goes with** any kind of food.
Paul é sem dúvida um apreciador de cerveja. Ele acha que cerveja vai bem com qualquer tipo de comida.

2. to date (namorar com)
» Tim had been **going with** Vicky for so long that I was indeed surprised when Mark told me they had broken up.
Tim namorava a Vicky havia tanto tempo que realmente fiquei surpreso quando Mark me disse que eles tinham rompido.
» Veja também **go out with**.

GOBBLE DOWN (GOBBLED - GOBBLED / GOBBLING)

› **to eat something quickly** (comer rápido, "engolir", "devorar")
» Terry was starving and, as soon as he sat down at the table, he **gobbled down** everything on his plate in no time.
Terry estava faminto e, assim que sentou à mesa, devorou tudo que estava em seu prato num piscar de olhos.

GRIPE ABOUT (GRIPED - GRIPED / GRIPING)

› **to complain continually about something** (reclamar repetidamente de alguma coisa; queixar-se de)
» "Why don't you just stop **griping about** it and do something?", Ryan asked Joe.
"Por que você não para de reclamar e faz alguma coisa?", Ryan perguntou ao Joe.

GROW UP (GREW - GROWN / GROWING)

› **to gradually change from a child to an adult** (crescer, referindo-se apenas a pessoas)
» Terry was born and **grew up** in Texas. That's why he has this strong accent.
Terry nasceu e cresceu no Texas. É por isso que ele tem esse sotaque forte.

» Mr. and Mrs. Stein plan to move to a smaller house after their kids have **grown up**.
O sr. e a sra. Stein planejam mudar para uma casa menor depois que seus filhos crescerem.

noun form: **grown-up:** an adult (adulto)
» Only **grown-ups** are allowed into nightclubs.
Apenas adultos são permitidos em boate.

adjective form: **grown-up:** adult (adulto, "grande")
» "Both my kids are already **grown-up**," Peter told Ralph.
"Meus dois filhos já são grandes", Peter disse a Ralph.

HACK INTO (HACKED - HACKED / HACKING)

› **to break into a computer system** (invadir uma rede de computadores)
» "Did you hear what happened? Someone seems to have **hacked into** the company's intranet last night," said Doug to a coworker.
"Você ouviu o que aconteceu? Alguém parece ter invadido a intranet da empresa ontem à noite", disse Doug para um colega de trabalho.

HAND IN (HANDED - HANDED / HANDING)

› **to submit, esp. a piece of work to a teacher, boss etc.** (entregar um trabalho etc.)
» The director of the company asked his employees to **hand in** their assessments of his performance by 5 p.m.
O diretor da empresa pediu a seus funcionários que entregassem as avaliações sobre o desempenho dele até as 17h.
» Veja também **turn in**.

HAND OUT (HANDED - HANDED / HANDING)

› **to distribute** (distribuir)
» "Can you please **hand out** these forms to everyone here?" Mr. Smith asked Liz.
"Você pode distribuir estes formulários para todos aqui, por favor?", Mr. Smith pediu a Liz.
» Veja também **give out**.

noun form: **handout:** a piece of paper that is given out (uma folha ou folheto que é distribuído)

» Mr. Parker gave each of his students a **handout** about the subject they were supposed to discuss.
O sr. Parker deu a cada um de seus alunos uma folha sobre o assunto que deveriam discutir.

HANG AROUND (HUNG - HUNG / HANGING)

› **to wait or stay at a place with no clear purpose** (ficar à toa, sem fazer nada)
  » Ralph doesn't seem to have much to do. He is always **hanging around** the mall.
  Ralph não parece ter muito o que fazer. Ele está sempre à toa no shopping.

HANG AROUND WITH (HUNG - HUNG / HANGING)

› **to spend time with someone** (passar tempo com alguém)
  » Terry doesn't seem to be very sociable. He doesn't **hang around with** his classmates much.
  Terry não parece ser muito sociável. Ele não fica muito com seus colegas de classe.
  » Veja também **hang out with**.

HANG ON (HUNG - HUNG / HANGING)

1. (informal) to wait (esperar)
  » The clerk at the shoe store asked Jane if she would **hang on** for a minute while he went to get the shoes she wanted.
  O balconista da loja de calçados pediu a Jane que esperasse um minuto enquanto ele ia pegar os sapatos que ela queria.
  » "**Hang on,** please. I will transfer your call," said the phone operator.
  "Aguarde, por favor. Vou transferir sua ligação", disse a telefonista.

2. to continue in spite of difficulties, to persevere (perseverar, aguentar firme)
  » "Hey, getting bad marks is no reason for dropping out of college! **Hang on** till the end, I'm sure you can do better," Simon told his classmate Terry.
  "Ei, tirar notas ruins não é razão para largar a faculdade! Aguente firme até o final, tenho certeza de que você pode melhorar", Simon disse a seu colega de classe Terry.
  » Veja também **hold on**.

  ››› A expressão informal **hang on in there** ou **hang in there** (aguentar firme) é usada para encorajar alguém que está em situação difícil.
  » "**Hang on in there!** Things will surely get better, you'll see!" Mark told Nick.
  "Aguente firme! As coisas com certeza vão melhorar, você vai ver!", Mark disse a Nick.

HANG ON TO (HUNG - HUNG / HANGING)

› **to hold tightly; to hold something** (segurar firme, segurar)
  » Susie **hung on to** her mother's hand as they got across the street.
    Susie segurou firme a mão da mãe quando atravessavam a rua.
  » Alan asked the waitress to **hang on to** the menu for a second while he answered a call on his cell phone.
    Alan pediu à garçonete que segurasse o cardápio um segundo enquanto ele atendia a uma ligação no celular.
  » Veja também **hold on to**.

 ››› O phrasal verb **hang on**, sem a preposição **to**, também é usado para expressar a ideia de "segurar firme", quando o objeto em que se está segurando não é mencionado.
  » "**Hang on!** This street is unpaved, winding and full of holes!" Frank told Mary, who was riding on the back of his motorcycle.
    "Segure firme! Esta rua não tem asfalto e é sinuosa e esburacada!", Frank disse a Mary, que estava na garupa de sua moto.

HANG OUT (HUNG - HUNG / HANGING)

› **to spend a lot of time in a particular place** (frequentar bastante algum lugar específico)
  » Larry used to **hang out** a lot at a nightclub downtown, but he stopped going there after it became a violent place.
    Larry costumava frequentar muito uma boate na cidade, mas parou de ir lá depois que ela se tornou um lugar violento.
  » Mark's father advised him to avoid **hanging out** in certain dangerous areas of the city.
    O pai de Mark o aconselhou a evitar frequentar certas regiões perigosas da cidade.

noun form: **hangout:** place where one likes to spend time (lugar onde alguém ou um grupo gosta de ficar; ponto de encontro; "point")
  » Rick and his friends often meet at their favorite **hangout** to shoot the breeze.
    Rick e os amigos frequentemente se reúnem no ponto de encontro favorito deles para bater papo.

HANG OUT WITH (HUNG - HUNG / HANGING)

› **(informal) to spend time with someone** (passar tempo com alguém)
  » Mike enjoys **hanging out with** his buddies and playing cards on the weekends.
    Mike gosta de ficar jogando cartas com os amigos nos finais de semana.
  » Veja também **hang around with**.

- ››› O phrasal verb informal **hang with** também é utilizado com o mesmo significado de **hang out with**.
- » Dave's father advised him not to **hang with** certain dangerous guys in the neighborhood.
  O pai de Dave o aconselhou a não andar com alguns caras perigosos do bairro.

HANG UP (HUNG - HUNG / HANGING)

1. to put the receiver back after a telephone conversation (desligar o telefone ao final de uma conversa)
- » The doctor **hung up** the phone immediately when paramedics rushed into the emergency room with a man in critical condition.
  O médico desligou o telefone imediatamente quando paramédicos entraram às pressas no pronto-socorro trazendo um homem em estado grave.
- » "Can you **hang up**, please? I need to make an important call," Bob asked his sister.
  "Você pode desligar, por favor? Preciso fazer uma ligação importante", Bob pediu à irmã.

2. to hang something in a closet, on a wall etc. (pendurar alguma coisa no armário, na parede etc.)
- » Fred is a very tidy person. He always **hangs up** his clothes in the closet, instead of leaving them on the floor like his roommates do.
  Fred é uma pessoa muito organizada. Ele sempre pendura suas roupas no armário, em vez de deixá-las no chão como seus colegas de quarto fazem.
- » "Why don't we **hang** the picture **up** on that wall?", suggested Sue. "I think it will look good there."
  "Por que não penduramos o quadro naquela parede?", sugeriu Sue. "Acho que vai ficar bom lá."

HANG UP ON (HUNG - HUNG / HANGING)

› **to hang up the phone before the conversation is finished** (desligar o telefone na cara de alguém; "bater o telefone na cara de alguém")
- » Bianca got so mad at Steve when she was talking to him over the phone that she **hung up on** him.
  Bianca ficou tão brava com Steve quando estava conversando com ele no telefone que bateu o telefone na cara dele.
- » "How dare you **hang up on** me like that?" Gloria asked Tim furiously when she met him at school.
  "Como você se atreve a bater o telefone na minha cara daquele jeito?", Gloria perguntou a Tim, furiosa, quando o encontrou na escola.

>>> A expressão **be hung up on** significa "só pensar em alguém ou alguma coisa"; "estar obcecado por alguém ou alguma coisa".
» Jack **has been hung up on** his high school sweetheart ever since they first met.
Jack só pensa em sua namorada do colegial desde que eles se conheceram.

HARP ON (HARPED - HARPED / HARPING)

> **to talk about something repeatedly** (falar sempre sobre o mesmo assunto; "bater na mesma tecla")
  » Jeff is definitely a computer buff. He can't stop **harping on** the subject.
  Jeff é sem dúvida um aficionado por computadores. Não consegue parar de falar sobre o assunto.
  » "I am getting tired of Sally **harping on** the same subject every day. Doesn't she have anything else to talk about?" Bill asked us.
  "Estou ficando cansado de a Sally bater na mesma tecla todos os dias. Ela não tem mais nada para falar?", Bill nos perguntou.

HAVE ON (HAD - HAD / HAVING)

1. to be dressed in, used for clothes, shoes, etc. (estar usando roupas, sapatos, etc.)
  » "You should've seen Michelle last night. She **had** a new black dress **on** and looked gorgeous!", Sammy told Neil.
  "Você devia ter visto a Michelle ontem à noite. Ela estava usando um novo vestido preto e estava linda!", Sammy contou para o Neil.
  » "Did you see what she **had on** at the party?", asked Fernanda. "Her dress looked absolutely beautiful."
  "Você viu como ela estava vestida na festa?", perguntou Fernanda. "O vestido dela era lindíssimo."

2. to be wearing glasses, watches, rings, etc. (estar usando óculos, relógios, anéis, etc.)
  » "Can you read that sign for me please honey? I don't **have** my glasses **on**," Timothy asked his wife.
  "Você pode ler aquela placa para mim, querida? Não estou com os meus óculos", Timothy pediu para a esposa.
  » "How come you don't **have** your new earrings **on** darling? They'll look great with your black dress," Linda's husband told her.
  "Como é que você não está usando os seus novos brincos, querida? Eles vão ficar ótimos com o seu vestido preto", o marido de Linda disse para ela.

3. to have incriminating information or evidence about someone (ter alguma informação ou prova incriminadora contra alguém)

» The police couldn't keep him in jail because they **had** nothing **on** him.
A polícia não podia mantê-lo preso porque não tinham nenhuma prova contra ele.
» With all of the evidence that the police **had on** the criminal, everyone was sure that he was going to jail for a long long time.
Com todas as provas que a polícia tinha contra o criminoso, todos tinham certeza de que ele iria para a cadeia por muito tempo.

HAVE OVER (HAD - HAD / HAVING)

> **to have someone come to your house to visit you or spend time with you** (receber alguém em casa para uma visita)
>> "We **had** the Johnsons **over** for dinner last night," Meggy told a friend.
>> "Nós recebemos os JohnsonsJohnson para jantar ontem à noite", Meggy contou para uma amiga.

HEAR FROM (HEARD - HEARD / HEARING)

> **to receive news or information from** (ter notícias de)
>> Helen says she is worried about her daughter who is living abroad because she hasn't **heard from** her in a month.
>> Helen diz que está preocupada com a filha que está morando no exterior porque não tem notícias dela há um mês.
>> "I haven't **heard from** Charles since he went back to England about a year ago," said Rick.
>> "Não tenho notícias de Charles desde que ele voltou para a Inglaterra, há mais ou menos um ano", disse Rick.

HEAR OF (HEARD - HEARD / HEARING)

> **to know about someone or something** (ouvir falar de alguém ou algo)
>> Most people have **heard of** the American writer named Ernest Hemingway.
>> A maioria das pessoas já ouviu falar do escritor americano chamado Ernest Hemingway.
>> "Have you ever **heard of** the French painter Monet?" Greg asked Matt.
>> "Você já ouviu falar do pintor francês Monet?", Greg perguntou a Matt.

HEAR OUT (HEARD - HEARD / HEARING)

> **to listen to what someone has to say until they have finished speaking** (ouvir o que alguém tem a dizer)
>> "Hey, there's something I need to tell you. **Hear** me **out** please," Bart told Jay.
>> "Ei, preciso te contar uma coisa. Me ouve até o final por favor, por favor", Bart disse para o Jay.

HEAT UP (HEATED - HEATED / HEATING)

1. to make warm or hot, esp. food (esquentar comida)
- » "There's some chicken in the fridge. Why don't you **heat** it **up** and eat it with your spaghetti?" Liz asked Paul.
  "Tem frango na geladeira. Por que você não o esquenta e come junto com o seu espaguete?", Liz perguntou a Paul.
- » Veja também **warm up**.

2. to become more serious, esp. discussion, conflict etc. (ficar mais sério, "esquentar", esp. discussão, conflito etc.)
- » Helen told John and Mark to calm down when she realized their discussion was starting to **heat up.**
  Helen mandou John e Mark se acalmarem quando percebeu que a discussão deles estava começando a esquentar.

HELP OUT (HELPED - HELPED / HELPING)

› **to help someone with something** (ajudar alguém)
- » "Mary is really good at chemistry. She **helped** me **out** with the most difficult questions on our homework," Rachel told Heather.
  "Mary é realmente boa em química. Ela me ajudou com as perguntas mais difíceis da nossa lição de casa", Rachel disse a Heather.
- » Peter is a voluntary member of a group that **helps out** homeless people by providing them with meals and clothes.
  Peter é voluntário de um grupo que ajuda moradores de rua dando a eles refeições e roupas.

››› O verbo **help** desacompanhado da preposição **out** expressa a mesma ideia do phrasal verb **help out**.
- » Linda **helped** Fred with his school assignment.
  Ou
- » Linda **helped** Fred **out** with his school assignment.
  Linda ajudou Fred com seu trabalho escolar.

HIT ON (HIT - HIT / HITTING)

› **to flirt and try to make advances with the opposite sex** ("dar em cima de alguém")
- » "Don't you think Mike was trying to **hit on** me during lunch today?", Melissa asked Carla.
  "Você não acha que o Mike estava tentando dar em cima de mim durante o almoço hoje?", Melissa perguntou para a Carla.

HOLD BACK (HELD - HELD / HOLDING)

1. to control, esp. tears, anger etc. (conter, "segurar", esp. lágrimas, raiva etc.)
» When Sally heard Sophie's sad story, she was so moved she couldn't **hold back** her tears.
Quando Sally ouviu a história triste de Sophie, ela ficou tão comovida que não conseguiu conter as lágrimas.

» "There are times when we must try and **hold back** our anger. As you know, violence only generates more violence," Henry advised his friend Tom.
"Há momentos em que devemos tentar conter nossa raiva. Como você sabe, a violência apenas gera mais violência", Henry aconselhou a seu amigo Tom.

2. to prevent the progress or development of (impedir o progresso ou desenvolvimento de, "segurar")
» "He's a bright young man and yet his school performance has not been so good. I wonder what is **holding** him **back**," Alex asked a colleague.
"Ele é um garoto inteligente, e mesmo assim o seu aproveitamento escolar não tem sido muito bom. O que será que está impedindo o seu progresso?", Alex perguntou a um colega.

3. to not reveal information (reter informação, "não dizer tudo o que sabe")
» The police believe that some of the people involved in the investigation are **holding back** information.
A polícia acredita que algumas pessoas envolvidas na investigação estão retendo informações.

» "How could you **hold back** such an important fact from me?" Vivian asked her husband.
"Como você pôde não me contar um fato tão importante?", Vivian perguntou ao marido.

HOLD DOWN (HELD - HELD / HOLDING)

1. to keep at a low level, esp. prices, inflation etc. (manter baixo, esp. preços, inflação etc.)
» "In an attempt to **hold down** the fixed costs, our company is planning to outsource some services," Todd explained to his friend Greg.
"Na tentativa de manter os custos fixos baixos, nossa empresa está planejando terceirizar alguns serviços", Todd explicou a seu amigo Greg.

2. to keep a job (manter um emprego)
» We don't know what the problem with Anthony is, but he has never been able to **hold down** a job for more than a few weeks.
Não sabemos qual é o problema com Anthony, mas ele nunca conseguiu manter um emprego por mais que algumas semanas.

HOLD ON (HELD - HELD / HOLDING)

1. (informal) to wait (esperar)
- » Tracy told Jim to **hold on** a minute while she went to get them some orange juice.
  Tracy mandou Jim esperar um minuto enquanto ela ia pegar suco de laranja para eles.
- » "Can you **hold on** a little while I comb my hair?" Helen asked Stuart as they were leaving for the party.
  "Você pode esperar um pouco enquanto eu penteio o cabelo?", Helen perguntou a Stuart quando estavam saindo para a festa.
- » Veja também **hang on**.

2. to continue in spite of difficulties, to persevere (perseverar; aguentar firme)
- » "Our company **held on** tight throughout the economic turmoil and managed to bounce back," Jack told Ray.
  "Nossa empresa aguentou firme durante as turbulências na economia e conseguiu dar a volta por cima", Jack disse a Ray.
- » Veja também **hang on**.

HOLD ON TO (HELD - HELD / HOLDING)

1. to hold tightly (segurar firme; "agarrar-se a", "apegar-se a")
- » "**Hold on to** the rope while we pull you out," a rescue team member told the man.
  "Segure firme na corda enquanto puxamos você para fora", um membro da equipe de resgate disse ao homem.
- » "In these dire times, we have to **hold on to** every bit of hope we have," said Andy.
  "Nestes tempos difíceis, precisamos nos apegar a toda e qualquer esperança que tenhamos", disse Andy.
- » Veja também **hang on to**.

- ›» O phrasal verb **hold on** desacompanhado da preposição **to** também é usado para expressar a ideia "segurar firme", quando o objeto em que se está segurando não é mencionado.
- » "**Hold on!** This part of the road is bumpy!" said the van driver.
  "Segurem firme! Esta parte da estrada é acidentada!", disse o motorista da perua.

2. to keep something (manter, guardar alguma coisa, não desfazer-se de algo)
- » William's father had **held on to** his coin collection for so many years that now it was worth quite a lot of money.
  O pai de William tinha guardado sua coleção de moedas por tantos anos que agora ela valia muito dinheiro.

HOLD OUT (HELD - HELD / HOLDING)

1. to last, esp. a supply of something (durar, referindo-se esp. a uma reserva de algo)
- » The captain told his platoon that their supply of food would probably only **hold out** for one more week.
  O capitão disse a seu pelotão que a reserva de comida deles provavelmente duraria apenas mais uma semana.

2. to endure (resistir, aguentar firme)
- » The boxer **held out** until the seventh round, when his opponent finally knocked him out.
  O boxeador resistiu até o sétimo assalto, quando seu adversário finalmente o nocauteou.
- » Even though they were surrounded by criminals, the police **held out** until their backup arrived.
  Apesar de estar cercada por criminosos, a polícia aguentou firme até receber reforço.

HOLD UP (HELD - HELD / HOLDING)

1. to delay someone or something (atrasar alguém ou alguma coisa, "segurar")
- » "A fender-bender **held up** the traffic for a few minutes when I was driving to work this morning," Harry told Bill.
  "Uma batidinha segurou o trânsito por alguns minutos quando eu estava indo para o trabalho esta manhã", Harry contou a Bill.

2. to rob a place or someone, esp. with a gun (roubar, assaltar à mão armada)
- » Frank advised us not to go to that part of the city at night as many people had already been **held up** there.
  Frank nos aconselhou a não ir àquela região da cidade à noite, pois muitas pessoas já haviam sido assaltadas lá.
- » Veja também **stick up**.

noun form: **holdup:** robbery at gunpoint (assalto à mão armada)
- » "Fortunately no one got hurt during a **holdup** at a downtown bank this morning," Bob told Neil.
  "Felizmente ninguém se machucou durante um assalto a banco no centro da cidade hoje de manhã", Bob disse a Neil.
- » Veja também **stickup**.

HOOK UP (HOOKED - HOOKED / HOOKING)

1. to connect equipment to a power supply or to connect two pieces of equipment together (conectar equipamento à eletricidade ou conectar dois equipamentos)

» "Can you please **hook up** this cable to the power supply?", Fred asked Bill.
"Você pode por favor, por favor, ligar este cabo na tomada?", Fred pediu ao Bill.

2. to get together; to meet someone and spend time together (encontrar com alguém e passar tempo juntos)
» "Hey, let's **hook up** after work and have a couple of beers," Terry told Nick.
"Ei, vamos nos encontrar depois do trabalho e tomar umas cervejas", Terry disse para o Nick.

HORSE AROUND (HORSED - HORSED / HORSING)

› **to behave in a silly playful way; to clown; to fool around** (vadiar; ficar brincando)
» "We'd better quit **horsing around** and get to work. We have a deadline to meet for this project," said Brian to a coworker.
"É melhor pararmos de vadiar e trabalharmos. Nós temos um prazo a cumprir com este projeto", disse Brian para um colega de trabalho.
» Veja também **fool around (with)**.

HURRY UP (HURRIED - HURRIED / HURRYING)

› **to act or move more quickly** (agir mais rapidamente; apressar-se)
» "**Hurry up**! You're late for school!" Jimmy's mother told him.
"Vamos logo! Você está atrasado para a escola!", a mãe de Jimmy disse a ele.
» "We'd better **hurry up** if we want to get to the movie theater before the movie starts," Greg told his friends.
"É melhor nos apressarmos se quisermos chegar ao cinema antes de o filme começar", Greg disse a seus amigos.

INVITE OVER (INVITED - INVITED / INVITING)

› **to invite someone to come to your home** (convidar alguém para vir a sua casa)
» "Why don't we **invite** Clint and Sharon **over** for dinner next weekend?", Olivia asked her husband. "We haven't seen them for a while."
"Por que não convidamos Clint e Sharon para vir jantar em casa no próximo final de semana?", Olivia perguntou ao marido. "Nós não os vemos há algum tempo."

IRON OUT (IRONED - IRONED / IRONING)

1. to settle; to solve; to work out (resolver; acertar)

» "Let's schedule a meeting soon so we can **iron out** the details of the contract," Roger told Bill.
"Vamos marcar uma reunião em breve para acertarmos os detalhes do contrato", Roger disse para o Bill.

2. to use a flatiron to make cloth flat (passar a ferro; alisar)
» "I think you should **iron out** the wrinkles on your suit for your job interview tomorrow," Jeff advised a friend.
"Acho que você deveria alisar as rugas do seu terno para a sua entrevista de emprego amanhã", Jeff aconselhou um amigo.

JACK OFF (JACKED - JACKED / JACKING)

› **(vulgar) to masturbate, used to refer to men only** (masturbar-se, referindo-se apenas a homens; "bater punheta")
» "I bet Terry is locked in the bathroom **jacking off**," said Tim to his friends.
"Aposto que o Terry está trancado no banheiro batendo punheta", disse Tim para os amigos.
» Veja também **jerk off**.

JACK UP (JACKED - JACKED / JACKING)

1. to lift with a jack (levantar veículo com macaco)
» "We were lucky to have Barry around yesterday. He **jacked up** our car and changed the flat tire in no time," Arnold told Robin.
"Tivemos sorte de ter o Barry por perto ontem. Ele não demorou quase nada para levantar o nosso carro com o macaco e trocar o pneu furado", Arnold disse a Robin.

2. to increase a lot, esp. prices, rates etc. (aumentar bastante, esp. preços, taxas etc.)
» "Because of the sluggish economy, the mayor has **jacked up** taxes on practically everything," Howard told his visitors.
"Por causa da recessão, o prefeito aumentou os impostos de praticamente tudo", Howard contou a seus visitantes.

JERK OFF (JERKED - JERKED / JERKING)

› **(vulgar) to masturbate, used to refer to men only** (masturbar-se, referindo-se apenas a homens; "bater punheta")
» "I used to **jerk off** pretty often when I was a teenager," Jake told a friend.
"Eu batia muita punheta quando era adolescente", Jake contou para um amigo.
» Veja também **jack off**.

JOIN IN (JOINED - JOINED / JOINING)

> **to take part in** (juntar-se a outras pessoas; participar)
>> "We are just about to play a game of darts. Would you like to **join in**?" Ed invited Clint.
>> "Vamos começar um jogo de dardos. Você gostaria de participar?", Ed convidou Clint.

JOT DOWN (JOTTED - JOTTED / JOTTING)

> **to write down** (anotar)
>> "Let me **jot down** your new phone number so I can call you sometime soon," Jack told an old classmate he met at the mall.
>> "Deixe-me anotar o seu novo telefone para eu poder ligar para você em breve", Jack disse a um velho colega de escola que encontrou no shopping.
>> Veja também **write down**.

KEEP OFF (KEPT - KEPT / KEEPING)

1. **to not walk on something, esp. grass etc.** (não pisar em grama etc.; manter fora)
   >> "I've told you to **keep** that dog of yours **off** my lawn!" Mr. Johnson shouted to his neighbor.
   >> "Eu disse para você manter esse seu cachorro fora do meu gramado!", o sr. Johnson gritou para seu vizinho.
   >> Marlon and Hillary wished they could go into the park and sit on the grass, but there was a sign saying "**Keep off** the grass".
   >> Marlon e Hillary gostariam de poder entrar no parque e sentar na grama, mas havia uma placa dizendo: "Não pise na grama".

2. **to avoid eating, drinking or taking something that is bad for you** (evitar comer, beber ou tomar algo que não é bom para a pessoa)
   >> Jack's doctor advised him to **keep off** alcohol of any kind as it is not good for his liver.
   >> O médico de Jack o aconselhou a evitar todo tipo de álcool, porque não é bom para seu fígado.
   >> "You'd better **keep off** drugs or else you will get yourself killed in no time," Mick's best friend advised him.
   >> "É melhor você ficar longe das drogas, pois do contrário você vai se matar em pouco tempo", o melhor amigo de Mick o aconselhou.

KEEP ON (KEPT - KEPT / KEEPING)

> **to continue** (continuar)
>> Nick and Alice **kept on** dancing until the very end of the party.
>> Nick e Alice continuaram a dançar até o final da festa.
>> Sam was so interested in the documentary that he **kept on** watching it in spite of all the noise the children were making.
>> Sam estava tão interessado no documentário que continuou a assisti-lo apesar de todo o barulho que as crianças estavam fazendo.
>> Veja também **carry on** e **go on**.

>>> O verbo **keep**, sem a preposição **on** em frases do tipo **keep doing something**, tem o mesmo significado que o phrasal verb **keep on**.
>> Paul and Tim **kept** talking even though their teacher had politely asked them to stop.
>> Ou
>> Paul and Tim **kept on** talking even though their teacher had politely asked them to stop.
>> Paul e Tim continuaram a conversar embora o professor houvesse pedido educadamente que eles parassem.

KEEP OUT (KEPT - KEPT / KEEPING)

> **to not allow to enter** (não deixar entrar; manter fora)
>> After experiencing some problems, the nightclub owners decided to hire a bouncer to help **keep out** troublemakers.
>> Depois de terem tido alguns problemas, os donos da boate decidiram contratar um leão-de-chácara para ajudar a manter os encrenqueiros do lado de fora.
>> The sign on the door said "Authorized personnel only – **keep out**".
>> A placa na porta dizia: "Apenas pessoal autorizado – não entre".

KEEP UP (KEPT - KEPT / KEEPING)

1. to move or progress as fast as someone else (acompanhar o mesmo ritmo que outra pessoa)
>> While they were jogging, Tony asked Ray to slow down as he could not **keep up** with him.
>> Enquanto estavam correndo, Tony pediu a Ray que fosse devagar porque não conseguia acompanhar o ritmo dele.
>> The professor* told the class on their first day that if they didn't always do their homework it would be impossible to **keep up** with the workload throughout the semester.

*Ao contrário de teacher ("professor" em geral), a palavra **professor**, em inglês, refere-se apenas a docentes universitários.

O professor disse à classe no primeiro dia de aula que, se eles não fizessem sempre a lição de casa, seria impossível acompanhar a matéria durante o semestre.

2. to continue to do something, to maintain (continuar a fazer algo, manter)
- » "**Keep up** the good work!" our boss told us, trying to keep us motivated.
  "Continuem o bom trabalho!", nosso chefe nos disse, tentando nos manter motivados.
- » "If our monthly sales **keep up** like this, we will have a more profitable year than the last one," the sales manager told the other employees at the company.
  "Se nossas vendas mensais se mantiverem assim, teremos um ano mais lucrativo que o anterior", o gerente de vendas disse aos outros funcionários na empresa.

3. to keep updated (manter-se atualizado)
- » Glenn is a serious computer buff. He's always trying to **keep up** with the latest developments in software.
  Glenn é sério aficionado por computadores. Está sempre tentando se manter-se atualizado com as últimas novidades em software.

KEEP UP WITH (KEPT – KEPT / KEEPING)

› **to keep in touch with** (manter contato com alguém)
- » Ever since graduation, Pete says he's only managed to **keep up with** a few of his high school friends.
  Desde a formatura, Pete diz que conseguiu manter contato com poucos amigos do colegial.

KICK OFF (KICKED – KICKED / KICKING)

1. to start; to begin (começar; iniciar)
- » "I'd like to **kick off** this meeting by asking you why some of the managers are not attending," Sarah asked Bill.
  "Gostaria de começar perguntando por que alguns dos gerentes não estão participando desta reunião", Sarah perguntou ao Bill.

2. to force someone to leave a place (forçar alguém a sair de algum lugar)
- » Tom was **kicked off** the dance team for picking a fight with the D. J.
  Tom foi forçado a sair da equipe de dança por arrumar briga com o D.J.

3. to take off your shoes by shaking your feet (tirar os sapatos sacudindo os pés)
- » "As soon as I get home I like to **kick off** my shoes and slip on something more comfortable," Sally told Candice.
  "Assim que chego em casa eu gosto de chutar os sapatos fora e colocar uma roupa mais confortável", Sally contou para a Candice.

KICK OUT (KICKED - KICKED / KICKING)

- **to throw out; to expel; to force to leave** (expulsar; pôr para fora)
  - "Did you see the bouncer **kick** that guy **out**?", Fred asked a friend at the club.
    "Você viu o leão de chácara pondo aquele cara para fora?", Fred perguntou a um amigo na boate.
  - Veja também **throw out**.

KNOCK DOWN (KNOCKED - KNOCKED / KNOCKING)

1. to hit and cause to fall to the ground (bater e derrubar no chão)
  - The boxer easily **knocked down** his opponent in the third round of the fight.
    O boxeador derrubou facilmente seu adversário no terceiro assalto.
  - The fierce storm **knocked down** over twenty trees in the small town.
    A forte tempestade derrubou mais de vinte árvores na pequena cidade.
  - Compare com **knock out**.

  - Observe a diferença de significado entre os phrasal verbs **knock down** (bater e derrubar no chão) e **knock out** (bater e deixar inconsciente; nocautear).

2. to demolish (demolir)
  - It took the construction crew nearly two weeks to **knock down** the old house.
    Levaram-se quase duas semanas para o pessoal da obra demolir a casa velha.

KNOCK OFF (KNOCKED - KNOCKED / KNOCKING)

- **to lower a price; to give a discount** (abaixar o preço, dar um desconto)
  - The car salesman told Peter that since the car he wanted had a few scratches on the hood he could **knock off** one hundred dollars from the original price.
    O vendedor de carros disse a Peter que, como o carro que ele queria tinha alguns arranhões no capô, poderia dar um desconto de cem dólares sobre o preço original.

  - A expressão informal **knock it off** é usada para pedir a alguém que pare de perturbar, reclamar, brigar, fazer bagunça etc.
  - On seeing the ruckus his children were making when he arrived home, Jack told them to **knock it off** immediately.
    Ao ver a bagunça que os filhos estavam fazendo quando chegou em casa, Jack disse para eles pararem imediatamente.

  - Outra expressão informal, **cut it out**, formada a partir do phrasal verb **cut out**, também é usada no mesmo sentido que **knock it off**.
  - Veja também **cut out**.

KNOCK OUT (KNOCKED - KNOCKED / KNOCKING)

1. to hit and make someone unconscious (nocautear alguém)
- » "Jack is really a tough guy. Last week, I saw him get into a fight and **knock out** a guy with only one punch," Ron told his friends.
"Jack é um cara durão mesmo. Na semana passada, eu o vi entrar numa briga e nocautear um cara com um soco apenas", Ron disse a seus amigos.
- » Compare com **knock down**.

- »» Na forma adjetiva, **knockout** usa-se em **a knockout punch** or **a knockout blow**, significando um soco que deixa alguém inconsciente, a nocaute.

- »» Observe a diferença entre os phrasal verbs **knock out** (derrubar e deixar inconsciente; nocautear) e **knock down** (bater e derrubar no chão)

2. to impress someone greatly, to cause admiration (impressionar, causar admiração)
- » "That science fiction movie you told me about really **knocked** me **out**. Thanks for the tip," Jeff told his friend Luke.
"Aquele filme de ficção científica que você recomendou realmente me impressionou bastante. Obrigado pela dica", Jeff disse a seu amigo Luke.

- »» A frase **to be a knockout** significa "ser extremamente atraente".
- » "She is a real **knockout**. Just look at how gorgeous she is," Bill told his friend Jake as both of them looked at the girl in the pub.
"Ela é realmente muito atraente. Olhe só como é linda", Bill disse a seu amigo Jake enquanto ambos olhavam a garota no pub.

KNOCK UP (KNOCKED - KNOCKED / KNOCKING)

› **to make a woman pregnant** (engravidar uma mulher)
- » "I heard through the grapevine that Celine got **knocked up** by a friend from school," Bob told Hank.
"Ouvi dizer que a Celine engravidou de um colega da escola", Bob contou para o Hank.
- » Mr. Huxtable was quite upset when he found out his son had **knocked up** his girlfriend.
O sr. Huxtable ficou muito chateado quando descobriu que o filho havia engravidado a namorada.

LAY DOWN (LAID - LAID / LAYING)

1. to surrender; to give up (render-se; largar as armas)
  » The thieves were cornered and surrounded by lots of policemen, so they decided to **lay down** their arms and surrender.
  Os ladrões estavam encurralados e cercados por muitos policiais, então decidiram largar as armas e se render.

2. to lie down (deitar-se)
  » "I'm kind of tired. I think I need to **lay down** for a while," Rita told her husband.
  "Estou um pouco cansada. Acho que preciso deitar um pouco", Rita disse ao marido.
  » Veja também **lie down**.

LAY OFF (LAID - LAID / LAYING)

› **to stop employing, to dismiss from a job** (despedir, demitir de um emprego)
  » The factory manager says they are planning to **lay off** some employees as sales have dropped.
  O gerente da fábrica diz que estão planejando demitir alguns funcionários porque as vendas caíram.

noun form: **layoff:** temporary dismissal of a worker (demissão)
  » The paper factory is planning a major **layoff** at the beginning of next year.
  A fábrica de papel está planejando uma grande demissão no começo do ano que vem.

LAY OUT (LAID - LAID / LAYING)

1. to place or arrange something on a surface (colocar ou organizar algo sobre uma superfície)
  » Martha **laid out** all of her vacation photographs on the table so we could see them.
  Martha colocou todas as fotos de suas férias sobre a mesa para que pudéssemos ver.

2. to design according to a certain plan (projetar de acordo com um plano)
  » Diane told me the city she lives in looks so organized because it was carefully **laid out** when it was built.
  Diane me disse que a cidade onde ela mora parece tão organizada porque foi cuidadosamente projetada quando a construíram.
  » The planning commission decided to **lay out** a new park in the downtown section of the city.
  A comissão de planejamento decidiu projetar um novo parque na região central da cidade.

noun form: **layout:** a plan or design of something (projeto, esboço, layout)
» The architect showed the mayor a **layout** of what he thought the new building should look like.
O arquiteto mostrou ao prefeito um projeto de como ele imaginava que o novo prédio iria ficar.

LAY OVER (LAID - LAID / LAYING)

› **to make a stopover during a long trip** (fazer escala durante uma viagem longa)
» "We **laid over** for about two hours in Dallas," Meggy told Will.
"Nós fizemos escala de aproximadamente duas horas em Dallas", Meggy disse para o Will.
» Veja também **stop over**.

noun form: **layover:** a stop on a journey, especially one between flights; a stopover (escala)
» "We had a three-hour **layover** in Madrid before catching a flight to Vienna," Jack told a friend.
"Fizemos escala de três horas em Madri antes de pegar o voo para Viena", Jack contou para um amigo.
» Veja também **stopover**.

LEAN ON (LEANED - LEANED / LEANING)

› **to depend on someone's help or support** (apoiar-se em alguém; "contar com alguém")
» "If you ever need some help, you can always **lean on** me," Nick told Leo.
"Se você algum dia precisar de ajuda, poderá sempre contar comigo", Nick disse a Leo.
» Veja também **count on**, **rely on** e **depend on**.

LEAVE BEHIND (LEFT - LEFT / LEAVING)

1. **to not take something with you** (esquecer-se de pegar algo, deixar)
» Penny had to go back home to get her purse as she had **left** it **behind**.
Penny teve de voltar para casa para pegar a bolsa porque a havia esquecido lá.

2. **to go past a situation, to forget** (deixar para trás uma situação, "esquecer")
» Nancy told Emily to **leave** her troubles **behind** and go ahead with her life.
Nancy disse a Emily para esquecer seus problemas e tocar a vida adiante.

LEAVE OUT (LEFT - LEFT / LEAVING)

- **to fail to include, to omit** (deixar de incluir, omitir, "deixar fora")
  - "If I were you, I would **leave** that word **out** of the sentence as I think it is a little offensive," Edward told his friend Dick.
  "Se eu fosse você, omitiria aquela palavra da frase porque acho que ela é um pouco ofensiva", Edward disse a seu amigo Dick.

LET DOWN (LET - LET / LETTING)

- **to disappoint** (desapontar, decepcionar)
  - "I'm counting on you to help me with the arrangements for the party. Please don't **let** me **down**!" Liz told her friend Martha.
  "Estou contando com você para me ajudar com os preparativos para a festa. Por favor, não me decepcione!", Liz disse a sua amiga Martha.
  - "You'd better not **let** your parents **down** this semester. You should do your best to get good grades, and that should make them happy," Clint told Ted.
  "É melhor você não decepcionar os seus pais este semestre. Você deve fazer o melhor que puder para conseguir tirar boas notas, pois isso vai deixá-los feliz", Clint disse a Ted.

  noun form: **letdown:** disappointment (decepção)
  - Karen told her friend Sheila that her ex-boyfriend turned out to be a big **letdown**.
  Karen disse a sua amiga Sheila que seu ex-namorado se revelou uma grande decepção.

LET IN / INTO (LET - LET / LETTING)

- **to allow to enter** (deixar entrar)
  - "Open the window and **let** the sun **in**", Robin asked Brian. "It's kind of cold in here."
  "Abra a janela e deixe o sol entrar", Robin pediu a Brian. "Está meio frio aqui dentro."
  - "We still don't know why the immigration officers did not **let** Carol **into** the country," said Jeff.
  "Ainda não sabemos por que os funcionários do departamento de imigração não deixaram Carol entrar no país", disse Jeff.

  - O phrasal verb **let into** deve vir acompanhado do local onde se está deixando entrar. Compare as duas sentenças abaixo:
  - "I told you not to **let** the dog **into** the kitchen," said Mary.
  "Eu disse para você não deixar o cachorro entrar na cozinha", disse Mary.
  Ou
  - "I told you not to **let** the dog **in.** It'll make a mess in the kitchen," said Mary.
  "Eu disse para você não deixar o cachorro entrar. Ele vai fazer uma bagunça na cozinha", disse Mary.

LET IN ON (LET - LET / LETTING)

› **to share, esp. a secret, with someone** (contar, esp. segredo, a alguém)
  » When everybody had left the party, Martha asked me if she could trust me because she would like to **let** me **in on** a secret.
  Quando todos tinham saído da festa, Martha me perguntou se ela podia confiar em mim, porque gostaria de me contar um segredo.

LET OFF (LET - LET / LETTING)

1. to not punish (não castigar, perdoar, "deixar passar")
  » When the teacher caught Fred cheating on the test, he told him he would **let** him **off** if he promised not to do it again.
  Quando o professor pegou Fred colando, disse que não iria castigá-lo se ele prometesse não fazer aquilo de novo.

2. to excuse from a duty or task (livrar alguém de uma obrigação ou tarefa)
  » "I wish our coach would **let** me **off** practice today as I'm not feeling very well," Daniel told his classmates.
  "Eu gostaria que o nosso técnico me deixasse livre do treino hoje, porque não estou me sentindo muito bem", Daniel disse a seus colegas de classe.

3. to allow a passenger to leave a vehicle (deixar um passageiro sair de um veículo)
  » "Could you **let** me **off** on the next corner, please?" Tim asked the driver.
  "O senhor poderia me deixar descer na próxima esquina, por favor?", Tim pediu ao motorista.
  » Veja também **drop off**.

4. to fire a gun; to bomb (disparar uma arma; explodir, detonar uma bomba)
  » During the demonstration, someone **let off** a shot, and everybody started running desperately trying to protect themselves.
  Durante a manifestação, alguém disparou um tiro, e todo mundo começou a correr desesperadamente, tentando se proteger-se.
  » So many bombs have been **let off** by both Palestinian and Israeli ever since they started to fight, that it is difficult to keep track of them.
  Tantas bombas têm sido detonadas por palestinos e israelenses desde que eles começaram a brigar, que é difícil manter registro.

LET OUT (LET - LET / LETTING)

1. to allow to go outside or leave (deixar sair)
  » "Why don't you **let** the dog **out** for a while? I think it is impatient and needs to play outside a little," Barry's father told him.

"Por que você não deixa o cachorro sair um tempinho? Acho que ele está impaciente e precisa brincar um pouco lá fora", o pai de Barry disse a ele.

2. to allow to become known (revelar, "deixar escapar")
» When Henry realized he had **let out** important information to the competitors, it was already too late.
Quando Henry percebeu que tinha deixado escapar informações importantes para os concorrentes, já era tarde demais.
» News of the merger between the two companies was **let out** this morning.
Notícias da fusão entre as duas empresas foram reveladas esta manhã.

3. to make a sound, esp. a cry, laughter etc. (soltar um grito, uma risada, etc.)
» Brad **let out** a cry of pain when the soccer ball accidentally hit him in the face during the game.
Brad soltou um grito de dor quando a bola de futebol acidentalmente lhe atingiu a cabeça durante o jogo.
» Greg **let out** such a loud laugh when he heard the joke that everybody in the room turned to look at him.
Greg soltou uma gargalhada tão alta quando ouviu a piada que todos na sala se viraram para olhar para ele.

LET UP (LET - LET / LETTING)

› **to lessen or stop, esp. bad weather** (parar, diminuir, melhorar, ref. a condições meteorológicas)
» Gary's father told him they would not travel today if the heavy rain didn't **let up** a little.
O pai de Gary disse a ele que não viajariam hoje se a chuva forte não diminuísse um pouco.
» "If the snow doesn't **let up**, we will never make it home in time to see the game on TV," Don told Ray.
"Se a neve não parar, nunca vamos conseguir chegar em casa a tempo de assistir ao jogo na TV", Don disse a Ray.

LEVEL WITH (LEVELED - LEVELED / LEVELING)

› **to be honest with someone** (ser franco com alguém)
» "I need you to **level with** me please. What on earth is happening in your department?", Fred asked a co-worker.
"Preciso que você seja franco comigo, por favor. Afinal, o que está acontecendo no seu departamento?", Fred perguntou a um colega de trabalho.

- » "O.k., I'll **level with** you. We won't be able to meet the deadline for the project," Roger told Nick.
- » "O.k., vou ser franco com você. Não vamos conseguir cumprir o prazo deste projeto", Roger disse para o Nick.

LIE DOWN (LAY - LAIN / LYING)

> **to take a lying position, esp. to sleep or rest** (deitar-se)
> - » Jack felt so tired after the hockey game that he wanted to go home and **lie down** for a while.
>   Jack sentia-se tão cansado depois do jogo de hóquei que queria ir para casa e deitar-se um pouco.
> - » Veja também **lay down**.

LIGHT UP (LIT - LIT / LIGHTING)

1. to illuminate (iluminar)
- » A floodlight is a kind of powerful light used to **light up** stadiums, gyms and other large places.
  O holofote é um tipo de luz forte usada para iluminar estádios, ginásios e outros lugares amplos.

2. to light a cigarette, a cigar, candles etc. (acender um cigarro, um charuto, velas etc.)
- » Brad took a cigarette from the pack, **lit** it **up** and took a long puff.
  Brad pegou um cigarro do maço, acendeu-o e deu uma longa baforada.

- »» O verbo **to light** sem a preposição **up** também significa "acender".
- » Charles usually likes to **light** a cigar and talk to his wife after dinner.
  Ou
- » Charles usually likes to **light up** a cigar and talk to his wife after dinner.
  Charles em geral gosta de acender um charuto e conversar com a esposa depois do jantar.

LINE UP (LINED - LINED / LINING)

1. to form a line; to make into a line (formar uma fila, fazer fila, enfileirar)
- » The sergeant told his troops to **line up** and prepare to march.
  O sargento mandou seus soldados formarem uma fila e se prepararem para marchar.
- » Barry only realized how much he had drunk at the end of the party when his friends **lined up** the empty beer bottles on the table and he counted them.
  Barry só percebeu quanto tinha bebido ao final da festa quando seus amigos enfileiraram as garrafas vazias de cerveja na mesa e ele as contou.

2. to organize or arrange for something to happen (organizar, arrumar, agendar)
» Richard says that before he moves to Chicago he wants to have a job **lined up** there.
Richard diz que, antes de se mudar para Chicago, quer já ter arrumado um emprego lá.

LIVE OFF (LIVED - LIVED / LIVING)

› **to receive one's income from** (viver de, viver à custa de)
» Even though Phillip is a grown-up man living on his own, he still **lives off** his parents.
Embora Phillip seja adulto e more sozinho, ele ainda vive à custa dos pais.

LIVE ON (LIVED - LIVED / LIVING)

1. to live on a particular amount of money (viver com uma quantidade determinada de dinheiro)
» It was hard for Rick to **live on** only six hundred dollars a month back when he was going to college and had a part-time job in a bookshop.
Foi difícil para Rick viver com apenas seiscentos dólares por mês na época em que fazia faculdade e tinha um emprego de meio período numa livraria.

2. to feed on (viver de, alimentar-se de)
» Alice is a real health nut. She **lives on** vegetables and fresh fruits.
Alice é fanática pela saúde. Ela vive de legumes e frutas frescas.

3. to continue to exist or live, esp. a memory, reputation, fame etc. (continuar a existir ou viver, esp. uma lembrança, reputação, fama etc.)
» Ayrton Senna's reputation as an excellent race car driver will **live on** forever.
A reputação de Ayrton Senna como excelente piloto de corridas estará sempre viva.

LIVE UP (LIVED - LIVED / LIVING)

› **to enjoy life** ("live it up") (divertir-se, aproveitar a vida)
» After working hard for over thirty years, Dr. Harris thinks it's about time he **lived it up** a little.
Após ter trabalhado bastante por mais de trinta anos, o dr. Harris acha que está na hora de aproveitar um pouco a vida.

LIVE UP TO (LIVED - LIVED / LIVING)

› **to correspond to one's expectations** (corresponder às expectativas, fazer jus a)
» "The hotel we picked out from an Internet site was nice, but it didn't **live up to** our expectations," Marsha told her friend Ingrid.

"O hotel que escolhemos num site era legal, mas não correspondeu às nossas expectativas", Marsha contou a sua amiga Ingrid.
» Dick **lives up to** his fame as a womanizer. He hits on every woman he lays eyes on.
Dick faz jus à fama de mulherengo. Ele dá em cima de toda mulher que vê.

LIVEN UP (LIVENED - LIVENED / LIVENING)

› **to make more lively and interesting** (animar, alegrar, tornar mais interessante)
  » Gary was the one who had the great idea to hire a band to **liven up** the party.
  Foi Gary que teve a ótima ideia de contratar uma banda para alegrar a festa.

LOCK OUT (LOCKED - LOCKED / LOCKING)

1. **to prevent someone from entering by locking the door** (trancar a porta para impedir que alguém entre)
   » By the time Terry finally came back home late at night and drunk, he found out that his wife had **locked** him **out.**
   Quando Terry finalmente voltou para casa tarde da noite e bêbado, ele descobriu que a esposa o havia trancado do lado de fora.

2. **to prevent workers from entering a place of work until a disagreement is settled** (impedir a entrada de funcionários no local de trabalho até que eles aceitem um acordo)
   » The management of the company told the workers that if they do not agree to their terms they will be **locked out** indefinitely.
   A gerência da empresa disse aos funcionários que se eles não concordarem com as suas condições, serão impedidos de entrar na empresa indefinidamente.

noun form: **lockout:** refusal by a company to allow workers to come to work until they accept the company's terms (locaute)
» Just when the employees were planning to go on a strike over a dispute with the company, the board of directors decided on a **lockout.**
Justamente quando os funcionários estavam planejando entrar em greve por causa de um disputa com a empresa, os diretores decidiram fazer um locaute.

LOCK UP (LOCKED - LOCKED / LOCKING)

1. to lock all the doors and windows of a house etc. (trancar todas as portas e janelas de uma casa etc.)
» After the recent robberies that have occurred in Mrs. Johnson's neighborhood, she always makes sure she **locks up** her house as soon as it gets dark.
Após os assaltos recentes que têm ocorrido na vizinhança da sra. Johnson, ela sempre se certifica de trancar todas as portas e janelas de sua casa assim que escurece.

2. to lock, to keep in a safe place (trancar, guardar em lugar seguro)
» The director of the bank **locks up** his most important files in his personal safe.
O diretor do banco guarda seus arquivos mais importantes em seu cofre pessoal.

3. to place or keep someone in jail (prender, "colocar atrás das grades")
» The sheriff told the press that tracking down the rapist and **locking** him **up** was only a matter of time.
O delegado disse à imprensa que encontrar o estuprador e colocá-lo atrás das grades era apenas questão de tempo.

LOG OFF (LOGGED - LOGGED / LOGGING)

› **to finish using a computer system** (sair de um sistema de computadores)
» "Don't forget to back up all the files you worked on today before you **log off**," Neil reminded his new assistant.
"Não se esqueça de fazer backup de todos os arquivos nos quais você trabalhou hoje antes de sair do sistema", Neil lembrou seu novo assistente.
» After a hard day's work sitting in front of his computer screen, Jim decided to call it a day and **log off.**
Depois de um dia duro de trabalho sentado em frente ao monitor de seu computador, Jim decidiu parar por ali e sair do sistema.
» Veja também o antônimo **log on/onto**.

››› O phrasal verb **log out** tem o mesmo significado de **log off**.

LOG ON / ONTO (LOGGED - LOGGED / LOGGING)

› **to gain access to a computer system by typing in a password** (acessar um computador digitando uma senha; "entrar" num sistema, Internet etc.)
  » Andy told Kate he could not **log on** because he had forgotten his password.
    Andy disse a Kate que não conseguiu entrar no sistema porque tinha esquecido sua senha.
  » "Kids are so smart these days. My four-year old can already **log onto** the Internet by himself!" Bill told his friend Sam.
    "As crianças são tão espertas hoje em dia. Meu filho de quatro anos já sabe entrar na Internet sozinho!", Bill disse a seu amigo Sam.
  » Veja também o antônimo **log off**.

  ››› O phrasal verb **log in /into** tem o mesmo significado de **log on/onto**.

LONG FOR (LONGED - LONGED / LONGING)

› **to desire; to yearn for; to crave for; to want something very much** (ansiar por alguma coisa; desejar muito)
  » Harry had been abroad for so long and he **longed for** his hometown and old friends.
    Harry tinha estado longe por tanto tempo e ansiava pela sua cidade natal e velhos amigos.

LOOK AFTER (LOOKED - LOOKED / LOOKING)

› **to take care of** (cuidar de)
  » Dr. Moore needs to find someone she can trust to **look after** her kids while she is away on a medical congress in Canada.
    A dra. Moore precisa achar alguém em que possa confiar para cuidar de seus filhos enquanto estiver num congresso médico no Canadá.
  » Veja também **watch over**.

LOOK AROUND (LOOKED - LOOKED / LOOKING)

1. **to look in all directions around you** (olhar ao redor)
   » "Hey, stop whining about your life! If you **look around** you, you'll see you are not the only one who has problems!" Steve told his friend Bernie.
     "Ei, pare de reclamar da vida! Se você olhar ao redor, verá que não é o único que tem problemas!", Steve disse a seu amigo Bernie.

2. **to try to find by looking in different locations, to search** (tentar encontrar olhando em lugares diferentes, procurar)

» "If you are so dissatisfied with your present job, you'd better start **looking around** for a new one," Sandra told her friend Louise.
"Se você está tão insatisfeita com o seu emprego atual, é melhor começar a procurar outro", Sandra disse a sua amiga Louise.

LOOK AT (LOOKED - LOOKED / LOOKING)

› **to direct one's eyes toward something or someone** (ver, olhar para alguém ou algo)
» Phil says that Heather is very vain and that she **looks at** herself in the mirror about a thousand times a day!
Phil diz que a Heather é muito vaidosa e que ela se olha no espelho umas mil vezes por dia!
» "I'd like to **look at** the menu before I order," Jane told the waitress.
"Eu gostaria de olhar o cardápio antes de fazer o pedido", Jane disse à garçonete.

LOOK BACK (ON) (LOOKED - LOOKED / LOOKING)

› **to think about the past, to reminisce** (pensar sobre o passado, recordar-se)
» Peter **looks back on** his childhood as the happiest time of his life.
Peter recorda-se de sua infância como o período mais feliz de sua vida.
» "**Looking back,** I don't regret anything I have done," said Michael.
"Quando penso sobre o passado, não me arrependo de nada do que fiz", disse Michael.

LOOK DOWN ON (LOOKED - LOOKED / LOOKING)

› **to consider someone inferior, to despise someone** (considerar alguém inferior, desprezar alguém)
» Nancy hates the way Priscilla **looks down on** people as if she was superior just because she is a rich girl.
Nancy odeia a maneira que Priscilla despreza as pessoas como se ela fosse superior só porque é uma garota rica.
» Veja também o antônimo **look up to**.

LOOK FOR (LOOKED - LOOKED / LOOKING)

› **to try to find someone or something** (procurar alguém ou alguma coisa)
» "Where have you been? I've been **looking for** you all over the place!" Susan told her friend Catherine when she finally found her.
"Onde você estava? Procurei por você em todos os lugares!", Susan disse a sua amiga Catherine quando finalmente a encontrou.

- » "Could you help me **look for** my keys?", Ray asked his friend Burt. "I don't remember where I left them."
  "Você poderia me ajudar a procurar minhas chaves?", Ray pediu a seu amigo Burt. "Não lembro onde as deixei."

LOOK FORWARD TO (LOOKED - LOOKED / LOOKING)

› **to expect with pleasure** (aguardar ansiosamente; "não ver a hora de")
  - » Paul told his friend Dennis that he was **looking forward to** his trip to Hawaii, where he was supposed to take part in a kung-fu tournament.
    Paul disse a seu amigo Dennis que estava aguardando ansiosamente sua viagem ao Havaí, onde deveria participar de um torneio de kung-fu.
  - » Since he has been abroad for about a year, Terry is **looking forward to** seeing his family and friends again.
    Como está no exterior há aproximadamente um ano, Terry não vê a hora de reencontrar a família e os amigos.

LOOK INTO (LOOKED - LOOKED / LOOKING)

› **to examine carefully, to investigate** (examinar cuidadosamente, analisar, investigar)
  - » Harold's lawyer promised to **look into** the case and give him his opinion soon.
    O advogado de Harold prometeu analisar o caso e lhe dar seu parecer em breve.

LOOK LIKE (LOOKED - LOOKED / LOOKING)

› **to resemble** (parecer-se com)
  - » "Did you ever notice how much Peter **looks like** our friend Matt?" Brian asked us.
    "Vocês já notaram como o Peter se parece com o nosso amigo Matt?", Brian nos perguntou.
  - » "Tom's the spitting image of his father. He **looks** just **like** him!" Paul told us.
    "Tom é a cara do pai. É igualzinho a ele!", Paul nos contou.

LOOK OUT (LOOKED - LOOKED / LOOKING)

› **to be careful, to be cautious of** (tomar cuidado, prestar atenção)
  - » "**Look out**, there are cars coming from both sides!" my friend Leslie told me as I was just about to get across the street.
    "Tome cuidado, há carros vindo dos dois lados!", minha amiga Leslie me disse quando eu estava prestes a atravessar a rua.
  - » Veja também **watch out**.

LOOK OUT FOR (LOOKED - LOOKED / LOOKING)

1. to take care of, to protect (cuidar de, proteger)
   » Barry and Tim are very good friends, and they always **look out for** each other.
   Barry e Tim são muito bons amigos, e eles sempre cuidam um do outro.
   » Veja também **watch out for**.

2. to be careful with someone or something, to be alert (tomar cuidado com alguém ou com alguma coisa, ficar alerta)
   » "**Look out for** animals crossing the road at night. There have been a few accidents recently!" our friend Gerald warned us before we set off on our trip.
   "Tomem cuidado com animais que atravessam a estrada à noite. Tem havido alguns acidentes recentemente!", nosso amigo Gerald nos alertou antes de iniciarmos nossa viagem.
   » Veja também **watch out for**.

3. to keep watching in order to see, to be attentive (ficar atento a, procurar atentamente)
   » After Mary's baby was discharged from the hospital, the doctor told her to **look out for** any strange behavior and call him if she felt she needed to.
   Depois que o bebê de Mary teve alta do hospital, o médico disse a ela para ficar atenta a qualquer comportamento estranho e telefonar para ele se achasse necessário.
   » Veja também **watch out for**.

LOOK OUT ON (LOOKED - LOOKED / LOOKING)

› **to face, to overlook** (dar vista para)
   » Lucy's friends have a big house that **looks out on** the sea.
   Os amigos de Lucy têm uma casa grande com vista para o mar.
   » Emily's bedroom window **looks out on** a beautiful garden with lots of different flowers.
   A janela do quarto de Emily dá vista para um lindo jardim com muitas flores diferentes.

LOOK OVER (LOOKED - LOOKED / LOOKING)

› **to look at or examine quickly** (olhar ou examinar rapidamente)
   » Todd **looked over** Harry's report and found it to be really good.
   Todd olhou rapidamente o relatório do Harry e o achou muito bom.

LOOK TO (LOOKED - LOOKED / LOOKING)

1. to expect or plan to do something; to hope (esperar fazer algo; planejar fazer algo)
   » "We're **looking to** boost sales for the next quarter," said Tim to a coworker.
   "Estamos esperando aumentar as vendas para o próximo trimestre", disse Tim para um colega de trabalho.

» "Is it true you're now **looking to** diversify and start selling camping gear at your stores as well?", Mr. Jones asked Roger.
"É verdade que vocês estão planejando diversificar e começar também a vender equipamento de camping nas suas lojas?", o sr. Jones perguntou ao Roger.

2. to expect someone to provide something (esperar que alguém forneça algo)
» Children often **look to** their parents for help and guidance.
As crianças frequentemente esperam que os pais lhe deem ajuda e orientação.

LOOK UP (LOOKED - LOOKED / LOOKING)

1. to look for information in a dictionary, phonebook, Internet etc. (procurar informação em dicionário, lista telefônica, Internet etc.)
» As Nancy wasn't sure how to spell the word "ambiguous", she had to **look** it **up** in a dictionary.
Como Nancy não tinha certeza de como se escreve a palavra "ambíguo", ela teve de procurá-la num dicionário.
» The computer teacher asked his students to **look up** some information about Venezuela on the Internet.
O professor de computação pediu a seus alunos que procurassem alguma informação sobre a Venezuela na Internet.

2. to raise one's eyes and look (erguer os olhos, olhar para o alto)
» Jim looked so interested in the book he was reading that he answered his wife's questions without **looking up** from it.
Jim parecia tão interessado no livro que estava lendo que ele respondeu às perguntas da esposa sem levantar os olhos.

3. to get better, to improve (melhorar)
» After a period of sluggish sales, things seem to be finally **looking up** for Mr. Wilcox's company.
Depois de um período de poucas vendas, as coisas parecem estar finalmente melhorando para a empresa do sr. Wilcox.

4. to find and visit someone when in the neighborhood (visitar alguém quando estiver por perto)
» "If you are ever in Toronto, make sure you **look** me **up**. It will be a pleasure to see you again!" Jack told Mike before leaving New York.
"Se você alguma vez passar por Toronto, não deixe de me visitar. Será um prazer revê-lo!", Jack disse a Mike antes de deixar Nova York.

141

LOOK UP TO (LOOKED - LOOKED / LOOKING)

› **to respect or admire someone** (respeitar ou admirar alguém)
  » Most Brazilians **look up to** Ayrton Senna as the greatest race car driver we have ever had.
    A maioria dos brasileiros admira Ayrton Senna como o melhor piloto de corrida que já tivemos.
  » Veja também o antônimo **look down on**.

LOOSEN UP (LOOSENED - LOOSENED / LOOSENING)

1. to be more relaxed; to become less serious or tense (descontrair; relaxar)
  » "You need to **loosen up** a bit man! There's no need to worry," Fred told Steve.
    "Você precisa descontrair um pouco, cara! Não há com o que se preocupar", Fred disse para o Steve.

2. to exercise one's muscles before doing physical activity; to warm up (exercitar os músculos antes de atividade física; fazer aquecimento para preparar-se para atividade física)
  » "I always try to **loosen up** a little before I go jogging," Dave told a friend.
    "Eu sempre procuroe fazer um pouco de aquecimento antes de correr", Dave disse para um amigo.
  » "You'd better **loosen up** your arms and legs before you go jogging," the coach advised Ryan.
    "É melhor você aquecer os músculos dos braços e das pernas antes de correr", o treinador aconselhou Ryan.
  » Veja também **warm up**.

LUCK OUT (LUCKED - LUCKED / LUCKING)

› **to be lucky; to have luck in a situation** (ter sorte; "dar sorte")
  » "Wow, seems like we **lucked out** and got the two last tickets to the show!", Fred told Will.
    "Nossa, parece que demos sorte e conseguimos os dois últimos ingressos para o show", Fred disse para o Will.

LUST AFTER (LUSTED - LUSTED / LUSTING)

› **to have a strong sexual desire for someone** (ter muita atração sexual por alguém; cobiçar)
  » It was plain to see that Tony was **lusting after** his secretary, even though he'd always denied it.
    Estava na cara que o Tony tinha muita atração sexual pela secretária, mesmo embora ele negasse o fato.

MAJOR IN (MAJORED - MAJORED / MAJORING)

› **to study as the main subject, to graduate in** (formar-se em, graduar-se em)
  » After she finishes high school, Sally plans to go on to college and **major in** psychology.
  Depois que terminar o colegial, Sally planeja ir para a faculdade e graduar-se em psicologia.

MAKE OF (MADE - MADE / MAKING)

› **to understand, to think, to interpret** (entender, achar, interpretar)
  » We never know what to **make of** our friend Mick's weird comments.
  Nunca sabemos como interpretar os comentários estranhos de nosso amigo Mick.

  »› A forma passiva **to be made of** apresenta o significado "ser feito de".
  » Most surfboards **are** made **of** fiberglass these days.
  A maioria das pranchas de surfe é feita de fibra de vidro hoje em dia.

MAKE OUT (MADE - MADE / MAKING)

1. to manage to see or hear, to distinguish (conseguir ver ou ouvir, distinguir)
  » "It was so noisy at the party that I could hardly **make out** what Emily was trying to tell me," said Ray.
  "Estava tão barulhento na festa que eu mal podia ouvir o que Emily estava tentando me dizer", disse Ray.
  » "I could not **make out** the writing on the wall because it was too dark," Robin told Tim.
  "Não consegui ver o que estava escrito na parede porque estava escuro demais", Robin contou a Tim.

2. to write a check, a receipt etc. (preencher cheque, recibo etc.)
  » Since Mike didn't have any cash, he **made out** a check to pay for his gas at the gas station.
  Como Mike não tinha dinheiro, ele fez um cheque para pagar a gasolina no posto.

3. to kiss and touch someone in a passionate way (beijar e tocar alguém de uma forma passional, "malhar")
  » "There were lots of couples **making out** at the disco last night," Josh told his friends.
  "Havia muitos casais "malhando" na discoteca ontem à noite", Josh contou a seus amigos.

MAKE UP (MADE - MADE / MAKING)

1. to invent a story, an excuse etc. (inventar história, desculpa etc.)
» Our teacher is sick and tired of Marvin always **making up** lame excuses to avoid doing his homework.
Nossa professora está cheia de o Marvin sempre inventar desculpas esfarrapadas para evitar fazer a lição de casa.
» "If I were you, I wouldn't believe Rick. He's always **making** things **up**," said Liza.
"Se eu fosse você, não acreditaria no Rick. Ele está sempre inventando coisas", disse Liza.

2. to reconcile, to become friends again after an argument (reconciliar-se, fazer as pazes)
» "After their big fight, I thought Brenda and Stuart were going to break up for good, but they have already **made up**," Sophie told her friends.
"Depois da briga feia deles, achei que Brenda e Stuart iriam se separar para sempre, mas já fizeram as pazes", Sophie contou a suas amigas.
» "Even though Mark cheated on Lisa, she forgave him, and they have since **made up** and are back together again," Sharon told Kate.
"Embora Mark tenha traído a Lisa, ela o perdoou, e desde então eles se reconciliaram e estão juntos de novo", Sharon contou a Kate.
» Veja também **patch up**.

3. to put on cosmetics, to put make-up on (maquiar-se)
» Cheryl worries too much about her looks. She never leaves home without first **making** herself **up**.
Cheryl se preocupa demais com a aparência. Nunca sai de casa sem primeiro se maquiar.
» Billy looked really funny after his mother **made** him **up** as a clown for the costume party.
Billy ficou realmente engraçado depois que a mãe o maquiou como palhaço para a festa à fantasia.

noun form: **make-up:** cosmetics applied to the face to improve the appearance (maquiagem)
» Patty is only seventeen, but she looks older than she really is because she wears a lot of **make-up**.
Patty só tem dezessete anos, mas parece mais velha do que realmente é porque usa bastante maquiagem.

4. to comprise, to constitute (constituir, formar)
» Juan told me that while he was in London to study English, his class was **made up** of students from all over the world, including China and Japan.
Juan me disse que, quando esteve em Londres para estudar inglês, sua classe era formada de alunos de todas as partes do mundo, inclusive do Japão e da China.

- » "Are you sure that women **make up** over 60% of our country's population?" Don asked Greg.
  "Você tem certeza de que as mulheres constituem mais de 60% da população de nosso país?", Don perguntou a Greg.

5. to compensate for time taken off work (compensar tempo ausente do trabalho)
- » "Is it all right if I take next Monday off and **make** it **up** later?" Hillary asked her boss.
  "Tudo bem se eu não trabalhar na próxima segunda e compensar depois?", Hillary perguntou a seu chefe.
- » Harry's boss said that he will have to work one hour more a day for at least a week in order to **make up** the time he had been absent.
  O chefe de Harry disse que ele terá de trabalhar uma hora a mais por dia durante pelo menos uma semana para compensar o tempo que esteve ausente.
- » Veja também **make up for**.

- »» A expressão **make it up to someone** é utilizada no sentido de retribuir um favor ou compensar alguém por algo errado que se tenha feito.
- » Sheila apologized to Helen for the inconvenience she had caused and said she would find a way **to make it up to her**.
  Sheila pediu desculpas a Helen pela inconveniência que tinha causado e disse que encontraria alguma forma de compensá-la.

- »» **Make up one's mind** (decidir-se) e **one's mind is made up** (estar decidido, ter tomado uma decisão) são expressões bastante usuais formadas a partir do phrasal verb **make up**.
- » Rita and Joe still **haven't made up** their minds about where they are going to spend their next vacation.
  Rita e Joe ainda não decidiram onde vão passar suas próximas férias.
- » "My mind is **made up**. I'm quitting this job today. I can't stand it anymore!" said Frank.
  "Minha decisão está tomada. Vou largar este emprego hoje. Não o suporto mais!", disse Frank.

MAKE UP FOR (MADE - MADE / MAKING)

- › **to compensate for** (compensar por alguma coisa, reparar algum erro)
  - » Barry tried hard to be nicer than usual to Kate to **make up for** his rude behavior the night before.
    Barry se esforçou em ser mais agradável do que o normal com Kate para compensar por seu comportamento grosseiro da noite anterior.
  - » As Jeff had forgotten to pick up his wife at work, he bought her some flowers to try to **make up for** his mistake.
    Como Jeff tinha esquecido de pegar a esposa no trabalho, ele comprou algumas flores para ela para tentar reparar o erro.

MARK DOWN (MARKED - MARKED / MARKING)

1. to reduce the price of goods etc. (abaixar o preço de produtos etc.)
- » In an attempt to increase sales, that department store has **marked down** prices by 20%.
  Na tentativa de aumentar as vendas, aquela loja de departamentos abaixou os preços em 20%.
- » Nick was sure glad to find out that the shirts that he wanted to buy had been **marked down** from eighty-five to fifty-five dollars.
  Nick ficou realmente contente ao descobrir que as camisas que ele queria comprar tinham abaixado de 85 para 55 dólares.
- » Veja também o antônimo **mark up**.

noun form: **markdown:** a reduction in price (redução de preço, desconto)
- » The store's **markdown** on all clothing left everything at nearly 50% off.
  A redução de preços da loja deixou todas as roupas com aproximadamente 50% de desconto.
- » Veja também o antônimo **markup**.

2. to give a lower mark or grade (dar nota mais baixa, descontar pontos)
- » "I can't believe your teacher **marked** your paper **down** because you forgot to include bibliography," Fred told Rick.
  "Não acredito que o seu professor descontou pontos do seu trabalho porque você esqueceu de incluir a bibliografia", Fred disse a Rick.

MARK UP (MARKED - MARKED / MARKING)

› to increase the price of goods etc. (aumentar o preço de produtos etc.)
- » Even though the price of gasoline has just been increased, the government is threatening to **mark** it **up** again in the next few months.
  Embora o preço da gasolina tenha acabado de subir, o governo está ameaçando aumentá-lo de novo nos próximos meses.
- » Veja também o antônimo **mark down**.

noun form: **markup:** an increase in price (aumento de preço, reajuste)
- » The **markup** on oil prices has affected the price of gasoline throughout the world.
  O reajuste dos preços do petróleo afetou o preço da gasolina no mundo todo.
- » Veja também o antônimo **markdown**.

MAX OUT (MAXED - MAXED / MAXING)

› to use something to the limit, esp. a credit card (atingir o limite de algo, em especial um cartão de crédito)

» "Frank said he **maxed out** his credit card on his vacation trip to the Bahamas," Maggy told her friends.
"O Frank disse que atingiu o limite do cartão de crédito em sua viagem de férias a Bahamas", Maggy contou às amigas.

MEET UP WITH (MET - MET / MEETING)

> **to meet someone** (encontrar-se com alguém, reunir-se)
> » "I've arranged to **meet up with** some friends at a bar tonight. Would you like to come along?" Frank asked his friend Stewart.
> "Eu combinei de me encontrar com alguns amigos num bar hoje à noite. Você gostaria de vir junto?", Frank perguntou a seu amigo Stewart.

»» O verbo **meet** tem o mesmo significado do phrasal verb **meet up with**.
» Arnold **met** a friend he hadn't seen in years at the mall yesterday.
Ou
» Arnold **met up with** a friend he hadn't seen in years at the mall yesterday.
Ontem, no shopping, Arnold encontrou um amigo que ele não via havia anos.

MEET WITH (MET - MET / MEETING)

> **to have a meeting with** (ter reunião com)
> » The board of directors will **meet with** the shareholders this afternoon to explain to them why the company's profits have been going down and present the new strategy to boost sales.
> A diretoria vai ter uma reunião com os acionistas hoje à tarde para explicar a eles por que os lucros da empresa têm diminuído e apresentar a nova estratégia para aumentar as vendas.

MESS AROUND (WITH) (MESSED - MESSED / MESSING)

1. **to spend time foolishly** (não fazer nada, vagabundear)
   » When one of the custodians caught Bill and Joe **messing around** in the school bathroom, he told them he would report them to the school's principal if he ever saw them there again.
   Quando um dos vigias pegou Bill e Joe vagabundeando no banheiro da escola, ele lhes disse que iria denunciá-los ao diretor da escola se os visse novamente por lá.
   » Veja também **fool around (with)**.

2. **to have an affair with someone who is married** (ter caso com alguém casado)
   » "If I were you, I would not **mess around with** someone else's wife," Fred advised Bill.
   "Se eu fosse você, não teria um caso com a mulher dos outros", Fred aconselhou Bill.
   » Veja também **fool around (with)**.
   » Compare com **cheat on**.

MESS UP (MESSED - MESSED / MESSING)

> **to spoil, to damage or disorder something** (estragar, arruinar, bagunçar)
>> "We'd better leave Andy out of it. Last time we counted on him, he **messed up** our plans completely," Reggie told his friends.
>> "É melhor deixarmos o Andy fora disso. Da última vez que contamos com ele, ele estragou completamente nossos planos", Reggie disse a seus amigos.
>> "I don't want the children playing in my bedroom. They always **mess** it **up** when they play there," Natalie told the baby-sitter just before going out to the theater with her husband.
>> "Eu não quero que as crianças brinquem no meu quarto. Elas sempre o bagunçam quando brincam lá", Natalie disse à babá antes de sair para ir ao teatro com o marido.

MESS WITH (MESSED - MESSED / MESSING)

> **to get involved with someone or something dangerous** (envolver-se com alguém ou algo perigoso, "meter-se com")
>> "If I were you, I wouldn't **mess with** that kind of people. They are dangerous, and you never know what they might do," Tim told his friend Bob.
>> "Se eu fosse você, não me meteria com esse tipo de gente. Eles são perigosos, e você nunca sabe o que podem fazer", Tim disse a seu amigo Bob.
>> When we told Gary that some boys at school had started smoking marihuana, he advised us not to **mess with** drugs.
>> Quando contamos a Gary que alguns garotos na escola tinham começado a fumar maconha, ele nos aconselhou a não nos envolvermos com drogas.

MISS OUT ON (MISSED - MISSED / MISSING)

> **to lose an opportunity to do something** (perder a oportunidade de fazer algo)
>> "Where were you last night? You **missed out on** a great party," Sam told his friend Ross.
>> "Onde você estava ontem à noite? Você perdeu uma festa ótima", Sam disse a seu amigo Ross.
>> "You'd be a fool if you **missed out on** this great job offer. Don't even think about turning it down!" Steve told his friend Gabriel.
>> "Você seria um tolo se perdesse essa ótima oferta de emprego. Nem pense em recusá-la!", Steve disse a seu amigo Gabriel.

MIX UP (MIXED - MIXED / MIXING)

1. to confuse (confundir)
>> "Sometimes too much information all at once **mixes** people **up**. It's better to go step by step," our diving instructor told us.

"Às vezes, informação demais de uma só vez confunde as pessoas. É melhor ir passo a passo", disse-nos nosso instrutor de mergulho.

noun form: **mix-up:** a mistake, confusion or misunderstanding (engano, confusão)
» The small **mix-up** at the service station forced all the parts they ordered to be delayed for at least a week.
O pequeno engano no posto de gasolina fez com que todas as peças que eles pediram atrasassem pelo menos uma semana.

››› A expressão **get mixed up** é bastante comum e significa "ficar confuso".
» The waitress was **getting mixed up** with all of her customers yelling at her at the same time.
A garçonete estava ficando confusa com todos os fregueses gritando para ela ao mesmo tempo.

2. to identify two people or things wrongly and think one is the other (confundir duas pessoas ou coisas)
» Paul and Peter are so alike that everybody is always **mixing** them **up.**
Paul e Peter são tão parecidos que todo mundo está sempre confundindo um com o outro.

3. to put into disorder (colocar em desordem, confundir, misturar, embaralhar)
» "Someone must have **mixed up** the papers in my drawer. I can't seem to find anything!" Arnold told his wife angrily.
"Alguém deve ter embaralhado os papéis na minha gaveta. Eu não consigo encontrar nada!", Arnold disse a sua esposa, bravo.
» "I think someone **mixed up** my order. The waitress brought me a cheeseburger, but I really wanted a hot dog!" Luke complained to his friends at the snack bar.
"Acho que alguém confundiu o meu pedido. A garçonete me trouxe um cheeseburguer, mas eu queria mesmo era um cachorro-quente!", Luke reclamou para seus amigos na lanchonete.

MOVE IN (MOVED - MOVED / MOVING)

› **to move to a new house or apartment** (mudar-se para nova casa ou apartamento)
» Deborah's new apartment was painted just before she **moved in.**
O novo apartamento da Deborah foi pintado um pouco antes de ela ter mudado.
» Veja também o antônimo **move out**.

MOVE IN WITH (MOVED - MOVED / MOVING)

› **to go to live with somebody else** (ir morar com alguém)

» Not until after Leslie **moved in with** her boyfriend did she really get to know what kind of person he was.
Foi só depois que Leslie foi morar com o namorado que ela realmente veio a saber que tipo de pessoa ele era.

MOVE OUT (MOVED - MOVED / MOVING)

› **to leave the house or apartment where one lives** (deixar a casa onde se mora, mudar-se)
  » After so many complaints from the neighbors about him being too noisy, Jake decided to **move out.**
  Depois de tantas reclamações dos vizinhos de que ele era barulhento demais, Jake decidiu mudar-se.
  » The Smiths decided to **move out** of the neighborhood where they lived because of the increasing violence.
  Os Smith decidiram mudar do bairro onde moravam por causa da violência cada vez maior.
  » Veja também o antônimo **move in**.

MOVE UP (MOVED - MOVED / MOVING)

› **to progress to a higher grade, level or position** (passar para nível, estágio ou posição superior, "melhorar de vida")
  » "Jack has just moved into a bigger apartment and bought a new car. I guess he is definitely **moving up!**" Carl told his friends.
  "Jack acabou de mudar para um apartamento maior e comprar carro novo. Acho que ele está realmente melhorando de vida!", Carl contou a seus amigos.
  » "I think Mary would find her Spanish course more challenging if we **moved** her **up** to the next level," Mary's Spanish instructor told her parents.
  "Acho que Mary acharia o seu curso de espanhol mais desafiador se nós a colocássemos no estágio seguinte", o instrutor de espanhol de Mary disse aos pais dela.

NAME AFTER (NAMED - NAMED / NAMING)

› **to give someone the same name as another person** (dar o mesmo nome que outra pessoa para alguém)
  » Douglas and his wife decided to **name** their first born son **after** his grandfather, Franklin.
  Douglas e a esposa decidiram dar ao primeiro filho o mesmo nome do avô dele, Franklin.

» "She was **named after** the American state where she was born. That's why her name is Georgia," Linda explained to her friends.
"Deram a ela o mesmo nome do estado americano onde nasceu. É por isso que seu nome é Georgia", Linda explicou a suas amigas.

OPEN UP (OPENED – OPENED / OPENING)

1. to unlock something, esp. doors etc. (abrir, destrancar)
» "Stop fooling around and **open up** the door! I'm getting soaked out here!" Louis told his friends, who wouldn't let him in from the rain.
"Parem de brincar e abram a porta! Estou ficando encharcado aqui fora!", Louis disse a seus amigos, que não o deixavam entrar para refugiar-se da chuva.

2. to talk openly, to speak more freely (abrir-se com alguém, desabafar)
» Harry became more talkative after he had a couple of beers. That's when he **opened up** and told me all about his problems.
Harry começou a falar mais depois de algumas cervejas. Foi então que ele se abriu e me contou todos os seus problemas.

3. to unwrap a package, box etc. so that you can see what is inside (abrir, desembrulhar)
» After Linda **opened up** the package, she could hardly believe her boyfriend had given her such an expensive gift.
Depois que Linda desembrulhou o pacote, mal pôde acreditar que o namorado tinha lhe dado um presente tão caro.

4. to start a business (iniciar, abrir, montar negócio)
» "With all the previous experience you have had in the food business, you could easily **open up** a restaurant yourself," Ron told his friend Jack.
"Com toda a experiência anterior que você teve no ramo de alimentação, poderia facilmente montar um restaurante você mesmo", Ron disse a seu amigo Jack.
» Veja também **set up** e **start up**.
» Veja também o antônimo **close down**.

5. to create opportunities (criar oportunidades)
» Learning how to speak several languages **opened up** a lot of job opportunities for Diane overseas.
Aprender a falar vários idiomas criou muitas oportunidades de trabalho para Diane no exterior.

151

OWN UP (OWNED - OWNED / OWNING)

› **to admit to having done something wrong** (reconhecer ter feito algo errado)
   » After several hours of interrogation, the suspect finally **owned up** to the robbery and told the detectives all the details.
   Depois de várias horas de interrogatório, o suspeito finalmente confessou o roubo e contou aos investigadores todos os detalhes.

PAN OUT (PANNED - PANNED / PANNING)

› **to develop in a particular way** (acontecer; desenrolar; evoluir)
   » "We'd better wait and see how things **pan out**," said Dave to his friends.
   "É melhor esperarmos e ver como as coisas acontecem", disse Dave para os amigos.

PASS AWAY (PASSED - PASSED / PASSING)

› **(formal) to die** (morrer, falecer)
   » Roger's grandfather has made it very clear to the family that when he **passes away** he wants to be cremated.
   O avô de Roger deixou bem claro para a família que, quando falecer, ele vai querer ser cremado.

PASS BY (PASSED - PASSED / PASSING)

1. to go past a place (passar por algum lugar)
   » "Could you **pass by** the drugstore on your way back from work and pick up some aspirin?" Liz asked her husband over the phone.
   "Você poderia passar pela farmácia no caminho de volta do trabalho e comprar aspirina?", Liz pediu ao marido pelo telefone.
   » Veja também **go by**.

2. to elapse (time) (passar, referindo-se a tempo)
   » "Time is **passing by** so fast, I can hardly believe Christmas is coming around again!" our friend Ralph told us.
   "O tempo está passando tão rápido que eu mal posso acreditar que o Natal já está chegando de novo!", disse-nos nosso amigo Ralph.
   » Veja também **go by**.

PASS OFF AS (PASSED - PASSED / PASSING)

> **to present falsely** (fazer passar por algo que não é)
>> The counterfeiters were trying to **pass off** fake fifty-dollar bills **as** real ones.
>> Os falsificadores estavam tentando passar notas falsas de cinquenta dólares.

PASS OUT (PASSED - PASSED / PASSING)

> **to faint, to lose consciousness** (desmaiar)
>> After examining her carefully, the doctor told Michael that Emily had probably **passed out** because of the heat.
>> Depois de tê-la examinado com cuidado, o médico disse a Michael que Emily provavelmente havia desmaiado por causa do calor.
>> Veja também **black out**.

PAT DOWN (PATTED - PATTED / PATTING)

> **to touch someone's clothes in order to detect concealed weapons; illegal drugs; etc.** (revistar)
>> "At this point security guards **pat down** visitors for weapons," explained Jake to a friend.
>> "Neste ponto os seguranças revistam os visitantes para checar se não estão carregando armas", explicou Jake para um amigo.

noun form: **pat-down:** an act of passing the hands over the body of a clothed person to check for concealed weapons, illegal drugs, etc. (revista)
>> "I travel a lot by plane so I'm used to **pat-downs** at airports," Jerry told a friend.
>> "Viajo muito de avião e estou acostumado às revistas nos aeroportos", Jerry contou a um amigo.

PATCH UP (PATCHED - PATCHED / PATCHING)

1. **to become friends again after an argument** (fazer as pazes)
   >> "It's about time you **patched** things **up** with your brother!", Barry's father told him.
   >> "Já está na hora de você fazer as pazes com o seu irmão!", o pai de Barry disse a ele.
   >> Veja também **make up**.

2. **to repair something quickly, but not very well** (consertar algo rapidamente, mas não muito bem)
   >> The mechanic tried to **patch up** the punctured tire, but he said it would only last for about 50 miles.
   >> O mecânico tentou consertar o pneu furado, mas disse que ele só duraria mais uns oitenta quilômetros.

PAY BACK (PAID - PAID / PAYING)

1. to return money that is owed to someone (pagar, devolver dinheiro, reembolsar)
  » "Has Jack already **paid** you **back** the money he owes you?" Terrance's wife asked him.
  "O Jack já pagou o dinheiro que deve a você?", a esposa de Terrance perguntou a ele.

2. to get revenge on someone (vingar-se, "pagar na mesma moeda", "dar o troco")
  » "If Phil thinks I'm a fool, he's downright wrong. Just wait until I **pay** him **back** for what he has done to me!" Leonard said angrily.
  "Se Phil acha que sou bobo, ele está completamente enganado. Espere até eu dar o troco pelo que ele fez comigo!", disse Leonard, bravo.
  » Veja também **get back at**.

  noun form: **payback:** the act of taking revenge (vingança, "troco")
  » After we threw water balloons at Bob, he warned us to be careful because the **payback** would be much worse.
  Depois que jogamos balões de água em Bob, ele nos advertiu para tomarmos cuidado porque sua vingança seria muito pior.

PAY FOR (PAID - PAID / PAYING)

› **to receive punishment for having done something wrong** (ser punido, "pagar" por ter feito alguma coisa errada)
  » Reggie could never imagine he would **pay** so dearly **for** being unfaithful to his wife.
  Reggie nunca poderia imaginar que pagaria tão caro por ter sido infiel à esposa.

  ››› O verbo **pay** associado à preposição **for** também é muito utilizado em seu sentido literal "pagar por", ou seja, dar dinheiro em troca de algo que se está comprando.
  » "That's a cool outfit you're wearing. How much **did you pay for** it?" Ted asked Al.
  "Que roupa transada você está usando. Quanto você pagou por ela?", Ted perguntou a Al.

PAY OFF (PAID - PAID / PAYING)

1. to entirely pay a debt (saldar uma dívida, quitar)
  » Norman was surely happy when he finally **paid off** the mortgage on his house.
  Norman certamente estava feliz quando enfim quitou a hipoteca da casa.

  noun form: **payoff:** the final payment of a debt (pagamento total; quitação)
  » The **payoff** was received by the lender and now Mr. Peterson was debt free.
  O pagamento final foi recebido pelo credor e assim o sr. Peterson havia quitado a sua dívida.

2. to have profitable results, to be worth doing (compensar; valer a pena)
» Roger's accountant advised him not to invest in a start-up company if he wasn't sure it would **pay off** in the future.
O contador do Roger o aconselhou a não investir numa empresa nova se não tivesse certeza de que isso compensaria no futuro.
» It was only after Tim went to Mexico on business that he realized how much the intensive Spanish course he took **paid off.**
Foi só depois que Tim foi ao México a negócios que ele percebeu quanto o curso intensivo de espanhol que fez valeu a pena.

noun form: **payoff:** reward; the benefit that you get from doing something (recompensa, retorno, bom resultado)
» The **payoff** was worth all of the time and money the couple had put into their restaurant. After only three years in business, they were already making lots of money.
O resultado obtido compensou todo o tempo e dinheiro que o casal investiu em seu restaurante. Depois de apenas três anos em atividade, já estavam ganhando muito dinheiro.

3. to bribe someone with money (subornar alguém com dinheiro)
» The gangsters tried to **pay off** the police chief, but since he was honest it didn't work.
Os gângsteres tentaram subornar o chefe de polícia, mas, como ele era honesto, isso não funcionou.

noun form: **payoff:** a bribe; payment made to someone so that they will do something dishonest for you (suborno)
» The general manager denied receiving any **payoffs** for giving a big contract to a company.
O gerente geral negou ter recebido suborno por dar um grande contrato a uma empresa.

PHASE IN (PHASED - PHASED / PHASING)

› **to introduce gradually a system, a product etc.** (introduzir gradualmente um sistema, produto etc.)
» Edward's toy company plans to start **phasing in** their new product line in August.
A empresa de brinquedos de Edward planeja começar a introduzir gradualmente a nova linha de produtos em agosto.
» The new government is planning to **phase in** the tax reform over a period of two years.
O novo governo está planejando introduzir gradualmente a reforma tributária num período de dois anos.
» Veja também o antônimo **phase out**.

PHASE OUT (PHASED - PHASED / PHASING)

> **to gradually stop using a system, a product etc.** (parar gradualmente de usar um sistema, um produto etc., descontinuar)
>> The car company is **phasing out** the old model so it will soon not be available anymore.
>> A montadora vai parar de fabricar o modelo antigo, e logo ele não estará mais disponível.
>> Veja também o antônimo **phase in**.

PICK ON (PICKED - PICKED / PICKING)

> **to criticize someone, to bully someone** (implicar com alguém, "pegar no pé")
>> "Stop **picking on** me. I had nothing to do with what happened!" Sheila complained to her friends.
>> "Parem de implicar comigo. Eu não tive nada a ver com o que aconteceu!", Sheila queixou-se a seus amigos.
>> "Why are you always **picking on** me? Can't you find someone else to place the blame on?" Rick told Jefferson.
>> "Por que você está sempre pegando no meu pé? Não consegue encontrar outra pessoa para colocar a culpa?", Rick disse a Jefferson.

PICK OUT (PICKED - PICKED / PICKING)

> **to choose, to select** (escolher, selecionar)
>> "Will you help me **pick out** a new tie to give Father as a birthday present?" Mary asked her sister.
>> "Você me ajuda a escolher uma gravata nova para dar de aniversário ao papai?", Mary perguntou à irmã.

PICK UP (PICKED - PICKED / PICKING)

1. to take hold of something and lift it up from a surface (pegar alguma coisa de uma superfície)
>> As Jeff was early for his dental appointment, he **picked up** a magazine that was lying on the reception desk and started browsing through it.
>> Como Jeff estava adiantado para a consulta com o dentista, ele pegou uma revista que estava sobre a mesa da recepção e começou a folheá-la.

2. to collect someone or something, esp. by car (pegar alguém ou algo, esp. de carro)
>> "Can you **pick** me **up** at the airport when I come back from my business trip to Chicago?" Roger asked Bob.
>> "Você pode me pegar no aeroporto quando eu voltar da minha viagem de negócios a Chicago?", Roger pediu a Bob.

» "I can't believe I've been so absent-minded lately! I've left my wallet at home again. I have to go back to **pick** it **up**!" said Louis.
"Eu não acredito que ando tão distraído ultimamente! Deixei minha carteira em casa de novo. Tenho que voltar para pegá-la!", disse Louis.

» Veja também o antônimo **drop off**.

3. to improve; to get better, esp. business, the economy etc. (melhorar, esp. negócios, a economia etc.)
» "Our boss told us that if business doesn't **pick up** this quarter, he will have to start letting people go," Stanley told Will.
"Nosso chefe nos disse que, se os negócios não melhorarem neste trimestre, ele vai ter que começar a demitir pessoas", Stanley contou a Will.

4. to learn through observation and practice (aprender informalmente)
» Even though Paul never really took French classes, he **picked up** the language quickly while he was living in Paris some years ago.
Embora Paul nunca tenha tido aulas de francês para valer, ele aprendeu o idioma rapidamente quando estava morando em Paris, alguns anos atrás.

5. to receive radio signals, TV channels etc. (captar sinais de rádio, canais de televisão etc.; "pegar")
» "With the new antenna, our TV can **pick up** channels from TV stations over five hundred miles away," Burt told his friend James.
"Com a antena nova, nossa TV consegue pegar canais de estações de TV há oitocentos quilômetros de distância", Burt disse a seu amigo James.

6. to buy or get something ("pegar"; comprar alguma coisa)
» "I haven't had time to fix dinner. Can you **pick up** some pizza on your way back from work?" Cathy asked her husband over the phone.
"Não tive tempo de preparar a janta. Você pode comprar uma pizza no caminho de volta do trabalho?", Cathy pediu ao marido pelo telefone.

7. to catch a disease (pegar doença)
» "Unfortunately Rick **picked up** some unusual kind of infection that kept him in bed for a few days," Rick's brother told us.
"Infelizmente, Rick pegou um tipo de infecção incomum que fez ele ficar de molho por alguns dias", o irmão de Rick nos contou.

8. to resume (retomar, recomeçar)
» "That's it for today, folks. We'll **pick up** with chapter five tomorrow," said the professor.*
"Por hoje é só, pessoal. Amanhã vamos retomar a partir do capítulo cinco", disse o professor.

9. to try to get to know someone hoping to have a sexual relationship (tentar conhecer alguém na esperança de ter relacionamento sexual; "pegar alguém")
» Dominic was always hanging out at the same bar trying to **pick up** women.
Dominic estava sempre no mesmo bar tentando pegar mulher.

»» A expressão **pick up speed** (ganhar, pegar velocidade) é bastante usual.
» Sally stood on the porch watching Jack's car **pick up** speed and disappear in the distance.
Sally ficou na varanda olhando o carro de Jack ganhar velocidade e desaparecer na distância.

PICK UP AFTER (PICKED - PICKED / PICKING)

› **to make a place tidy and clean after someone else has used it or made a mess there** (organizar, arrumar ou limpar um lugar após alguém o usar ou ter feito bagunça; "dar uma geral")
» "Gary and his friends are so messy. We always need to **pick up after** them," Melissa told Linda.
"O Gary e os amigos são tão bagunceiros. Nós sempre precisamos dar uma geral depois que eles vão embora", Melissa contou para a Linda.

---

* Ao contrário de teacher ("professor" em geral), a palavra **professor**, em inglês, refere-se apenas a docentes universitários.

PIG OUT (ON) (PIGGED - PIGGED / PIGGING)

› **to eat too much; to overeat** (comer demais; "empanturrar-se")
  » "I used to **pig out** on junk food, but I don't do that anymore," Harry told Dana.
  "Eu costumava me empanturrar de porcaria, mas não faço mais isso", Harry disse para a Dana.
  » "I always **pig out** at Thanksgiving dinner. I can't help it!", said Bob to his friends.
  "Eu sempre como demais no jantar de Ação de Graças. Não consigo evitar!", disse Bob para os amigos.

PILE UP (PILED - PILED / PILING)

1. **to stack things on top of one other, as in a pile** (empilhar)
  » "Our boss said that since the warehouse is a mess he wants us to **pile up** the crates neatly!" Ryan told his co-workers.
  "Nosso chefe disse que, como o depósito está uma bagunça, ele quer que empilhemos os engradados de forma organizada", Ryan contou a seus colegas de trabalho.

  noun form: **pile-up:** a traffic accident, a collision involving several vehicles (engavetamento)
  » The news reported that the **pile-up** involving twelve cars and two trucks on a major highway this morning was caused by the heavy fog.
  O noticiário informou que o engavetamento envolvendo doze carros e dois caminhões numa estrada principal esta manhã foi causado pela forte neblina.

2. **to accumulate** (acumular)
  » "I don't think Roger will be able to handle this job. The paperwork keeps **piling up** on his desk every day," Nick mentioned to his co-worker Matt.
  "Não acho que Roger vai ser capaz de dar conta deste trabalho. A papelada continua a se acumular na mesa dele todos os dias", Nick mencionou a seu colega de trabalho Matt.

PIPE DOWN (PIPED - PIPED / PIPING)

› **to stop talking; to be quiet; to make less noise** (parar de falar; ficar quieto; fazer menos barulho)
  » "Hey you two, **pipe down**! We're trying to watch a movie here," Mr. Henderson told a couple of teenagers in the movie theater.
  "Ei vocês dois, fiquem quietos! Estamos tentando assistir a um filme aqui", o sr. Henderson disse para os adolescentes no cinema.

PISS OFF (PISSED - PISSED / PISSING)

› **(vulgar) to annoy or irritate someone** (irritar alguém, "deixar p. da vida")
  » "I'm **pissed off** with all the homework our teacher has been giving us," Mike told Tom.
    "Eu estou p. da vida com toda a lição de casa que nosso professor tem dado para nós", Mike disse a Tom.
  » "Don't **piss** me **off**! I've already got enough troubles as it is!" Sara screamed at Doug.
    "Não me irrite! Eu já tenho problemas suficientes!", Sara gritou com Doug.

PITCH IN (PITCHED - PITCHED / PITCHING)

› **to help out; contribute; cooperate** (ajudar; contribuir; cooperar)
  » "Hey guys, we could all **pitch in** a few bucks and help Nick out", suggested Carol.
    "Ei pessoal, nós todos podíamos contribuir com alguns dólares e ajudar o Nick", sugeriu Carol.
  » "Can you **pitch in** and help us clean up after the party?" Maria asked her friends.
    "Vocês podem cooperar e nos ajudar a limpar depois da festa?", Maria pediu às amigas.

PLAN ON (PLANNED - PLANNED / PLANNING)

› **to plan to do something** (planejar fazer alguma coisa)
  » "When do you **plan on** moving into your new house?" Ted's future neighbor asked him.
    "Quando você planeja se mudar para sua casa nova?", o futuro vizinho de Ted perguntou a ele.

PLAY BACK (PLAYED - PLAYED / PLAYING)

› **to rewind and play again, esp. a tape** (reproduzir um filme ou fita; "tocar")
  » As the recorded voice on her answering machine was not clear enough, Samantha had to **play back** the message three times so she could understand who had called.
    Como a voz gravada em sua secretária eletrônica não estava clara o suficiente, Samantha teve de reproduzir o recado três vezes para poder entender quem tinha ligado.
  » "Let's **play back** the tape and check if the song sounds all right," the lead singer told the other band members.
    "Vamos tocar a fita e checar se a música soa bem", o vocalista disse aos outros membros da banda.

  noun form: playback: the act of reproducing recorded material (reprodução de som ou filme gravado; playback)
  » After listening to the **playback** of the song, the musicians were not satisfied and decided to record it again.
    Após terem ouvido a reprodução da música, os músicos não ficaram satisfeitos e decidiram gravá-la de novo.

PLAY-OFF

noun form: **play-off** (decisão entre dois times, "play-off")
» "We can't miss the **play-off** between the New York Knicks and the Los Angeles Lakers tonight on TV!", Barry told his friend Ron excitedly.
"Não podemos perder a decisão entre o New York Knicks e o Los Angeles Lakers na TV hoje à noite!", disse Barry, entusiasmado, a seu amigo Ron.
» "I couldn't get tickets for the **play-off** game tonight because they were sold out. I guess we'll just have to watch the game on TV," David told Matt.
"Não consegui comprar ingressos para a decisão hoje à noite porque estavam esgotados. Acho que vamos ter que assistir o jogo pela TV", David disse a Matt.

POINT OUT (POINTED - POINTED / POINTING)

1. to draw attention to someone or something by pointing (mostrar alguém ou algo apontando)
» As I had never met Helen before, my friend Tom **pointed** her **out** to me at the party and told me he would introduce her to me.
Como eu nunca tinha me encontrado com Helen, meu amigo Tom a apontou para mim na festa e me disse que iria apresentá-la.

2. to draw attention to a fact (chamar a atenção para algum fato, salientar)
» As soon as he arrived for the meeting, Brian **pointed out** that he was late due to the bus strike.
Tão logo chegou para a reunião, Brian salientou que ele estava atrasado devido à greve de ônibus.
» During Jane's job interview, the director **pointed out** that new employees were entitled to only a two-week vacation in their first year with the company.
Durante a entrevista de emprego de Jane, o diretor salientou que os novos funcionários tinham direito a apenas duas semanas de férias no primeiro ano na empresa.

POP IN (POPPED - POPPED / POPPING)

» **to visit briefly** (fazer uma visita breve; "dar um pulo"; "dar uma passadinha")
» "Hey, I just **popped in** to say hello and check out what you've been up to." Barry told Luke.
"Ei, só dei um pulo para dizer um oi e checar o que você tem aprontado", Barry disse para o Luke.

POP OUT (POPPED - POPPED / POPPING)

> **to leave a place briefly** ("dar uma saidinha")
>> "Gary **popped out** for some coffee. He'll back in no time," Susan told David.
>> "O Gary deu uma saidinha para tomar um café. Ele volta rapidinho", Susan disse para o David.
>> The store owner told her employees she was going to **pop out** for a few minutes and run some errands.
>> A proprietária da loja disse aos funcionários que iria dar uma saidinha por alguns minutos para fazer algumas coisas.

POP UP (POPPED - POPPED / POPPING)

> **to appear suddenly or unexpectedly** (aparecer ou surgir de repente ou inesperadamente)
>> "I don't know where that guy came from. He just **popped up** out of nowhere," George told Norman.
>> "Não sei dea onde aquele cara veio. Ele apareceu do nada", George disse para o Norman.

noun form: **pop-up:** something such as an advertising message that appears suddenly on a computer screen (mensagem que aparece de repente na tela do computador)
>> "I usually close all **pop-ups** as soon as they are displayed on the computer screeen," Jeff told a coworker.
>> "Eu geralmente fecho todas as mensagens que aparecem do nada na tela do computador", Jeff disse para um colega de trabalho.

POUR DOWN (POURED - POURED / POURING)

> **to rain heavily** (chover forte, chover torrencialmente, "cair um pé-d'água")
>> "As soon as the rain started **pouring down**, we ran for shelter, but got soaked anyway," Tim and Bill explained to their mother.
>> "Assim que começou a chover forte, nós corremos para nos proteger, mas ficamos ensopados mesmo assim", Tim e Bill explicaram à mãe.
>> "Hey, look at those black clouds! It looks like it's **pouring down** on the other side of the valley," Mike told his friends when they were playing in the park.
>> "Ei, olhem para aquelas nuvens escuras! Parece que está caindo um pé-d'água do outro lado do vale", Mike disse a seus amigos quando estavam brincando no parque.

noun form: **downpour:** heavy rain (chuva forte; pé-d'água)
>> "You should've seen Fred yesterday. He got caught in a **downpour** and he had no umbrella. He got soaking wet!", Bill told his friends.
>> "Vocês deviam ter visto o Fred ontem. Ele pegou um pé d´água e não tinha guarda-chuva. Ficou ensopado!", Bill contou aos amigos.

PRINT OUT (PRINTED - PRINTED / PRINTING)

› **to get a printed copy of something, esp. from a computer** (imprimir cópia; tirar cópia impressa)
  » "Can you **print out** the drawing on page 7?", Janet's boss asked her. "I want to see how it looks on paper."
  "Você pode imprimir o desenho na página 7?", o chefe de Janet pediu a ela. "Quero ver como ele fica no papel."

  noun form: **printout:** a document printed from a computer printer (cópia impressa)
  » "Can you please give me a **printout** of this document?", Mr. Davenport asked Cindy. "I want to read it carefully at home."
  "Você pode, por favor, me dar uma cópia impressa deste documento?", o sr. Davenport pediu a Cindy. "Quero lê-lo com cuidado em casa."

PULL OFF (PULLED - PULLED / PULLING)

1. to succeed or manage to achieve something difficult (conseguir fazer alguma coisa difícil)
  » "Thanks to Albert's negotiation skills, we managed to **pull off** a good deal with an international company," the director told us during our weekly meeting.
  "Graças às habilidades de negociação de Albert, conseguimos um bom negócio com uma empresa internacional", o diretor nos disse durante nossa reunião semanal.

2. to remove by pulling, esp. clothes, shoes etc. (tirar puxando, esp. roupas, sapatos etc.)
  » After trying on a pair of boots, Melissa asked the shoe store clerk to help her **pull** them **off** because they were too tight.
  Após ter experimentado um par de botas, Melissa pediu ao atendente da loja de sapatos que a ajudasse a tirá-las, porque estavam muito apertadas.

PULL OVER (PULLED - PULLED / PULLING)

› **to move to the side of the road and slow down or stop, esp. a car** (parar veículo no acostamento)
  » "I'm not feeling well. Could you please **pull over**? I think I need to throw up," Rick asked Howard as they were going down the big hill.
  "Não estou me sentindo bem. Você poderia parar no acostamento? Acho que preciso vomitar", Rick pediu a Howard quando estavam descendo a serra.

  noun form: **pullover:** a sweater, a sweatshirt (pulôver; suéter)
  » "Can I borrow a **pullover** from you? It's kind of cold outside," Robin asked his friend Al.
  "Posso pegar um pulôver seu emprestado? Está meio frio lá fora", Robin pediu a seu amigo Al.

PULL THROUGH (PULLED - PULLED / PULLING)

> **to survive an accident, a disease etc.** (sobreviver, conseguir escapar a um acidente, doença etc.)
>> After about a week in the ICU* of a Chicago hospital, the two victims of the car accident fortunately **pulled through**.
>> Após aproximadamente uma semana na UTI de um hospital em Chicago, as duas vítimas do acidente de carro felizmente conseguiram escapar.

PULL TOGETHER (PULLED - PULLED / PULLING)

> **to control one's feelings or emotions** ("pull oneself together") (controlar as emoções, conter-se)
>> After the initial shock, Alice wiped her tears and **pulled** herself **together**.
>> Depois do choque inicial, Alice enxugou as lágrimas e conteve-se.

PULL UP (PULLED - PULLED / PULLING)

> **to stop a vehicle at a certain point** (parar um veículo em algum lugar)
>> "I think we'd better **pull up** to that gas station and ask for information. I have a feeling we are going in the wrong direction," Sandra told Nancy.
>> "Acho que seria melhor pararmos naquele posto e pedirmos informação. Tenho a impressão de que estamos indo na direção errada", Sandra disse a Nancy.

PUT AWAY (PUT - PUT / PUTTING)

> **to return something to its proper place** (guardar no devido lugar)
>> "Could you please **put** the dishes **away** after you wash them?" Deborah asked her daughter, who was helping her with the housework.
>> "Você podia guardar os pratos depois de lavá-los?", Deborah pediu à filha, que a estava ajudando com o trabalho de casa.
>> "Why is it that children never **put** their toys **away** after they finish playing with them?" Mary thought to herself.
>> "Por que será que as crianças nunca guardam seus brinquedos no devido lugar depois que terminam de brincar com eles?", Mary pensou consigo mesma.
>> Compare com **put back**.

PUT BACK (PUT - PUT / PUTTING)

> **to return something to where it came from** (colocar algo de volta onde estava, guardar)

*ICU: abreviação de **intensive care unit** (unidade de tratamento intensivo).

» "I'll let you use my tools if you promise to **put** them **back** where you found them," Nick told Sam.
"Eu vou deixar você usar minhas ferramentas se você prometer colocá-las de volta onde as encontrou", Nick disse a Sam.
» "I hate it when people don't **put** things **back** where they belong after they use them," Nancy told her friend Sue.
"Odeio quando as pessoas não colocam as coisas de volta no lugar depois que as usam", Nancy disse a sua amiga Sue.
» Compare com **put away**.

PUT OFF (PUT - PUT / PUTTING)

1. **to postpone, to delay doing something** (adiar)
   » "If the rain doesn't stop, they will be forced to **put off** the baseball game until tomorrow," Bill told his friend Tim.
   "Se a chuva não parar, vão ser forçados a adiar o jogo de beisebol para amanhã", Bill disse a seu amigo Tim.
   » They decided to **put off** the presentation until next week, when more people would be able to be present.
   Decidiram adiar a apresentação para a semana seguinte, quando mais pessoas conseguiriam estar presentes.
   » Compare com **call off**.

2. **to cause someone to dislike someone or something, to repel** (afastar, repelir alguém de outra pessoa ou coisa)
   » "Sarah's impoliteness has always **put** me **off**. That's why I don't usually hang around with her much," Stephanie told Jill.
   "A falta de educação de Sarah sempre me afastou. É por isso que não fico muito com ela", Stephanie contou a Jill.

PUT ON (PUT - PUT / PUTTING)

1. **to put something on your body, e.g. clothes, shoes, perfume etc.** (vestir roupas, colocar sapatos, perfume etc.)
   » "You'd better **put on** a heavy coat and a scarf. It's cold outside," Jim's mother told him as he was leaving the house.
   "É melhor você colocar um casaco pesado e um cachecol. Está frio lá fora", a mãe de Jim lhe disse quando ele estava saindo de casa.
   » Grandma always **puts on** her glasses as soon as she gets up in the morning.
   A vovó sempre coloca os óculos assim que se levanta de manhã.

» Alan makes sure he always **puts on** cologne whenever he goes out on a date with a new girl.
Alan nunca deixa de passar colônia quando vai a um encontro com uma nova garota.
» Veja também o antônimo **take off**.

2. to turn on the lights, the radio, the TV etc. (acender luzes; ligar rádio, TV etc.)
» "Can you **put on** the lights, please?", James asked Dan. "It's dark in here."
"Você pode acender as luzes, por favor?", James pediu a Dan. "Está escuro aqui dentro."
» Veja também **turn on** e **switch on**.
» Veja também os antônimos **turn off**, **put out** e **switch off**.

3. to gain weight (ganhar peso, engordar)
» Steve says he has been **putting on** weight since he gave up smoking last month.
Steve diz que tem engordado desde que parou de fumar, no mês passado.
» "I've **put on** about five kilos in the past two months. I really need to go on a diet soon," Liz told her friend Daisy.
"Engordei uns cinco quilos nos últimos dois meses. Realmente preciso fazer regime logo", Liz disse a sua amiga Daisy.

4. to start playing a CD, a videotape etc. (pôr, colocar CD, DVD etc.)
» "Let's **put on** some rock 'n' roll to liven up the party", suggested Clint. "People are too quiet."
"Vamos colocar um rock para animar a festa!", sugeriu Clint. "As pessoas estão quietas demais."

 ››› A expressão informal **be putting somebody on** significa "não estar dizendo a verdade", "estar enganando alguém".
» When Stuart told Mick he had already been to Greece twice, Mick told him he **was putting him on**.
Quando Stuart contou a Mick que já havia estado na Grécia duas vezes, Mick disse que ele o estava enganando.

PUT OUT (PUT - PUT / PUTTING)

1. to extinguish a fire, cigarette etc. (apagar incêndio, cigarro etc.)
» The flight attendant told all the passengers to **put out** their cigarettes and fasten their seat belts as the plane was about to take off.
A comissária de bordo mandou todos os passageiros apagarem os cigarros e apertarem os cintos de segurança, pois o avião estava prestes a decolar.
» It took the firemen about three hours to **put** the fire **out**.
Os bombeiros demoraram umas três horas para apagar o incêndio.

2. to turn off the light (apagar a luz)
  » "Make sure you **put out** the lights before you come upstairs and go to bed," Ron's mother told him.
  "Não deixe de apagar as luzes antes de você subir para ir deitar", a mãe de Ron lhe disse a este.
  » Veja também **turn off**, **switch off** e **turn out**.
  » Veja também os antônimos **turn on**, **switch on** e **put on**.

3. to inconvenience excluir esta partesomeone (causar inconveniência, incomodar alguém)
  » "I'm sorry if I **put** you **out** by bringing another guest for dinner without telling you in advance", Tom apologized to his sister. "It won't happen again."
  "Lamento se fui inconveniente trazendo outro convidado para o jantar sem avisar você antes", Tom disse à irmã, desculpando-se. "Não vai acontecer de novo."

4. to publish a book; to produce a CD etc. (publicar um livro; lançar um CD etc.)
  » "Auto Publishing **puts out** a very cool monthly magazine on off-road vehicles," said Jeff.
  "A editora Auto Publishing publica uma revista mensal bem legal sobre veículos off-road",* disse Jeff.

*Off-road: Veículo reforçado para poder ser utilizado em áreas não-urbanas onde não há asfalto.

» "My favorite band has just **put out** a CD. I can't wait to buy it!" Maggie told June.
"Minha banda favorita acaba de lançar um CD. Mal posso esperar para comprá-lo!", Maggie disse a June.

PUT THROUGH (PUT - PUT / PUTTING)

› **to connect someone on the telephone** (transferir a ligação, passar a ligação para)
» "Can you **put** me **through** to Mr. Johnson, please?" Sally told the operator.
"Pode passar a ligação para o sr. Johnson, por favor?", Sally disse à telefonista.

PUT UP (PUT - PUT / PUTTING)

1. to build, raise or erect something (construir, levantar, armar)
» "They are **putting up** some new modern buildings in this area of the city," Doug told Phil.
"Estão construindo alguns prédios novos e modernos nesta região da cidade", Doug disse a Phil.

» After trying to figure out how to **put up** the tent for almost an hour, Rick and Greg asked some other people at the campground for help.
Depois de terem tentado descobrir como armar a barraca por quase uma hora, Rick e Greg pediram ajuda a algumas outras pessoas no camping.

2. to place on a wall or a public or visible place (pendurar em parede ou lugar público ou visível)
» "Ray's bedroom looked much nicer after he **put up** some posters on the wall," said Fred.
"A aparência do quarto do Ray ficou muito melhor depois que ele pendurou alguns pôsteres na parede", disse Fred.
» "If you really want to sell the house, maybe you should **put up** a sign outside to advertise it," Tim suggested to his friend Simon.
"Se você realmente quer vender a casa, talvez devesse pendurar uma placa do lado de fora para anunciá-la", Tim sugeriu a seu amigo Simon.

3. to provide accomodation for someone (receber alguém em casa, hospedar)
» "Do you think you can **put** me **up** for the night?" Douglas asked his friend.
"Você acha que pode me hospedar em sua casa esta noite?", Douglas perguntou a seu amigo.

PUT UP WITH (PUT – PUT / PUTTING)

› **to tolerate** (tolerar, aguentar, suportar)
» Liz got really angry and told Mike she wouldn't **put up with** his arrogant behavior any longer.
Liz ficou realmente brava e disse a Mike que não iria mais tolerar o comportamento arrogante dele.
» "I sometimes find it hard to **put up with** my friend Rick's mood swings. He can be so surly!" John told Cheryl.
"Eu às vezes acho difícil aguentar as alterações de humor de meu amigo Rick. Ele consegue ser tão mal-humorado!", John disse a Cheryl.

R

RAT ON (RATTED - RATTED / RATTING)

> **to betray someone** (delatar; trair; "caguetar"; "dedurar")
>> "Someone must have **ratted on** us. I wonder who did that," said Miles to his friends.
>> "Alguém deve ter dedurado a gente. Queria saber quem fez isso", disse Miles para os amigos.
>
>> Veja também **rat out**; **snitch on** e **tell on**.

RAT OUT (RATTED - RATTED / RATTING)

> **to betray someone** (delatar; trair; "caguetar"; "dedurar")
>> The criminal **ratted out** his boss to the district attorney so he wouldn't have to serve any jail time.
>> O criminoso dedurou o chefe para o promotor público para não ter que ir para a cadeia.
>
>> Veja também **rat on**, **snitch on** e **tell on**.

REACH OUT (REACHED - REACHED / REACHING)

> **to stretch out one's arm to try to touch or hold something** (alcançar algo com os braços)

» "Do you think you can **reach out** to that box on the top shelf?", Roger asked Joe.
"Você acha que consegue alcançar aquela caixa na prateleira de cima?", Roger perguntou ao Joe.

REFRAIN FROM (REFRAINED - REFRAINED / REFRAINING)

› **to abstain from** (evitar; abster-se)
   » "Could you please **refrain from** smoking?", Mr. Wilcox asked us.
   "Vocês poderiam, por favor, evitar fumar?", o sr. Wilcox nos pediu.
   » Veja também **abstain from**.

RELY ON (RELIED - RELIED / RELYING)

› **to count on someone or something; to trust someone or something** (contar com alguém ou alguma coisa; confiar em alguém ou algo)
   » "Arthur is a seasoned sailor. We can **rely on** his experience to steer the boat safely to port," Dick told everyone on board.
   "Arthur é um marinheiro calejado. Podemos confiar na sua experiência para conduzir o barco com segurança até o porto", Dick disse a todos a bordo.
   » Veja também **depend on**, **lean on** e **count on**.

   ››› **Rely upon** significa o mesmo que **rely on**, mas é mais formal.

RIP OFF (RIPPED - RIPPED / RIPPING)

› **(colloquial) to charge too much for something, to overcharge** (cobrar a mais, "roubar", "enfiar a faca")
   » "I will never go back to that French restaurant. Last time I went there with Nancy for dinner, we were **ripped off**," Mitch told Jim.
   "Nunca mais volto àquele restaurante francês. Da última vez que fui lá com Nancy, nós fomos roubados", Mitch contou a Jim.
   » "Beware of shrewd businessmen who try to **rip off** foreigners just because they don't know how much things cost there," Joel told his friend Dave.
   "Cuidado com comerciantes sem escrúpulos que tentam roubar os estrangeiros simplesmente porque estes não sabem quanto as coisas custam por ali", Joel disse a seu amigo Dave.

   noun form: **rip-off:** an overpriced product or service; theft ("roubo")
   » "Five dollars for a cup of coffee? That's a **rip-off**!" Jim told the coffee-shop clerk.
   "Cinco dólares por uma xícara de café? Isso é um roubo!", Jim disse ao atendente da lanchonete.

ROOT FOR (ROOTED - ROOTED / ROOTING)

> **to support a team in a game or competition; to support or encourage someone** (torcer por um time; torcer por alguém)
>> "I guess we'll be all **rooting for** the home team, right?", Harold asked his friends.
"Acho que vamos todos torcer pelo time da casa, certo?", Harold perguntou aos amigos.
>> "Hang on in there pal! We're all **rooting for** you," Bill told Todd.
"Aguenta firme aí, parceiro! Estamos todos torcendo por você", Bill disse para o Todd.

ROUGH UP (ROUGHED - ROUGHED / ROUGHING)

> **to attack someone physically; to beat up** (atacar alguém fisicamente; "dar uma surra")
>> "If you don't tell us where the money is hidden we'll have to **rough** you **up**," said the crook to Mr. Smith.
"Se você não contar onde o dinheiro está escondido, vamos ter que te dar uma surra", disse o bandido para o sr. Smith.
>> "You'd better do as they say or they might **rough** you **up**. They are a bunch of crooks," Greg advised Stan.
"É melhor você fazer o que eles querem ou talvez eles te deem uma surra. Eles são um bando de criminosos", Greg aconselhou Stan.
>> Veja também **beat up**.

RULE OUT (RULED - RULED / RULING)

> **to not include or consider, to eliminate** (desconsiderar, excluir, descartar)
>> The possibility that the victim has committed suicide has not been **ruled out** by the investigators yet.
A possibilidade de que a vítima tenha cometido suicídio ainda não foi descartada pelos investigadores.
>> According to the government spokesman, another interest rate increase still this year should not be **ruled out.**
De acordo com o porta-voz do governo, outro aumento da taxa de juro ainda este ano não deve ser descartado.

RUN AWAY (RAN - RUN / RUNNING)

> **to escape by running** (escapar, fugir correndo)
>> When the crooks saw the police car turning around the corner, they immediately **ran away** in the opposite direction.
Quando os pilantras viram o carro da polícia virar a esquina, eles imediatamente fugiram na direção oposta.

» "Don't **run away**! I am not going to hurt you," shouted the school bully to the group of small boys.
"Não fujam! Não vou machucá-los", gritou o valentão da escola para o grupo de garotos pequenos.

noun form: **runaway:** someone who has escaped from somewhere; fugitive (fugitivo)
» "Have they tracked down any of the **runaways** yet?", Seth asked Clive.
"Eles já encontraram algum dos fugitivos?", Seth perguntou ao Clive.

adjective form: **runaway:** out of control (fora de controle; desgovernado)
» "Did you hear about the **runaway** train that nearly caused a serious accident last week?", Will asked Larry.
"Você soube do trem desgovernado que quase causou um acidente grave na semana passada?", Will perguntou ao Larry.

RUN AWAY WITH (RAN - RUN / RUNNING)

› **to gain control of one's feelings, emotions etc.** (deixar-se levar pelos sentimentos, emoções etc.)
  » "Hey, don't let your imagination **run away with** you!" Larry told his friend Dennis, who kept daydreaming about a girl he had just met.
  "Ei, não se deixe levar pela imaginação!", Larry disse a seu amigo Dennis, que não parava de sonhar acordado com uma garota que tinha acabado de conhecer.
  » "Last time Anna let her feelings **run away with** her, she had her heart broken. I hope it doesn't happen again now she is dating this boy!" said Anna's mother.
  "Da última vez que Anna se deixou levar pelos sentimentos, ela se magoou. Espero que isso não aconteça de novo, agora que está namorando esse rapaz!", disse a mãe de Anna.

››› Nessa acepção, o phrasal verb **run away with** é normalmente utilizado em conjunto com o verbo **let**, como se vê pelos exemplos.

RUN BY (RAN - RUN / RUNNING)

› **"run something by someone":** to introduce an idea or a subject to someone so that they can give their opinion about it (apresentar uma ideia ou assunto para alguém e ouvir a opinião da pessoa a respeito)
  » "Why don't you **run** this idea **by** the managers and see what they think?", Miles asked Greg.
  "Por que você não apresenta esta ideia para os gerentes para ver o que eles acham?", Miles perguntou ao Greg.

RUN DOWN (RAN - RUN / RUNNING)

- **to hit someone with a car** (atropelar)
    - "I heard a drunk driver **ran down** a pedestrian on this street yesterday", Charlie told Pete as he was parking the car.
    "Ouvi dizer que um motorista bêbado atropelou um pedestre nesta rua ontem", Charlie contou para o Pete quando estava estacionando o carro.
    - Veja também **run over**.

RUN FOR (RAN - RUN / RUNNING)

- **to try to be elected** (concorrer a um cargo; candidatar-se)
    - "You are so popular in your city. Why don't you **run for** mayor? I really think you stand a good chance of getting elected," Dave told his friend Joe.
    "Você é tão popular na sua cidade. Por que não se candidata a prefeito? Eu realmente acho que você tem uma boa chance de ser eleito", Dave disse a seu amigo Joe.
    - "With your skills and background, you would make a great congressman. If I were in your shoes, I would definitely **run for** the position," Matt told Jay.
    "Com suas habilidades e experiência, você daria um ótimo congressista. Se eu estivesse no seu lugar, eu com certeza concorreria ao cargo", Matt disse a Jay.

RUN INTO (RAN - RUN / RUNNING)

1. **to meet someone by chance** (encontrar alguém por acaso; "dar de cara com")
    - Ralph says he keeps **running into** old high school friends everywhere he goes.
    Ralph diz que está sempre encontrando velhos amigos do colegial em todos os lugares a que vai.
    - "Jane told me she **ran into** a friend she hadn't seen in years at the mall yesterday and that they spent about an hour catching up," said Rita.
    "Jane me disse que ontem, no shopping, encontrou por acaso uma amiga que não via havia anos e que elas ficaram mais ou menos uma hora colocando os assuntos em dia." disse Rita.
    - Veja também **bump into**.
    - Compare com **come across**.

2. **to hit with a vehicle, to crash into** (colidir, bater um veículo contra outro ou contra alguma coisa)
    - "Hey, watch out! You almost **ran into** the back of that bus!" Neil warned his friend Joel.
    "Ei, cuidado! Você quase bateu na traseira daquele ônibus!", Neil advertiu seu amigo Joel.

RUN OUT OF (RAN – RUN / RUNNING)

› **to come to an end, to not have any left, e.g. gasoline, time, patience etc.** (não ter mais, "ficar sem", acabar, p. ex. gasolina, tempo, paciência etc.)
  » "We **ran out of** sugar. Would you mind sweetening your tea with honey?" Mary asked her friend Sue.
  "Acabou o açúcar. Você se importaria de adoçar seu chá com mel?", Mary perguntou a sua amiga Sue.
  » "I'm **running out of** patience! Why doesn't any of the waiters come to take our order?" Greg asked his wife angrily in the restaurant.
  "Estou perdendo a paciência! Por que nenhum dos garçons vem tirar nosso pedido?", Greg perguntou à esposa, bravo, no restaurante.

  »» No sentido literal, a combinação do verbo **run** (correr) com o advérbio **out** (fora) produz o significado "sair correndo".
  » When Frank heard the building was on fire, he **ran out** of it as fast as he could.
  Quando Frank ouviu que o prédio estava pegando fogo, ele saiu correndo o mais rápido que pôde.

RUN OUT ON (RAN – RUN / RUNNING)

› **to abandon, to desert** (abandonar alguém)
  » "Hey! Don't **run out on** me now! I'm counting on you to help me mow the lawn," Bob told his friends.
  "Ei! Não me abandonem agora! Estou contando com vocês para me ajudar a cortar a grama", Bob disse a seus amigos.
  » Veja também **walk out on**.

RUN OVER (RAN - RUN / RUNNING)

1. to hit someone or something with a vehicle (atropelar)
- » After a drunk driver **ran over** Mrs. Wilkins, she was taken to the ER* of a hospital nearby, where she was promptly taken care of.
  Depois que um motorista bêbado atropelou a sra. Wilkins, ela foi levada para o pronto-socorro de um hospital próximo, onde foi prontamente atendida.
- » Veja também **run down**.

2. to read quicky in order to review or practice (revisar rapidamente, repassar)
- » "Let's **run over** the figures once more. I'm sure there must be something wrong," Roger told his co-worker Brian.
  "Vamos revisar rapidamente os números mais uma vez. Tenho certeza de que deve haver algo errado", Roger disse a seu colega de trabalho Brian.

RUSH IN / INTO (RUSHED - RUSHED / RUSHING)

› **to hurry or act too quickly often without thinking carefully** (agir precipitadamente)
- » "You'd be a fool if you **rushed in** and got married just now. You're too young!" Frank told Tony.
  "Você seria um tolo se se precipitasse e casasse agora. Você ainda é muito novo!", Frank disse a Tony.
- » "Let's not **rush into** things and jump to conclusions. I think first we need to listen to everybody's opinion on the subject," said Ray.
  "Não vamos nos precipitar e tirar conclusões apressadas. Acho que primeiro precisamos ouvir a opinião de todos sobre o assunto", disse Ray.

SCARE AWAY (SCARED - SCARED / SCARING)

› **to frighten someone so that they go away** (afugentar, espantar)
- » The Watsons keep two big dogs in the front yard of their house because they help **scare** thieves **away**.
  Os Watson mantêm dois cachorros grandes no pátio da frente de sua casa porque estes ajudam a espantar os ladrões.

---

*ER: abreviação de **emergency room** (pronto-socorro).

SCREW OVER (SCREWED - SCREWED / SCREWING)

› **to give someone a very bad time; to cheat someone** ("ferrar alguém"; "sacanear alguém")
  » "Watch out! Seems like that guy is trying to **screw** you **over**," Barry warned Randy.
    "Cuidado! Parece que aquele cara está tentando sacanear você", Barry alertou o Randy.

SCREW UP (SCREWED - SCREWED / SCREWING)

› **(informal) to spoil or deal with something badly, to make a mistake** (estragar, arruinar, fazer algo errado, "pisar na bola")
  » Alfred **screwed up** our plan to give Rita a surprise birthday party by accidentally letting her know what we were up to.
    Alfred estragou nosso plano de fazer uma festa de aniversário surpresa para Rita, contando a ela, por engano, o que estávamos tramando.
  » "Our boss had to fire Timothy because he was always **screwing up** and not having his work done on time," Clint told Bob.
    "Nosso chefe teve de demitir Timothy porque ele estava sempre fazendo coisa errada e atrasando o trabalho", Clint disse a Bob.
  » Veja também **fuck up**.
  » Compare com **slip up**.

SEE OFF (SAW - SEEN / SEEING)

› **to go to an airport etc. to say goodbye to someone who is leaving** (acompanhar alguém que vai partir até o aeroporto etc.; despedir-se)
  » Ralph could hardly believe when he looked back after checking in his bags and saw that some of his friends had come to the airport to **see** him **off**.
    Ralph mal pôde acreditar quando olhou para trás depois de ter feito o check-in de suas malas e viu que alguns de seus amigos tinham vindo ao aeroporto para despedir-se dele.

SEE OUT (SAW - SEEN / SEEING)

› **to accompany someone who is leaving to the exit** (acompanhar alguém até a porta)
  » "Thank you very much for coming here. Mrs. Smith will **see** you **out**," Ray told his visitor.
    "Muito obrigado por ter vindo. A sra. Smith vai acompanhá-lo até a porta", Ray disse ao visitante.

SEE THROUGH (SAW - SEEN / SEEING)

1. **to not be deceived by, to understand a person's true intentions although he/she may try to hide them** (não se deixar-se enganar ou iludir, perceber as verdadeiras intenções de alguém)

» "Can't you **see through** Richard? He's only after your money," Mary's mother warned her.
"Você não consegue perceber as verdadeiras intenções de Richard? Ele está apenas atrás do seu dinheiro", a mãe de Mary a advertiu.

2. to provide support or help during a difficult time (ajudar alguém durante um momento difícil)
» "We always knew we could count on Aunt Frida's support to **see** us **through** in times of trouble," said Audrey.
"Sempre soubemos que poderíamos contar com o apoio de tia Frida para nos ajudar em momentos difíceis", disse Audrey.

SEE TO (SAW - SEEN / SEEING)

› **to do or arrange for something to be done** (cuidar de alguma coisa, tomar providências)
» "It's past noon already. I think our visitors would enjoy eating and drinking something. Could you **see to** that, please?" Tim's boss asked him.
"Já passou do meio-dia. Acho que nossos visitantes gostariam de comer e beber alguma coisa. Você poderia tomar providências, por favor?", o chefe de Tim pediu a ele.

SELL OUT (SOLD - SOLD / SELLING)

› **to sell everything, to have nothing left for sale** (vender tudo, "esgotar", p. ex. ingressos)
» "Tickets for the playoff game between the New York Knicks and the Chicago Bulls tonight **sold out** in just three hours!" Jay told Mick.
"Os ingressos para o jogo decisivo entre o New York Knicks e o Chicago Bulls hoje à noite se esgotaram em apenas três horas!", Jay disse a Mick.

» The clerk at the men's shop told Henry they had **sold out** of pants in his size but that they would receive some more soon.
O atendente da loja de roupas masculinas disse a Henry que tinham vendido todas as calças no tamanho dele, mas que iriam receber mais logo.

SEND FOR (SENT - SENT / SENDING)

1. to send a message to someone, asking them to come and see you (chamar; mandar chamar)
» "Did you **send for** me?" Ray asked Dave.
"Você mandou me chamar?", Ray perguntou a Dave.

2. to ask for something to be brought or sent to you (mandar buscar, pedir que algo nos seja enviado)
» "I'm swamped with work. I think I'm going to **send for** some snacks and eat here in the office," Stan told Neil.
"Estou atolado em trabalho. Acho que vou mandar buscar um lanche e comer aqui no escritório", Stan disse a Neil.
» "Why don't you **send for** a free travel brochure so you can start planning your trip in advance?" Seth suggested to his friend Claire.
"Por que você não pede um prospecto de viagem gratuito para começar a planejar sua viagem com antecedência?", Seth sugeriu a sua amiga Claire.

SET BACK (SET - SET / SETTING)

› **to delay the progress or development of a project, work etc.** (atrasar o progresso ou desenvolvimento de um projeto, trabalho etc.)
» "If this bad weather goes on, it will certainly **set back** our building plans schedule," the contractor told Mr. Holmes.
"Se este tempo ruim continuar, certamente vai atrasar a programação da construção", o empreiteiro disse ao sr. Homes.

noun form: **setback:** a delay (atraso, contratempo)
» "This minor **setback** will delay our plans to have the proposal finished for our clients on time," Stuart told his co-worker Greg.
"Esse pequeno contratempo vai atrasar nossos planos de concluir a proposta para nossos clientes no prazo", Stuart disse a seu colega de trabalho Greg.

SET UP (SET - SET / SETTING)

1. to establish or start a business etc. (estabelecer, montar um negócio etc.)
   » David and his friend Ken decided to **set up** their own software firm after they were dismissed from their previous jobs at computer companies.
   David e seu amigo Ken decidiram montar sua própria firma de software depois que foram demitidos de seus empregos anteriores em empresas de informática.
   » Veja também **open up** e **start up**.

2. to install equipment and get it ready to use (montar, instalar equipamento)
   » "Why don't you ask Brian to help you **set up** the new computer you just bought? He's good at these things," Dennis told Mark.
   Por que você não pede a Brian para ajudá-lo a instalar o novo computador que você acabou de comprar? Ele é bom nessas coisas", Dennis disse a Mark.

3. to trick someone, esp. by making them appear guilty of a crime (incriminar, "armar")
   » The police found out that Ray had been **set up** and that he wasn't guilty after all.
   A polícia descobriu que haviam armado para Ray e que afinal ele não era culpado.
   » The clever robbers **set up** an innocent man to take responsibility for the crime they had committed.
   Os espertos ladrões armaram para um inocente levar a culpa pelo crime que tinham cometido.

   noun form: **setup:** a situation in which someone is incriminated on a false charge ("armação")
   » "The whole thing is a **setup**! I had nothing to do with what happened!" exclaimed Bill.
   "É tudo armação! Eu não tive nada a ver com o que aconteceu!", exclamou Bill.

4. to schedule a meeting or an appointment (marcar, agendar reunião ou compromisso)
   » "Steve suggested **setting up** a meeting for next Thursday so we can discuss some pending issues," Brian told his manager at the office.
   "Steve sugeriu agendar uma reunião para a próxima quinta-feira para podermos discutir alguns assuntos pendentes", Brian disse a seu gerente no escritório.

SETTLE DOWN (SETTLED - SETTLED / SETTLING)

1. to establish a home and life in one place (estabelecer-se; "sossegar")
   » Roger's father told him it was about time he stopped living such a hectic life, got married and **settled down**.
   O pai de Roger disse a ele que já estava na hora de ele parar de ter uma vida tão agitada, casar e sossegar.

2. to become calm or quiet after being noisy (sossegar, acalmar)
» Jane told her kids to **settle down** and watch their favorite cartoon, which was about to start.
Jane disse para seus filhos sossegarem e assistirem ao desenho preferido deles, que já ia começar.
» Veja também **calm down**.

SEX UP (SEXED - SEXED / SEXING)

1. to make something more interesting, attractive or exciting; to increase the appeal of something (tornar algo mais interessante ou atraente)
» "I wonder if there's anything we can do to **sex up** the plot of the movie," said Chuck at the meeting.
"Eu estava pensando se poderíamos fazer algo para tornar o enredo do filme mais interessante", disse Chuck na reunião.

2. to arouse sexually (excitar sexualmente)
» "The scenes described in the book surely **sexed up** many readers," Freddy told a friend.
"As cenas descritas no livro certamente deixaram muitos leitores excitados", Freddy contou a um amigo.

SHELL OUT (SHELLED - SHELLED / SHELLING)

› **to pay; to spend money on something** (pagar; gastar dinheiro em algo; "desembolsar")
» "Tickets were sold out at the box office so I had to **shell out** two hundred bucks and buy them from a scalper," said Charlie to his friends.
"Os ingressos estavam esgotados na bilheteria então tive que desenbolsardesembolsar duzentos dólares e comprá-los de um cambista", disse Charlie aos amigos.

SHOOT DOWN (SHOT - SHOT / SHOOTING)

1. to kill by gunfire (matar com arma de fogo)
» The thieves were **shot down** by the night guard as they were trying to escape.
Os ladrões foram mortos pelo segurança noturno quando tentavam escapar.

2. to bring down an aircraft, bird, etc. by gunfire or missile (derrubar uma aeronave, pássaro, etc. com arma de fogo ou míssil)
» It seems that the helicopter had been **shot down** by mistake.
Parece que o helicóptero tinha sido derrubado por engano.

SHOOT UP (SHOT - SHOT / SHOOTING)

1. to increase in size or amount very quickly (aumentar em tamanho ou quantidade rapidamente)
» "Hotel daily rates usually **shoot up** at this time of year in this region," Fred told a friend.
"Os preços das diárias de hotel normalmente aumentam muito nesta época do ano nesta região", Fred contou para um amigo.
» "I'm amazed at how your niece has **shot up**. She's much taller than the last time I saw her," Marylin told Tricia.
"Estou surpreso como a sua sobrinha cresceu. Ela está muito mais alta do que a última vez que eu a vi", Marylin disse para Tricia.

2. to take drugs; to inject illegal drugs with a needle (tomar drogas ilegais injetáveis)
» "Did you see that guy **shooting up** in the bathroom?", Gary asked Jake.
"Você viu aquele cara tomando drogas com uma seringa no banheiro?", Gary perguntou ao Jake.

SHOW AROUND (SHOWED - SHOWED / SHOWING)

› **to guide someone around a place** (mostrar algum lugar para alguém)
» On Diane's first day at work, her boss **showed** her **around** the company and introduced her to some of the employees.
No primeiro dia de trabalho de Diane, seu chefe lhe mostrou a empresa e a apresentou a alguns dos funcionários.

SHOW IN (SHOWED - SHOWED / SHOWING)

› **to lead someone into a room** (acompanhar até a entrada; mandar entrar)
» "As soon as the managers arrive please **show** them right **in**," asked the director.
"Assim que os gerentes chegarem, por favor, mande-os entrar de imediato", pediu o diretor.
» Veja também o antônimo **show out**.

SHOW OFF (SHOWED - SHOWED / SHOWING)

› **to try to impress someone by doing or showing something** (exibir-se, "mostrar-se")
» "There's no need for you to **show off**. Everyone here knows how well you can swim," Jean told Edward as he was about to dive into the swimming pool in front of his friends.
"Você não precisa se mostrar. Todos aqui sabem que você nada bem", Jean disse a Edward quando este estava prestes a mergulhar na piscina na frente dos amigos.

noun form: **show-off:** someone who behaves so as to attract attention by showing their talents (exibicionista, "exibido")
» "Henry is such a **show-off**! He thinks he can impress everyone just because he speaks three languages," Linda told her friend Audrey.
"Henry é tão exibido! Acha que pode impressionar todo mundo só porque fala três idiomas", Linda disse a sua amiga Audrey.

SHOW OUT (SHOWED - SHOWED / SHOWING)

› **to lead someone out of a place** (acompanhar alguém até a saída, até a porta)
» "Would you please **show** Mr. Davenport **out?**" Peter asked Mary.
"Você faria o favor de acompanhar o sr. Davenport até a saída?", Peter pediu a Mary.
» Compare com **see out**.
» Veja também o antônimo **show in**.

SHOW UP (SHOWED - SHOWED / SHOWING)

› **to arrive or appear** (chegar, aparecer)
» Last time Phil **showed up** late for a date with Julia, she got mad at him and told him he had better not do it again.
Da última vez que Phil chegou atrasado para um encontro com Julia, ela ficou brava com ele e disse que seria melhor ele não fazer isso outra vez.
» "I wonder why Ron did not **show up** for class today. I hope he is not sick," said Mike.
"Eu gostaria de saber por que Ron não apareceu na aula hoje. Espero que ele não esteja doente", disse Mike.
» Veja também **turn up**.

SHUT DOWN (SHUT - SHUT / SHUTTING)

1. **to close permanently or for a period of time, esp. a factory, a business etc.** (fechar para sempre ou por um período de tempo, esp. fábrica, negócio etc.)
» Barry's boss said that if the economy doesn't pick up they will be forced to fire all the employees and **shut down** the company.
O chefe de Barry disse que, se a economia não melhorar, eles vão ser forçados a despedir todos os funcionários e fechar a empresa.
» Veja também **close down**.

2. **to turn off, esp. industrial machines** (desligar, esp. máquinas industriais)
» "Once a month, they **shut down** the machines in that factory for maintenance," Keith explained to us.
"Uma vez por mês, eles desligam as máquinas daquela fábrica para manutenção", Keith nos explicou.

SHUT OFF (SHUT - SHUT / SHUTTING)

1. to stop the operation of a machine, alarm, etc. (desligar uma máquina, alarme, etc.)
- » "Do you know how to **shut off** the alarm?", Carol asked Donald.
  "Você sabe desligar o alarme?", Carol perguntou ao Donald.

2. to stop the flow of water, electricity, etc. (desligar a água, energia, etc.)
- » "The janitor just told me they'll have to **shut** the water **off** in the building so they can repair the leak," Charlie told his next-door neighbor.
  "O zelador acabou de me falar que eles vão ter que desligar a água no prédio para poderem consertar o vazamento", Charlie falou para o vizinho de porta.

SHUT UP (SHUT - SHUT / SHUTTING)

› **(informal; not polite) to stop talking, to be or make quiet** (parar de falar, "calar a boca")
- » We could hardly believe when Mary angrily told her husband to **shut up** in front of all the guests at the party.
  Mal conseguimos acreditar quando Mary, brava, mandou o marido calar a boca na frente de todos os convidados na festa.
- » "Could you both **shut up**? I'm trying to watch this movie!" Fred told Bill and Dan.
  "Vocês dois poderiam calar a boca? Estou tentando assistir a este filme!", Fred disse a Bill e Dan.

SHY AWAY (FROM) (SHIED - SHIED / SHYING)

› **to avoid someone or something; to keep away from** (evitar alguém ou algo; manter-se longe de)
- » That famous actress has been **shying away** from journalists ever since she broke up with her husband.
  Aquela atriz famosa tem evitado os jornalistas desde que se separou do marido.

SIGN UP (FOR) (SIGNED - SIGNED / SIGNING)

1. to join a program, course, etc. (matricular-se em um programa, curso, etc.; inscrever-se)
- » "This is not a compulsory course. You only **sign up** if you want to," explained Jake to a coworker.
  "Este curso não é obrigatório. Você apenas se inscreve se quiser", explicou Jake a um colega de trabalho.
- » "Hey Michelle, I heard you **signed up** for yoga classes. You're gonna love it!", Linda told Michelle.
  "Ei Michelle, ouvi dizer que você se matriculou nas aulas de yoga. Você vai adorar!", Linda disse para Michelle.

2. to enlist for military service (alistar-se)
- » "I plan to **sign up** for military service as soon as I'm old enough," Chuck told a friend.
  "Planejo me alistar assim que tiver a idade suficiente", Chuck contou para um amigo.

SIT BACK (SAT - SAT / SITTING)

- › **to settle into a comfortable sitting position; to relax** (sentar-se confortavelmente; relaxar)
  - » "You've worked all day. Why don't you just **sit back** and enjoy the movie?", Celine told Nick.
    "Você trabalhou o dia inteiro. Por que não relaxa e curte o filme?", Celine disse para o Nick.
  - » "We can't just **sit back** and ignore what's going on around us," Tyler told Bill.
    "Não podemos simplesmente relaxar e ignorar o que está acontecendo a nossa volta", Tyler disse para o Bill.

SIT DOWN (SAT - SAT / SITTING)

- › **to take a sitting position, to be seated** (sentar-se)
  - » "Would you like to **sit down** for a minute? Mr. Blake will be here shortly," Mr. Blake's secretary informed the visitor.
    "O senhor gostaria de sentar por um minuto? O sr. Blake vai chegar em breve", a secretária do sr. Blake informou o visitante.
  - » Veja também o antônimo **stand up**.

SIT UP (SAT - SAT / SITTING)

1. to sit straight (sentar reto; sentar direito)
- » "You'd better **sit up** or you're going to get a backache soon," Jeff advised Fred.
  "É melhor você se sentar direito ou vai ter dor nas costas em breve", Jeff aconselhou Fred.

2. to go from a lying position to a sitting position (mudar da posição de deitado para sentado)
- » The doctors were amazed that their patient could **sit up** after only a few days of being in the hospital from a serious car accident.
  Os médicos estavam surpresos que o paciente já conseguia sentar-se depois de apenas alguns dias no hospital após um grave acidente de carro.

noun form: **sit-up:** exercise done by lying on the back and rising to a sitting position (abdominal)
- » "The coach had us do thirty **sit-ups** during basketball practice today," said Nick to a classmate.
  "O treinador fez a gente fazer trinta abdominais durante o treino de basquete hoje", disse Nick para um colega de classe.

SLAVE AWAY (SLAVED - SLAVED / SLAVING)

› **to work very hard, normally with a boss pushing you** (trabalhar muito, normalmente sob a pressão de um chefe; "matar-se de trabalhar")
  » "We've been **slaving away** on this project for about a month now. We badly need a break," said James to a coworker.
  "Nós temos nos matado de trabalhar neste projeto há aproximadamente um mês. Precisamos muito de uma pausa", disse James para um colega de trabalho.

SLEEP ON (SLEPT - SLEPT / SLEEPING)

› **to delay deciding about something until the next day or later** ("sleep on it") (adiar uma decisão para poder pensar melhor)
  » When I asked Fred what he thought about the project, he told me he would **sleep on** it and talk to me the next morning.
  Quando perguntei a Fred o que ele achava do projeto, ele me disse que iria pensar por mais um dia e que conversaria comigo na manhã seguinte.
  » "Your proposal sounds really interesting. Can I **sleep on** it before giving you my decision?" Richard asked Sam.
  "A sua proposta parece bastante interessante. Posso pensar mais um pouco antes de lhe dar a minha decisão?", Richard perguntou a Sam.

SLEEP OVER (SLEPT - SLEPT / SLEEPING)

› **to sleep in someone's home for one night** (dormir na casa de alguém por uma noite)
  » "Why don't you **sleep over**? It's too late for you to catch a bus home now," Mike told Sean.
  "Por que você não dormei aqui hoje à noite? Está muito tarde para você voltar de ônibus para casa agora", Mike disse para o Sean.
  » "Don't wait up for me tonight. I plan to **sleep over** at a friend's," Tony told his mother.
  "Não espere por mim hoje à noite. Eu planejo dormir na casa de um amigo", Tony falou para a mãe.

SLIP AWAY (SLIPPED - SLIPPED / SLIPPING)

1. **to leave secretly; to sneak away** ("sair de fininho")
  » "This lecture is so boring. I'll try to **slip away** as soon as I get a chance," Roger told a classmate.
  "Esta palestra está tão chata. Vou tentar sair de fininho assim que tiver a oportunidade", Roger disse para um colega de trabalho.
  » Veja também **sneak away** e **steal away**.

2. to slowly disappear; to let an opportunity go by (desaparecer lentamente; deixar uma oportunidade passar)
   » "You can't just let an opportunity like this **slip away**," Joe told Rick.
   "Você não pode simplesmente deixar uma oportunidade como esta passar", Joe disse para o Rick.

SLIP INTO (SLIPPED - SLIPPED / SLIPPING)

› **to put on clothes, often quickly** (vestir rapidamente)
   » When Jack gets home from work, he usually **slips into** a jogging suit and goes running in the park near his house.
   Quando Jack chega do trabalho, ele geralmente veste um agasalho e vai correr no parque perto de sua casa.

SLIP ON (SLIPPED - SLIPPED / SLIPPING)

1. to put on clothes or shoes, often quickly (vestir ou calçar rapidamente)
   » "I like to **slip on** something more comfortable as soon as I get home from work," Melissa told a friend.
   "Eu gosto de vestir algo mais comfortávelconfortável assim que chego em casa do trabalho", Melissa contou para uma amiga.
   » "Why don't you **slip on** this jacket to see what it looks like on you?"
   Por que não veste esta jaqueta para ver como ela fica em você?

2. to fall after sliding (escorregar e cair; levar um tombo)
   » "It was snowing and I nearly **slipped on** the sidewalk this morning," Katrina told a friend.
   "Estava nevando e eu quase escorreguei e caí na calçada hoje de manhã", Katrina contou para uma amiga.

SLIP UP (SLIPPED - SLIPPED / SLIPPING)

› **to make a mistake** (cometer engano, deslize; "pisar na bola")
   » "It seems that someone has **slipped up**. These are not the products we were supposed to receive," Frank told the van driver as he was unloading the boxes.
   "Parece que alguém cometeu um engano. Estes não são os produtos que deveríamos receber", Frank disse ao motorista da perua enquanto descarregava as caixas.
   » Compare com **screw up** e **fuck up**.

noun form: **slip-up:** a mistake (erro, engano)
» The company spokesman has apologized for the recent **slip-ups** and said they won't happen again.
O porta-voz da empresa pediu desculpas pelos enganos recentes e disse que não irão acontecer de novo.

SLOW DOWN (SLOWED - SLOWED / SLOWING)

1. to reduce the speed of a vehicle (ir mais devagar, reduzir a velocidade de veículo)
» "**Slow down.** There are some bumps up ahead," Patrick told his sister.
"Vai devagar. Há algumas lombadas lá na frente", Patrick disse a sua irmã.

» Veja também o antônimo **speed up**.

2. to make or become slower, esp. a person's rhythm of work or business (diminuir o ritmo de trabalho ou de negócios)
» "I think you should **slow down.** If you keep working this hard, you are going to end up stressed," Paul's friend told him.
"Acho que você deveria diminuir o ritmo. Se continuar a trabalhar tanto assim, vai acabar estressado", o amigo de Paul disse a ele.
» "Business **slows down** at this time of the year and only picks up again near Christmas," Ray explained to us.
"Os negócios ficam devagar nesta época do ano e só melhoram novamente perto do Natal", Ray nos explicou.

3. to speak more slowly (falar mais devagar)
» "Hey! **Slow down!** I can't understand a word you are saying!" Bill told Mike.
"Ei! Fale mais devagar! Não consigo entender uma palavra do que você está dizendo!", Bill disse a Mike.

SMASH UP (SMASHED - SMASHED / SMASHING)

› **to damage or destroy completely** (destruir; quebrar em pedaços)
  » "Wow, that singer must have been real high when he **smashed** everything **up** in his hotel room," Todd told Jake.
  "Nossa, aquele cantor devia estar muito alto quando quebrou tudo no quarto do hotel", Todd disse para o Jake.

SNEAK AWAY (SNEAKED - SNEAKED / SNEAKING)

› **to leave quietly without having others notice** (sair sem chamar a atenção, "sair de fininho")
  » "This party is so boring! I think I'm going to **sneak away** as soon as I can," Keith told Don.
  "Esta festa está tão chata! Acho que vou sair de fininho assim que puder", Keith disse a Don.
  » "Hey! Don't just **sneak away**! Help me out with the dishes," Leslie told Joe.
  "Ei! Não vá saindo de fininho! Ajude-me com os pratos", Leslie disse a Joe.
  » Veja também **slip away** e **steal away**.

SNITCH ON (SNITCHED - SNITCHED / SNITCHING)

› **to betray someone** (delatar; trair; "caguetar"; "dedurar")
  » The young man had to **snitch on** his friends to the principal otherwise he might've gotten suspended from school for doing graffiti in the boys' bathroom.
  O jovem teve que dedurar os amigos para o diretor da escola caso contrário talvez fosse suspenso por ter feito grafiti no banheiro masculino.
  » Veja também **rat on**, **rat out** e **tell on**.

SOBER UP (SOBERED - SOBERED / SOBERING)

› **to make or become sober again** (ficar sóbrio; fazer alguém ficar sóbrio)
  » "I don't think Fred should drive back home now. He needs to **sober up** first," Barry told his friends at the pub.
  "Eu não acho que o Fred deveria dirigir de volta para casa agora. Ele precisa ficar sóbrio primeiro", Barry disse a seus amigos no pub.

SORT OUT (SORTED - SORTED / SORTING)

1. to separate things into different types or groups, to organize (separar por grupos, organizar)
  » "Can you help me **sort out** the mail?", the doorman asked the janitor. "I'm still not very familiar with the people living in this building."

"Você pode me ajudar a separar a correspondência?", o porteiro pediu ao zelador.
"Ainda não estou muito familiarizado com as pessoas que moram neste prédio."

» "I really need to take some time to **sort out** my closet. It's such a mess!" Linda told Kate.
"Eu realmente preciso tirar algum tempo para organizar o meu armário. Está uma bagunça!", Linda disse a Kate.

2. to solve some problem or conflict (resolver algum problema, situação ou conflito)
» "The sooner we **sort out** this situation, the better for everyone involved," our boss said.
"Quanto antes resolvermos esta situação, melhor para todos os envolvidos", disse nosso chefe.

SOUND OUT (SOUNDED - SOUNDED / SOUNDING)

› **to try to find out someone's opinions, ideas or intentions by talking to them** (tentar descobrir a opinião ou intenção de alguém; sondar)
» "I have no idea what Fred thinks about this subject, but I'll try to **sound** him **out** tonight," said Nick to a friend.
"Não faço ideia do que o Fred pensa sobre este assunto, mas vou tentar descobrir hoje à noite", disse Nick para um amigo.

SOUP UP (SOUPED - SOUPED / SOUPING)

1. to make a car more powerful by adjusting the engine ("envenenar" motor)
» Frank's friends were amazed at how fast his car became after he **souped** it **up**.
Os amigos de Frank ficaram surpresos com a velocidade do carro dele depois que ele envenenou o motor.

2. to make, esp. computer products, more powerful (melhorar o desempenho, "turbinar", esp. produtos de informática)
» As a computer expert, Harry keeps up to date with new software that can **soup up** his computer's performance.
Como especialista em computadores, Harry se mantém atualizado com novos softwares que podem melhorar o desempenho de seu computador.
» "I wish I could download stuff from the Internet more quickly. Is there a way I can **soup up** my computer?" Stan asked his friend Mick.
"Eu gostaria de poder fazer downloads da Internet com maior rapidez. Existe alguma maneira de turbinar o meu computador?", Stan perguntou a seu amigo Mick.

SPEAK UP (SPOKE - SPOKEN / SPEAKING)

1. to speak in a louder voice (falar mais alto)
- » "Could you please **speak up**, dear?", Aunt Susie asked her niece. "I can hardly hear you."
  "Você poderia, por favor, falar mais alto, querida?", tia Susie pediu à sobrinha. "Quase não consigo ouvi-la."
- » "Granny can't listen to us anymore if we don't **speak up**. Maybe we should see about a hearing aid for her," Howard told his wife.
  "Vovó já não consegue nos escutar se não falarmos mais alto. Talvez devêssemos providenciar um aparelho de surdez para ela", Howard disse à esposa.

2. to speak freely and clearly what one thinks (dizer o que se pensa sem medo)
- » Even though Liz was not satisfied with the situation, she was afraid to **speak up**.
  Embora Liz não estivesse satisfeita com a situação, tinha medo de dizer o que pensava.

SPEED UP (SPED - SPED / SPEEDING)

› **to move or act more quickly; to accelerate** (acelerar, ir mais rápido)
- » "Let's **speed up** a little or else we won't get the reports done by 6 p.m.," said Larry.
  "Vamos acelerar um pouco, porque senão não vamos conseguir terminar os relatórios até as 18 horas", disse Larry.
- » "If you don't **speed up** a bit, we will never get to Boston before it gets dark," Todd told his friend Mike, who was driving.
  "Se você não acelerar um pouco, nunca vamos conseguir chegar a Boston antes de escurecer", Todd disse a seu amigo Mike, que estava dirigindo.
- » Veja também o antônimo **slow down**.

SPLIT UP (SPLIT - SPLIT / SPLITTING)

1. to end a relationship (terminar um relacionamento, separar, romper)
- » "I was really surprised when I heard Lucy and Tim decided to **split up** after being together for so long," Rosemary told her husband.
  "Fiquei realmente surpresa quando soube que Lucy e Tim decidiram se separar depois de terem ficado juntos por tanto tempo", Rosemary disse ao marido.
- » "It seems that the number of couples that **split up** has been increasing every year," Catherine told her friends while she was reading a magazine article on marriage.
  "Parece que o número de casais que se separam tem aumentado a cada ano", Catherine disse a suas amigas enquanto lia um artigo de revista sobre casamento.
- » Veja também **break up**.

2. to divide into groups (separar, dividir em grupos)
- » The teacher asked us to **split up** into groups of five in order to do the activity.
  A professora pediu que nos separássemos em grupos de cinco para fazer a atividade.
- » The chief detective told the policemen they would have a greater chance to find the criminals if they **split up** and went in different directions.
  O investigador-chefe disse aos policiais que eles teriam chance maior de encontrar os criminosos caso se dividissem em grupos e fossem em direções diferentes.

SPY ON (SPIED - SPIED / SPYING)

› **to watch secretly** (espionar)
- » "I wish you would stop **spying on** me and mind your own business," Rita told Sue angrily.
  "Eu gostaria que você parasse de me espionar e cuidasse da própria vida", Rita disse, brava, a Sue.

››› **Spy upon** significa o mesmo que **spy on**, mas é mais formal.

SQUEEZE IN (SQUEEZED - SQUEEZED / SQUEEZING)

› **to find time for; to manage to fit into** ("encaixar")
- » "I know Dr. Johnson has a tight schedule today, but do you think you could **squeeze me in** at around 4 p.m.?", Patricia asked Dr. Johnson's secretary over the phone.
  "Eu sei que o dr. Johnson está com a agenda cheia hoje, mas você acha que conseguiria me encaixar por volta das 16h?", Patricia perguntou à secretaria do dr. Johnson no telefone.

STAKE OUT (STAKED - STAKED / STAKING)

› **to watch someone secretly; to keep under surveillance** (vigiar; guardear; ficar de tocaia)
- » The police had been **staking out** the suspect's house for about a week before they made the arrest.
  A polícia tinha ficado de tocaia na casa do suspeito havia aproximadamente uma semana antes de prendê-lo.

noun form: **stakeout:** surveillance of a place or a person by the police (vigilância; tocaia)
- » The police decided to put a **stakeout** in place in order to try to catch the criminals.
  A polícia decidiu armar uma tocaia com o objetivo de tentar pegar os criminosos.

STAND BACK (STOOD - STOOD / STANDING)

> **to move away from usually something dangerous; to stay clear of** (recuar; distanciar--se de; sair de perto de; ir para trás)
>> "Hey, **stand back** from the fire or you'll get burned," Stanley shouted to the passersby.
>> "Ei, saiam de perto do fogo ou vocês vão se queimar", Stanley gritou para as pessoas que passavam.

STAND BY (STOOD - STOOD / STANDING)

1. to remain loyal to someone and give them support in a difficult situation (apoiar, ficar do lado de alguém em momento difícil)
>> "Greg is a great friend. He has always **stood by** me in times of trouble," Mae told Jane.
>> "Greg é um grande amigo. Ele sempre me apoiou em momentos difíceis", Mae disse a Jane.

2. to wait and be ready for action if needed (ficar de reserva, de prontidão)
>> Barry wished he could have played for his team, but he only **stood by** in case another player got hurt and had to be replaced.
>> Barry gostaria de ter podido jogar pelo seu time, mas ele apenas ficou de reserva caso outro jogador se machucasse e precisasse ser substituído.

adjective form: **standby: someone or something that can be relied on when needed** (alguém ou algo que possa ser usado em substituição a alguma pessoa ou coisa, "reserva")
>> "The elevator won't stop in case there is a power failure. They have a **standby** generator," David explained to us.
>> "O elevador não para no caso de haver falta de força. Eles têm um gerador reserva", David nos explicou.

3. to remain faithful to a promise, agreement etc. (manter-se fiel a uma promessa, acordo etc.)
>> Frank says that he doesn't care about what the others may think and that he will **stand by** what he had said before.
>> Frank diz que não se importa com o que os outros possam pensar e que vai manter-se fiel ao que tinha dito antes.

STAND FOR (STOOD - STOOD / STANDING)

1. to represent, to mean, referring to an acronym (representar, significar, referindo-se a uma abreviação)
>> A: "Do you know what SAP **stands for**?" Mick asked his friend Greg.
>> B: "Sure, it **stands for** Second Audio Program," replied Greg.

A: "Você sabe o que significa SAP*?", Mick perguntou a seu amigo Greg.
» **The acronym RIP written on some tombstones stands for Rest In Peace.**
A abreviação RIP escrita em algumas lápides significa rest in peace.**

2. to tolerate, to put up with (tolerar, aguentar)
  » When our boss found out what Gary had done, he said that he would not **stand for** his dishonest behavior and that he would have to fire him.
  Quando nosso chefe descobriu o que Gary tinha feito, ele disse que não toleraria seu comportamento desonesto e que teria de despedi-lo.
  » Veja também **put up with**.

STAND OUT (STOOD - STOOD / STANDING)

1. to be noticeable (destacar-se, sobressair)
  » Now that Jake has dyed his hair green and started wearing piercings in his nose, he **stands out** easily in a crowd.
  Agora que Jake tingiu o cabelo de verde e começou a usar piercing no nariz, ele se destaca facilmente no meio de uma multidão.

*"Segundo programa de áudio"; tecla SAP. **"Descanse em paz."

2. to be better than someone or something (ser melhor do que alguém ou algo; destacar-se)
  » Most art experts agree that Van Gogh **stands out** as one of the best painters of his time.
    A maioria dos especialistas em arte concorda que Van Gogh destaca-se como um dos melhores pintores de sua época.

  adjective form: **outstanding:** very good or impressive; excellent (notável)
  » Grace is an **outstanding** student. All her teachers agree that she is probably the best student at school.
    Grace é uma aluna notável. Todos os seus professores concordam que ela é provavelmente a melhor aluna da escola.

STAND UP (STOOD - STOOD / STANDING)

1. to rise, to get to one's feet (ficar em pé; levantar-se)
  » People are supposed to **stand up** when the judge enters the courtroom.
    As pessoas devem ficar de pé quando o juiz entra no tribunal.
  » Compare com **get up**.
  » Veja também o antônimo **sit down**.

2. to fail to meet someone, esp. a boyfriend or girlfriend, as arranged ("stand someone up") (faltar a um encontro, esp. com o namorado ou namorada; deixar alguém esperando)
  » Sarah was really mad when her boyfriend once **stood** her **up** and didn't even call her to apologize.
    Sarah ficou realmente brava quando o namorado uma vez a deixou esperando e nem ligou para se desculpar-se.

STAND UP FOR (STOOD - STOOD / STANDING)

› **to defend or support someone or an idea, principle etc.** (defender, apoiar alguém ou algo)
  » "Thanks for **standing up for** me at the meeting," Paul told his co-worker Phillip.
    "Obrigado por ter-me defendido na reunião", Paul disse a seu colega de trabalho Phillip.
  » William's parents have always taught him to **stand up for** his rights.
    Os pais de William sempre o ensinaram a defender seus direitos.
  » Veja também **stick up for**.

START BACK (STARTED - STARTED / STARTING)

1. to begin to study or work again after a break (começar a estudar ou trabalhar de novo após uma pausa; reiniciar; retomar)
  » "We're supposed to **start back** at school next Monday," Gary told a friend.
    "Nós devemos retomar as aulas na próxima segunda-feira", Gary disse para um amigo.

2. to begin a journey back to a place (começar a viagem de volta para algum lugar; voltar; retornar)
>> "We'd better **start back**. It's getting late," said Joe to his friends.
"É melhor retornarmos. Está ficando tarde", disse Joe para os amigos.

START OFF (STARTED - STARTED / STARTING)

1. to begin, to start (começar, iniciar)
>> Daisy's doctor told her it would be very important and healthy for her to always **start off** the day with a hearty meal.
O médico de Daisy lhe disse que seria muito importante e saudável se ela sempre começasse o dia com uma refeição substancial.
>> Veja também **start out**.

2. to start a journey, to leave (iniciar uma viagem, partir)
>> "I suggest we **start off** early in the morning so we can beat the rush hour traffic," Bob told Jim when they were planning their trip.
"Sugiro que partamos de manhã cedo, para evitar a hora do rush", Bob disse a Jim quando estavam planejando a viagem deles.

START OUT (STARTED - STARTED / STARTING)

1. to begin, to start (começar, iniciar)
>> Mr. Drake's food business' growth is amazing. He **started out** with a little snack bar about ten years ago and now owns a big chain of restaurants all over the country.
O crescimento do negócio de restaurantes do sr. Drake é fantástico. Ele começou com uma pequena lanchonete há uns dez anos e agora possui uma grande rede de restaurantes por todo o país.
>> Veja também **start off**.

2. to begin a journey, to leave (iniciar uma viagem, partir)
>> Mary and Tim intend to **start out** for Las Vegas on Friday afternoon, after Tim comes back from work.
Mary e Tim pretendem partir para Las Vegas na sexta-feira à tarde, depois que Tim voltar do trabalho.
>> Veja também **start off**.

START OVER (STARTED - STARTED / STARTING)

> **to start again** (começar de novo)
>> As Rick was not satisfied with the essay he had written for school, he decided to throw it away and **start over**.

Como Rick não estava satisfeito com a composição que ele tinha escrito para a escola, decidiu jogá-la fora e começar de novo.
» "Let's **start over**!" Jake told the other band members during the rehearsal.
"Vamos começar de novo!", Jake disse aos outros integrantes da banda durante o ensaio.

START UP (STARTED - STARTED / STARTING)

1. to switch on a vehicle or machine so that it begins working (ligar, dar partida)
» Jerry tried to **start up** his car a few times, but it wouldn't start. That was when he decided to call a mechanic to check what was going on.
Jerry tentou ligar seu carro algumas vezes, mas este não dava partida. Foi aí que Jerry decidiu ligar para um mecânico para checar o que estava acontecendo.

2. to begin a business (iniciar negócio, abrir empresa)
» David's father advised him to make a detailed business plan and think it over before **starting up** his own company.
O pai de David o aconselhou a fazer um plano de negócios detalhado e pensar bem antes de abrir sua própria empresa.
» Veja também **open up** e **set up**.

noun form: **start-up:** a new business (empresa nova, iniciante)
» Even though their company was a **start-up**, they had met with incredible profits in only their first year.
Embora a empresa deles fosse iniciante, tinham conseguido um lucro incrível já no primeiro ano.

STAY UP (STAYED - STAYED / STAYING)

› **to not go to bed; to go to bed later than usual** (ficar acordado até mais tarde)
» Mike asked his mother to make him some strong coffee as he was planning to **stay up** all night and cram for his finals.
Mike pediu à mãe que lhe preparasse café forte, já que pretendia ficar acordado a noite toda, rachando para os exames finais.
» Kate's mother always **stays up** waiting for her to come back home when she goes out with her friends at night.
A mãe de Kate sempre fica acordada esperando ela voltar para casa quando sai com as amigas à noite.
» Compare com **wait up**.

STEAL AWAY (STOLE - STOLEN / STEALING)

- **to sneak away** (sair sem chamar a atenção; "dar uma fugidinha"; "sair de fininho")
  - Bob had been working for 4 hours straight so he decided to **steal away** for a few minutes and smoke a cigarette.
  Bob estava trabalhando há quatro horas sem parar e então decidiu dar uma fugidinha por alguns minutos para fumar um cigarro.
  - Veja também: **slip away** e **sneak away**.

STEM FROM (STEMMED - STEMMED / STEMMING)

- **to result from; to be caused by** (ser resultado de; ser consequência de)
  - "All the problems in your department seem to **stem from** mismanagement," Gregory told a coworker during the meeting.
  "Todos os problemas no seu departamento parecem ser resultado de mau gerenciamento", Gregory falou para um colega de trabalho durante a reunião.

STICK AROUND (STUCK - STUCK / STICKING)

- **to not go away, to stay or wait in a place** (esperar, ficar por perto)
  - Ron doesn't usually go home right after class. He likes to **stick around** to talk to his friends.
  Ron geralmente não vai para casa logo após a aula. Ele gosta de esperar para conversar com os amigos.
  - "If you **stick around**, I will introduce you to the cast," Sam told us at the end of the play.
  "Se vocês esperarem, eu apresentarei vocês ao elenco", Sam nos disse ao final da peça.
  - Compare com **hang around**.

STICK TO (STUCK - STUCK / STICKING)

- **to obey a plan, rules, a procedure etc.** (ater-se a; seguir plano, regras etc.)
  - "Nothing can go wrong if we **stick to** the plan," Matt told his friends.
  "Nada poderá dar errado se seguirmos o plano", Matt disse a seus amigos.
  - "The cake will turn out all right if you **stick to** the recipe I gave you," Rita told Julia.
  "O bolo vai sair bom se você seguir a receita que lhe dei", Rita disse a Julia.
  - Veja também **abide by**.

STICK UP (STICKED - STICKED / STICKING)

1. to raise your arm or hand (levantar o braço ou a mão)
  - "Just **stick up** your hand if you know the answer please," the teacher told the class.
  "Levantem a mão se souberem a resposta por favor", o professor disse à classe.

2. to rob at gunpoint (assaltar à mão armada)
- » "It seems some guys tried to **stick up** the deli on the corner but got caught," Bill told his roommate.
  "Parece que alguns caras tentaram roubar o mercadinho da esquina mas foram pegos", Bill contou ao colega de quarto.
- » Veja também **hold up**.

noun form: **stickup:** robbery at gunpoint; a holdup (assalto à mão armada)
- » "There's been a **stickup** at the local drugstore this morning. Did you hear about it?", Ken asked Miles.
  "Houve um assalto na farmácia local hoje de manhã. Você ouviu falar alguma coisa?", Ken perguntou ao Miles.
- » Veja também **holdup**.

STICK UP FOR (STUCK - STUCK / STICKING)

> **to defend someone against attack or criticism** (defender alguém de ataque ou crítica)
- » Barry **stuck up for** Stanley at the meeting as he thought he had been unfairly criticized.
  Barry defendeu Stanley na reunião porque achou que ele tinha sido criticado injustamente.
- » "Thanks for **sticking up for** me at the last meeting. If it weren't for you, I'd probably be fired by now!" Jay told Brian.
  "Obrigado por ter-me defendido na última reunião. Se não fosse por você, eu provavelmente já estaria despedido!", Jay disse a Brian.
- » Veja também **stand up for**.

STIR UP (STIRRED - STIRRED / STIRRING)

1. to cause trouble; to start trouble (causar problema; criar problema)
- » The children **stir up** trouble with the neighbors every time they all play together.
  As crianças criam problema com os vizinhos sempre que todas brincam juntas.

2. to mix ingredients by stirring (misturar ingredientes mexendo)
- » "Just add some salt and **stir** it **up** a little. It will taste great!", Whitney's mother told her in the kitchen.
  "Põe um pouco de sal de dá uma mechxida. O sabor vai ficar ótimo!", a mãe de Whitney disse a ela na cozinha.

STOP BY (STOPPED - STOPPED / STOPPING)

> **to visit someone or a place briefly** (fazer uma visita rápida; "dar um pulo"; "passar por")
- » "I had to **stop by** the deli to buy some cheese, but it completely slipped my mind," Tracy told Patty.

"Eu tinha que dar um pulo no mercadinho para comprar queijo, mas esqueci completamente", Tracy disse para a Patty.
» Veja também **call on**, **drop by**, **drop in on** e **swing by**.

STOP OVER (STOPPED - STOPPED / STOPPING)

› **to stop somewhere before continuing a journey to some place** (fazer escala)
  » "Phillip and Marion told me their plane is supposed to **stop over** in Los Angeles before going on to Japan," Liz told her husband.
  "Phillip e Marion me contaram que o avião deles deve fazer escala em Los Angeles antes de prosseguir para o Japão", Liz disse ao marido.
  » "We **stopped over** in Miami for an hour to refuel," Jack told Michael at the airport.
  "Fizemos escala de uma hora em Miami para reabastecer", Jack disse a Michael no aeroporto.
» Veja também **lay over**.

noun form: **stopover:** a stop on a journey, especially one between flights (escala)
  » "If I were you, I'd choose another airline. There are far too many **stopovers** on this flight to Toronto," Mick told Joe.
  "Se eu fosse você, escolheria outra companhia aérea. Há escalas demais nesse voo até Toronto", Mick disse a Joe.
» Veja também **layover**.

STORM OUT (STORMED - STORMED / STORMING)

› **to leave a place angrily** (sair de um lugar bravo; sair de um lugar com raiva)
  » Richard **stormed out** of the office after a heated argument with a co-worker.
  O Richard saiu bravo do escritório depois de uma discussão acirrada com um colega de trabalho.

STOW AWAY (STOWED - STOWED / STOWING)

› **to hide aboard a ship, aircraft or another vehicle in order to escape from a place or get free transportation** (viajar como clandestino)
  » "They had tried to flee the country by **stowing away** on a cargo ship, but got caught," Mike told Carol.
  "Eles tinham tentado fugir do país viajando clandestinamente em um cargueiro, mas foram pegos", Mike contou para a Carol.

noun form: **stowaway:** a person who hides aboard a ship or plane so as to get a free passage (passageiro clandestino)
» Two **stowaways** were caught aboard the ship after it had left the harbor.
Dois passageiros clandestinos foram descobertos a bordo depois que o navio havia deixado o porto.

STRAIGHTEN OUT (STRAIGHTENED - STRAIGHTENED / STRAIGHTENING)

1. to make straight (endireitar; arrumar)
» "Hey, come here. You can't go to the party like this. You need to **straighten out** your tie and put on another coat," Jim's mother told him.
"Ei, vem cá. Você não pode ir à festa assim. Precisa arrumar a gravata e colocar outro casaco", a mãe do Jim disse para ele.

2. to correct; to settle; to change for the better (resolver; dar um jeito)
» "We need to **straighten** things **out** in this department as soon as possible. We just can't go on working like this," said Samuel to his coworkers during the meeting.
"Precisamos dar um jeito neste departamento assim que possível. Não podemos continuar trabalhando assim", disse Samuel para os colegas de trabalho durante a reunião.

STRIKE BACK (STRUCK - STRUCK / STRIKING)

› **to make a counterattack; to retaliate** (contra-atacar; retaliar; vingar-se)
» They expected the enemy to **strike back** and knew that it was just a matter of time.
Eles esperavam que o inimigo contra-atacasse e sabiam que era apenas questão de tempo.

STRIKE UP (STRUCK - STRUCK / STRIKING)

1. 1. to start a conversation or a relationship with someone ("puxar conversa ou iniciar um relacionamento com alguém)
» "I always try to **strike up** a conversation with the local people whenever I travel abroad," said Mick to a friend.
"Eu sempre procuroe puxar conversa com as pessoas locais quando viajo para o exterior", disse Mick para um amigo.

2. to start playing live music (começar a tocar)
» Many couples started to dance as soon as the band **struck up**.
Muitos casais começaram a dançar assim que a banda começou a tocar.

SUBSCRIBE TO (SUBSCRIBED - SUBSCRIBED / SUBSCRIBING)

1. **to pay to receive copies of a newspaper or magazine or to have a cable TV service, Internet service etc.** (assinar, ter assinatura de jornal ou revista ou de serviços como TV a cabo e Internet)
    » Mr. Thompson is an avid reader. He **subscribes to** two newspapers and three magazines.
    O sr. Thompson é um leitor ávido. Ele assina dois jornais e três revistas.
    » Dennis has been thinking about **subscribing to** a new sports channel.
    Dennis tem pensado em fazer assinatura de um novo canal de esportes.

2. (formal) to agree with an idea or opinion (concordar com uma ideia ou opinião)
    » "How can you **subscribe to** Mr. Henderson's point of view? It doesn't make any sense!" Steve told George angrily.
    "Como você pode concordar com o ponto de vista do sr. Henderson? Não faz sentido algum!", Steve disse, bravo, a George.

SUM UP (SUMMED - SUMMED / SUMMING)

› **to summarize** (resumir)
    » "I would like you to **sum up** the text you have just read and write an essay stating your opinions on it," Mr. Hartford told his students.
    "Eu gostaria que vocês fizessem um resumo do texto que acabaram de ler e escrevessem uma redação apresentando suas opiniões sobre ele", o sr. Hartford disse a seus alunos.
    » "I think it was very rude of Dennis to **sum up** Dr. Tyler's speech at the conference as '''boring'," Linda told Kate.
    "Acho que foi muito grosseiro da parte do Dennis resumir como 'chato' o discurso do dr. Tyler na conferência", Linda disse a Kate.

SWING BY (SWUNG - SWUNG / SWINGING)

› **to visit a person or place briefly** (visitar uma pessoa ou um lugar rapidamente; "passar por"; "dar um pulo")
    » "Can you **swing by** my office later today?", Bart asked Nick.
    "Você pode dar um pulo no meu escritório mais tarde?", Bart perguntou ao Nick.
    » "You can tell your brother I will **swing by** his school after work to pick him up from soccer practice," Doug's father told him.
    "Fala para o seu irmão que eu passo na escola depois do trabalho para pegá-lo após o treino de futebol", o pai de Doug disse a ele.
    » Veja também **call on**, **come by**, **drop by**, **drop in on** e **stop by**.

SWITCH OFF (SWITCHED - SWITCHED / SWITCHING)

› **to turn off the light, the TV, the radio etc.** (apagar a luz, desligar a TV, o rádio etc.)
  » "Could you **switch off** the air-conditioner?", Rita asked Liz. "I'm feeling a little cold."
  "Você poderia desligar o ar-condicionado?", Rita pediu a Liz. "Estou com um pouco de frio."
  » Veja também **turn off**.
  » Veja também o antônimo **switch on**.

SWITCH ON (SWITCHED - SWITCHED / SWITCHING)

› **to turn on the light, the TV, the radio etc.** (acender a luz, ligar a TV, o rádio etc.)
  » "How about **switching on** the heater? I'm freezing," Dick told his roommates.
  "Que tal ligar o aquecedor? Eu estou congelando", Dick disse a seus colegas de quarto.
  » Veja também **turn on**.
  » Veja também o antônimo **switch off**.

T

TAKE AFTER (TOOK - TAKEN / TAKING)

› **to behave or look like an older member of the family** (parecer-se no físico ou no comportamento com alguém mais velho da família, "puxar a alguém")
  » "As far as character is concerned, Joe definitely **takes after** his father, being as restless and impatient as he is," Mary told us.
  "No que diz respeito ao caráter, sem dúvida alguma o Joe puxou ao pai, sendo tão irrequieto e impaciente quanto ele", Mary nos contou.
  » "With those green eyes and blond hair, I can see that you **take after** your mother," Paula told her five-year-old niece, who she hadn't seen in a long time.
  "Com esses olhos verdes e esse cabelo loiro, vejo que você puxou à sua mãe", Paula disse à sobrinha de cinco anos de idade, que ela não via fazia muito tempo.

TAKE AWAY (TOOK - TAKEN / TAKING)

1. to remove something (retirar, levar embora)
  » "Could you please **take** these dirty dishes **away** from here?" Helen asked Marylin.
  "Você poderia fazer o favor de retirar estes pratos sujos daqui?", Helen pediu a Marylin.

2. to make a taste or a pain disappear (tirar o gosto de algo, tirar a dor)
  » "That medicine is awful! Give me some coffee to **take** the taste **away**," Dan told his wife.
  "Esse remédio é horrível! Dê-me um café para tirar o gosto", Dan disse à esposa.

» "You will feel a lot better after I give you this shot. It will **take** all your pain **away**," the nurse told the patient, who was scared of the size of the syringe.
"O senhor vai se sentir muito melhor depois que eu lhe der esta injeção. Ela vai tirar toda a sua dor", a enfermeira disse ao paciente, que estava assustado com o tamanho da seringa.

TAKE BACK (TOOK - TAKEN / TAKING)

1. to return something to where it was before (levar de volta, devolver)
» "Don't forget to **take** these books **back** to the library. They are due today," Mary told her classmate Anna.
"Não se esqueça de devolver estes livros à biblioteca. A data de devolução deles é hoje", Mary disse a sua colega de classe Anna.
» Compare com **give back**.

2. to return something you have bought from a store (devolver um produto com defeito à loja)
» "If I were you, I would **take** that faulty DVD-player **back** to the shop where you bought it and get my money back," Jill told Linda.
"Se eu fosse você, devolveria aquele aparelho de DVD com defeito à loja onde você o comprou e pegaria meu dinheiro de volta", Jill disse a Linda.

3. to ask for forgiveness for something that you said (retirar o que foi dito)
» "If you don't **take back** what you just said, I'll never talk to you again," Lucy told Bill.
"Se você não retirar o que acabou de dizer, eu nunca mais vou falar com você", Lucy disse a Bill.
» Gary was not willing to **take back** a word from what he had said about Jane because that's how he really felt about her.
Gary não estava disposto a retirar uma palavra do que tinha dito sobre Jane, porque era assim que realmente se sentia a respeito dela.

TAKE FOR (TOOK - TAKEN / TAKING)

› **to believe someone is something they are not** (achar erroneamente que alguém é alguma coisa; confundir-se)
» "When I first met Jack, I **took** him **for** a hillbilly, but after talking to him for a while I realized I was mistaken," Tim explained to his friend William.
"Quando conheci Jack, achei que era um caipira, mas, depois de ter conversado com ele um pouco, percebi que eu estava enganado", Tim explicou a seu amigo William.
» "What do you **take** me **for**, a fool?" asked Wagner.
"O que você acha que eu sou, algum bobo?", perguntou Wagner.

TAKE IN (TOOK - TAKEN / TAKING)

1. to be fooled or deceived by someone or something (ser enganado por alguém ou algo)
- » "I was completely **taken in** by that doctor's professional appearance and friendly talk," Ray told his friends.
  "Fui completamente enganado pela aparência profissional e pela conversa amigável daquele médico", Ray disse a seus amigos.

- »» Nessa acepção, o phrasal verb **take in** é geralmente usado na voz passiva, como se vê pelo exemplo.

2. to understand fully (entender completamente)
- » "I couldn't quite **take in** what you said. Could you explain it again?" asked Doug.
  "Não consegui entender tudo o que você disse. Você poderia explicar de novo?", perguntou Doug.

3. to receive someone into one's home (hospedar, acolher alguém em casa)
- » It was very kind of George to **take** us **in** while we were in Montreal. We would have spent a lot more money if we had stayed at a hotel," Richard told Greg.
  "Foi muito bacana o George ter-nos hospedado enquanto estivemos em Montreal. Nós teríamos gastado muito mais dinheiro se houtivéssemos ficado num hotel", Richard disse a Greg.
- » Compare com **put up**.

TAKE OFF (TOOK - TAKEN / TAKING)

1. to remove clothes, shoes, glasses etc. from your body (tirar roupas, sapatos, óculos etc.)
- » "It feels good to **take off** your shoes and walk barefoot on the grass. Don't you think so?" Claire asked her friend Diane.
  "É gostoso tirar os sapatos e andar descalça na grama. Você não acha?", Claire perguntou a sua amiga Diane.
- » Danny says he is so used to wearing glasses that he sometimes forgets to **take** them **off** to sleep at night.
  Danny diz que está tão acostumado a usar óculos que às vezes se esquece de tirá-los para dormir.
- » Veja também o antônimo **put on**.

2. to depart, to leave the ground, esp. planes (decolar)
- » Bert sometimes likes to go to the airport to just watch planes **take off** and land on the runway.
  Bert às vezes gosta de ir ao aeroporto apenas para observar os aviões decolarem e pousarem na pista.

» "Our plane did not **take off** on schedule as there seemed to be some problem with the landing gear and they had to double check it," Lucy told us.
"Nosso avião não decolou na hora prevista porque parecia haver algum problema com o trem de pouso e eles tiveram que checá-lo novamente", Lucy nos contou.
» Veja também o antônimo **touch down**.

noun form: takeoff: the moment when a plane leaves the ground (decolagem)
» Paul told Jenny he is not afraid of flying, but that he does feel nervous during **takeoff** and landing.
Paul disse a Jenny que não tem medo de voar, mas que realmente fica angustiado durante a decolagem e a aterrissagem.
» Veja também o antônimo **touchdown** (aterrissagem).

3. **to have a period of time free from work, to take a vacation from work** ("take time off") (tirar tempo livre do trabalho, tirar férias)
» "You have been working too hard lately. Why don't you **take** a few days **off** to relax?" Peter's boss asked him.
"Você tem trabalhado demais ultimamente. Por que não tira alguns dias para descansar?", o chefe de Peter perguntou a ele.
» "I'm planning to **take** next Friday **off** so I can travel with the kids to the beach," Mary told her friend Laura.
"Estou planejando tirar a próxima sexta-feira de folga para viajar com as crianças para a praia", Mary disse a sua amiga Laura.

4. **to become very successful, popular or well-known** (tornar-se um sucesso, "decolar", "deslanchar")
» Henry's career as a writer only really **took off** after he wrote his third book, which turned out to be a best-seller.
A carreira de Henry como escritor só decolou realmente depois que ele escreveu seu terceiro livro, que se tornou best-seller.
» "I'm pretty sure Mike's career as an actor will **take off** now that he got a part in a major movie," Julia told Susie.
"Tenho certeza de que a carreira de ator do Mike vai deslanchar agora que ele conseguiu papel num filme importante", Julia disse a Susie.

5. **(informal) to leave quickly or suddenly** (sair depressa, "sair correndo", "sair voando")
» "I'm late for an important appointment. I need to **take off** now. I'll talk to you later," Frank told Dick as he hurriedly left the office.
"Estou atrasado para um compromisso importante. Preciso sair voando agora. Converso com você mais tarde", Frank disse a Dick enquanto saía apressadamente do escritório.

» "Why did Mark **take off** like that?", Joe asked his other friends on the campus. "I barely had time to say hello to him."
"Por que Mark saiu correndo daquele jeito?", Joe perguntou a seus outros amigos no campus. "Quase não tive tempo de dizer oi para ele."

6. to deduct (deduzir, descontar, "tirar")
» David told the car salesman that, unless he **took off** three hundred dollars from the original price, he would not buy the car he was trying to sell him.
David disse ao vendedor de automóveis que, a menos que este deduzisse trezentos dólares do preço original, ele não compraria o carro que estava tentando lhe vender.
» "I hope our teacher does not **take** points **off** for spelling mistakes!" Andy told his classmate Dave after handing in his exam paper to the teacher.
"Espero que nosso professor não tire pontos por erros de ortografia!", Andy disse a seu colega de classe Dave após ter entregado a prova ao professor.

TAKE ON (TOOK - TAKEN / TAKING)

1. to employ, to hire (empregar, contratar, admitir)
» "If demand for our products keeps up, we will soon have to **take on** a few more employees in the factory," the manager told Bill.
"Se a demanda pelos nossos produtos se mantiver em alta, logo teremos de contratar mais alguns funcionários para a fábrica", o gerente disse a Bill.

2. to accept responsibility, a task etc. (assumir, aceitar responsabilidade, tarefa etc.)
» "I don't think Janet can **take on** any more tasks right now. She has been swamped with work in the past few days," Harry told his co-workers.
"Não acho que Janet possa assumir mais tarefas no momento. Ela tem estado atolada de trabalho nos últimos dias", Harry disse a seus colegas de serviço.
» The director of the company told John that he would only be promoted if he was willing to **take on** some more responsibilities.
O diretor da empresa disse a John que esteele somente seria promovido se estivesse disposto a aceitar mais algumas responsabilidades.

TAKE OUT (TOOK - TAKEN / TAKING)

1. to remove something from somewhere, to take something outside (tirar, levar para fora)
» "I know you hate to do any housework, honey, but would you mind **taking** the trash **out** now?", Liz asked Joe. "I think it is starting to smell."
"Sei que você odeia fazer qualquer serviço doméstico, querido, mas você se importaria de levar o lixo para fora agora?", Liz pediu a Joe. "Eu acho que ele está começando a cheirar."

2. to take someone to a restaurant, to the movies etc. (levar alguém a restaurante, cinema etc.)
- » "I like to **take** my kids **out** to the park on sunny weekends. They usually have a lot of fun there," Martha told her friend.
"Eu gosto de levar meus filhos ao parque quando faz sol no fim de semana. Elescostuma costumam se divertir bastante lá", Martha disse a sua amiga.
- » "Fred has been trying to **take** Alice **out** to dinner for weeks now, but she keeps turning him down," Joe told us.
"Fred vem tentando levar Alice para jantar há semanas, mas ela está sempre recusando seus convites", Joe nos contou.

TAKE OUT ON (TOOK - TAKEN / TAKING)

› **to release bad feelings such as anger, bad mood etc. on someone** (descarregar raiva, mau humor etc. em alguém; "descontar em alguém")
- » "Hey, don't **take** your anger **out on** me! It's not my fault you missed the plane," Jack's wife told him.
"Ei, não descarregue a sua raiva em mim. Não é culpa minha se você perdeu o voo", a esposa de Jack disse a ele.
- » "I sometimes find it hard to put up with Gary's behavior. When he is in a bad mood, he **takes** it **out on** anyone he lays his eyes on," Rita told her colleague Tina.
"Às vezes acho difícil tolerar o comportamento de Gary. Quando está de mau humor, ele descarrega em qualquer um que vê pela frente", Rita disse a sua colega Tina.

TAKE OVER (TOOK - TAKEN / TAKING)

› **to gain control or responsibility for something** (assumir controle ou responsabilidade por alguma coisa, assumir comando ou cargo)
- » Mr. Edwards Jr. **took over** the family business when his father passed away a few years ago.
O sr. Edwards Jr. assumiu o comando da empresa familiar quando seu pai faleceu, alguns anos atrás.
- » "They are saying that Paul will **take over** as CEO* when Mr. Rupert retires next year," Betty told Shirley.
"Estão dizendo que Paul vai assumir o cargo de diretor-geral ? quando o sr. Rupert se aposentar no ano que vem." Betty contou a Shirley.

---

*CEO: abreviação de **chief executive officer**, o diretor-geral de uma empresa.

noun form: **takeover:** when a company takes control of another by buying it (aquisição)
» "After the **takeover** of the company where Brian works, it was completely restructured, and some of the employees were laid off," Jack told Clint.
"Depois da aquisição da empresa onde Brian trabalha, ela foi completamente reestruturada, e alguns dos empregados foram despedidos", Jack disse a Clint.

TAKE TO (TOOK – TAKEN / TAKING)

› **to feel a liking for, esp. immediately** (simpatizar com alguém, esp. de imediato; apegar-se a alguém)
» "Maggie has a good way with children. Our kids **took to** her the first time they saw her," Sandra told her friend Anna.
"Maggie tem jeito com crianças. Nossos filhos se apegaram a ela a primeira vez que a viram", Sandra disse a sua amiga Anna.
» The newborn chicks **took to** their mother from the minute they hatched out of their eggs.
Os pintinhos recém-nascidos se apegaram à mãe assim que saíram dos ovos.

TAKE UP (TOOK – TAKEN / TAKING)

1. **to start doing something regularly, esp. a hobby** (começar a fazer algo regularmente, esp. hobby)
» "I never knew you played tennis. When did you **take** it **up**?" Nick asked his friend Doug.
"Eu nunca soube que você jogava tênis. Quando começou a jogar?", Nick perguntou a seu amigo Doug.
» Mr. Hartford says he has been feeling a lot healthier and more relaxed since he **took up** golf.
Mr. Hartford diz que tem se sentido muito mais saudável e relaxado desde que começou a jogar golfe.

2. **to occupy space or time** (tomar ou ocupar espaço ou tempo)
» "I'm sorry I have **taken up** your precious time, but I really needed to clear up this issue," Doug apologized to Mr. Wells, his director.
"Desculpe ter tomado seu tempo precioso, mas eu realmente precisava esclarecer este assunto", disse Doug, pedindo desculpas a seu diretor, o sr. Wells.
» "Why don't you get rid of that sofa? It **takes up** too much space of your living room," Patty suggested to her friend Rita.
"Por que você não se livra daquele sofá? Ele ocupa espaço demais na sua sala", Patty sugeriu a sua amiga Rita.

TALK BACK (TALKED - TALKED / TALKING)

- **to reply rudely or impolitely, esp. of children towards adults** (retrucar, responder mal)
  - » "If those were my kids, I would not allow them to **talk back** to me like that," Jill told Peggy.
    "Se aqueles fossem meus filhos, eu não permitiria que respondessem para mim assim", Jill disse a Peggy.
  - » Veja também **answer back**.

TALK INTO (TALKED - TALKED / TALKING)

- **to persuade someone to do something** (convencer alguém a fazer algo, persuadir)
  - » Even though Fred wasn't at first willing to buy a bigger apartment, his wife eventually **talked** him **into** doing it.
    Embora no começo Fred não estivesse disposto a comprar um apartamento maior, sua esposa acabou por convencê-lo a fazer isso.
  - » "Why don't you try to **talk** Liz **into** going to the beach with you? It will be a lot more fun if she goes," Steve suggested to his wife.
    "Por que você não tenta convencer a Liz a ir com você à praia? Vai ser muito mais divertido se ela for", Steve sugeriu à esposa.

TALK OUT OF (TALKED - TALKED / TALKING)

- **to persuade someone not to do something** (convencer alguém a não fazer algo, dissuadir)
  - » "My mind is made up. Don't even try to **talk** me **out of** quitting my job at the bank," Mike told his parents.
    "Minha decisão está tomada. Nem tentem me convencer a não largar o emprego no banco", Mike disse aos pais.
  - » We were all relieved when a policeman finally **talked** the woman **out of** jumping from the bridge.
    Nós todos ficamos aliviados quando um policial finalmente convenceu a mulher a não pular da ponte.

TALK OVER (TALKED - TALKED / TALKING)

- **to discuss, to talk about something in order to reach a decision** (discutir, conversar a fim de chegar a uma decisão)
  - » "Moving away to a foreign country is a big change in anybody's life. Have you **talked** this **over** with your parents yet?" Bill's uncle asked him.
    "Mudar-se para um país estrangeiro é uma grande mudança na vida de qualquer pessoa. Você já conversou sobre isso com os seus pais?", o tio de Bill perguntou a ele.

TEAM UP WITH (TEAMED - TEAMED / TEAMING)

› **to form a team or partnership with** (juntar-se com, unir-se a)
  » Mick was very successful after he **teamed up with** two other musicians to form a rock band called "The Rocking Spirit".
  Mick teve bastante sucesso depois que se juntou com dois outros músicos para formar uma banda de rock chamada "The Rocking Spirit".

TEAR APART (TORE - TORN / TEARING)

1. **to destroy something violently** (destruir violentamente)
  » Luckily all the guests had been evacuated before the bomb went off and **tore apart** the third floor of the hotel.
  Por sorte, todos os hóspedes haviam sido evacuados antes de a bomba ter explodido e destruído o terceiro andar do hotel.

2. **to disturb emotionally, to make someone feel miserable** (abalar emocionalmente, fazer alguém sentir-se muito infeliz)
  » Knowing that her husband is cheating on her is **tearing** Rita **apart**.
  Saber que o marido a está traindo faz Rita sentir-se muito infeliz.
  » "I wish Terry would stop **tearing** me **apart** with all this emotional blackmail," Liz told her friend Laura.
  "Eu gostaria que Terry parasse de me abalar com toda essa chantagem emocional", Liz disse a sua amiga Laura.

TEAR DOWN (TORE - TORN / TEARING)

› **to demolish** (demolir, derrubar)
  » "This part of the city has been completely revamped. They have **torn down** most of the older buildings and replaced them with new ones," our friend Walter explained to us.
  "Essa região da cidade foi completamente revitalizada. Eles demoliram a maioria dos prédios mais velhos e os substituíram por novos", nosso amigo Walter nos explicou.

TEAR UP (TORE - TORN / TEARING)

› **to tear into pieces** (rasgar em pedaços)
  » Stella read and immediately **tore up** the letter Bob had sent to her.
  Stella leu e imediatamente rasgou a carta que Bob lhe tinha enviado.

TELL APART (TOLD - TOLD / TELLING)

› **to distinguish between two similar people or things** (distinguir entre duas pessoas ou coisas parecidas, diferenciar)
   » "Can you **tell** a phony bill **apart** from a real one?" my friend Mark asked me as he handed me a fifty-dollar bill.
   "Você consegue diferenciar uma nota falsa de uma verdadeira?", meu amigo Mark me perguntou ao me dar uma cédula de cinquenta dólares.
   » Veja também **tell from**.

TELL FROM (TOLD - TOLD / TELLING)

› **to distinguish between two similar people or things** (distinguir entre duas pessoas ou coisas parecidas, diferenciar)
   » Ron and Rick are identical twins. Sometimes even their parents can't **tell** one **from** the other.
   Ron e Rick são gêmeos idênticos. Às vezes nem os pais conseguem distinguir um do outro.

   » "Children need to be taught to **tell** right **from** wrong from a very early age," explained Tim.
   "As crianças precisam ser ensinadas a diferenciar o certo do errado desde pequenas", explicou Tim.
   » Veja também **tell apart**.

››› **Tell from** também é frequentemente utilizado com o significado de "perceber", "notar", "ver".
   » Marsha could **tell from** the look on Andy's face that he was not happy with the way things were going.
   Marsha podia perceber pelo olhar de Andy que ele não estava contente com o jeito que as coisas estavam caminhando.

TELL OFF (TOLD - TOLD / TELLING)

- **to talk angrily to someone who has done something wrong** (repreender, "dar bronca")
  - "Did you see how that girl **told** her boyfriend **off** right in front of everyone at the movie theater?" Glenn asked Rick.
  "Você viu como aquela garota deu uma bronca no namorado na frente de todos no cinema?", Glenn perguntou a Rick.

TELL ON (TOLD - TOLD / TELLING)

- **to tell or inform that someone has done something wrong** (denunciar, "dedurar")
  - "Can I trust you not to **tell on** me?", Sara pleaded with her friend Amy. "You know how much trouble I would get into with my parents."
  "Posso confiar que você não vai me dedurar?", Sara suplicou a sua amiga Amy. "Você sabe o problema que eu teria com meus pais."
  - "Doug's brother **told on** us. Now his mother knows that we all skipped school yesterday," Nick told his other classmates.
  "O irmão de Doug nos dedurou. Agora a mãe dele sabe que nós todos cabulamos aula ontem", Nick disse a seus outros colegas de escola.
  - Veja também **rat on**, **rat out** e **snitch on**.

THINK BACK (THOUGHT - THOUGHT / THINKING)

- **to think about something that happened; to remember something** (pensar em algo que aconteceu; lembrar de algo; recordar)
  - "When I **think back** to that night I had the fight with Sandy I realize how wrong I was," said Jeff to a friend.
  "Quando eu lembro daquela noite que eu briguei com a Sandy eu percebo como estava errado", disse Jeff para um amigo.

THINK OVER (THOUGHT - THOUGHT / THINKING)

- **to consider something carefully** (considerar algo cuidadosamente, pensar bem, refletir)
  - When I told Sally I was planning to change jobs, she told me to make sure I **thought** it **over** before making up my mind.
  Quando eu disse a Sally que estava planejando mudar de emprego, ela me disse para não deixar de pensar bem antes de me decidir.
  - When Donald was offered a new job, he didn't accept it immediately. He **thought** it **over** for a week before coming to a decision.
  Quando Donald recebeu proposta de um novo emprego, ele não a aceitou de imediato. Pensou bem durante uma semana antes de chegar a uma decisão.

THINK UP (THOUGHT - THOUGHT / THINKING)

> **to invent or create something** (inventar, "bolar")
>> "It takes a genius to **think up** a plan like that. Whose idea was it?" Doug asked us surprisedly.
>> "Apenas um gênio pode bolar um plano como esse. De quem foi a ideia?", Doug nos perguntou, surpreso.
>
>> "Jim is always **thinking up** all kinds of excuses for not handing in his school assignments on time. I think our teacher's patience is coming to an end," said Barry.
>> "Jim está sempre inventando todo tipo de desculpa para não entregar seus trabalhos de escola no prazo. Acho que a paciência de nosso professor está chegando ao fim", disse Barry.

THROW AWAY (THREW - THROWN / THROWING)

> **to discard** (jogar fora)
>> "Don't you think it's about time you **threw** that old sofa **away** and bought a new one?" my friend Tony asked me. "It looks awful."
>> "Você não acha que já está na hora de você jogar fora aquele sofá velho e comprar um novo?", meu amigo Tony me perguntou. "A aparência dele é horrível."

Don't throw today's newspaper away. I haven't read all of it yet.

>> Veja também **throw out**.

THROW IN (THREW - THROWN / THROWING)

> **to add something extra with no additional charge** (incluir algo de graça na compra de um item)
>> "If you buy the bed linen we'll **throw in** a set of hand towels," said the clerk to Mrs. Williams at the store.
>> "Se vocês comprarem a roupa de cama, nós damos de graça um jogo de toalhas de mão", disse o balconista para a sra. Williams na loja.

THROW OUT (THREW - THROWN / THROWING)

1. to discard, to throw away (jogar fora)
>> "Make sure you won't need those magazines anymore before **throwing** them **out**," Matt's father told him.
>> "Veja se você não vai precisar mais daquelas revistas antes de jogá-las fora", o pai de Matt disse a ele.
>> Veja também **throw away**.

2. to expel (expulsar, pôr para fora)
>> "They say Edward has already been **thrown out** of two schools for his bad behavior," Claire told her friend Marylin.
>> "Dizem que Edward já foi expulso de duas escolas por mau comportamento", Claire disse a sua amiga Marylin.
>> "It's good to know they have a bouncer here to **throw** rowdy people **out**," Sally told her friend Linda as they arrived at the nightclub.
>> "É bom saber que eles têm um leão de chácara aqui para pôr os encrenqueiros para fora", Sally disse a sua amiga Linda quando chegaram à casa noturna.
>> Veja também **kick out**.

THROW UP (THREW - THROWN / THROWING)

> **to vomit; to puke** (vomitar)
>> "I'm really not feeling well. Could you please pull over?" my friend Jake asked me as we were driving back home from a party. "I think I need to **throw up**."
>> "Eu realmente não estou me sentindo bem. Você poderia parar no acostamento?", meu amigo Jake me pediu quando estávamos voltando para casa de uma festa. "Acho que preciso vomitar."
>> "If you keep drinking this much, you are going to end up **throwing up** later," Larry warned his friend Luke.
>> "Se você continuar a beber tanto assim, vai acabar vomitando mais tarde", Larry advertiu seu amigo Luke.

TIDE OVER (TIDED - TIDED / TIDING)

> **to support or sustain someone through a difficult period** (ajudar alguém durante um período difícil)
>> "I wonder if you could lend me some money to **tide** me **over** until payday?", Harry asked Will.
>> "Será que você poderia me emprestar algum dinheiro para eu me sustentar até o dia do pagamento?", Harry pediu ao Will.
>> "I'm kind of hungry. I think we need a snack to **tide** us **over** until lunch," said Greg to his friends.
>> "Estou com um pouco de fome. Acho que precisamos de um lanche para aguentarmos até o almoço", disse Greg aos amigos.

TOP OFF (TOPPED - TOPPED / TOPPING)

> **to refill** (reencher; repor; completar)
>> "May I **top off** your coffee sir?", the waitress asked Mr. Reynolds.
>> "Posso completar com café, senhor?", a garçonete perguntou ao Ssr. Reynolds.

TOUCH DOWN (TOUCHED - TOUCHED / TOUCHING)

> **to land** (aterrissar)
>> As their plane was just about to **touch down**, Jessica told her husband she was really excited about returning to her home country and seeing all her relatives and friends again.
>> Quando o avião deles estava prestes a aterrissar, Jessica disse ao marido que estava realmente entusiasmada por retornar a seu país de origem e rever todos os parentes e amigos.
>> "If you want to go to the toilet, you'd better do it now," Jack advised his friend. "I heard the flight attendant saying that we will be **touching down** in a few minutes."
>> "Se você quer ir ao toalete, é melhor ir agora", Jack aconselhou a seu amigo. "Ouvi a comissária de bordoaeromoça dizer que vamos aterrissar em poucos minutos."
>> Veja também o antônimo **take off**.

noun form: **touchdown:** the moment when a plane lands on the ground (aterrissagem)
>> "I hope we have a smooth **touchdown**. We've had enough scares on this flight already," Jenny told her friend Lucy as they were preparing to land.
>> "Espero que tenhamos uma aterrissagem suave. Já tivemos sustos suficientes neste voo", Jenny disse a sua amiga Lucy quando estavam se preparando para pousar.
>> Veja também o antônimo **takeoff** (decolagem).

TOUGH IT OUT (TOUGHED - TOUGHED / TOUGHING)

> **to go on with something in spite of difficulties** (continuar algo apesar das dificuldades; "aguentar firme")
>> Jeff felt a lot of pain on his knee while he was playing for his team, but he **toughed it out** and went on playing to the end of the game.
>> Jeff sentiu muita dor no joelho enquanto jogava para o seu time, mas ele aguentou firme e continuou a jogar até o final da partida.
>> "My workload has practically doubled since two coworkers were fired, but I guess I'll have to **tough it out** till they hire someone new," Monica told a friend.
>> "A minha carga de trabalho praticamente dobrou desde que dois colegas foram despedidos, mas acho que vou ter que aguentar firme até eles contratarem um novo funcionário", Monica disse para uma amiga.

TOW AWAY (TOWED - TOWED / TOWING)

> **to take a vehicle away from a place with a tow-truck** (guinchar; rebocar)
>> Gregory's car was **towed away** because it was parked illegally.
>> O carro do Gregory foi guinchado porque estava estacionado em lugar proibido.

TRACK DOWN (TRACKED - TRACKED / TRACKING)

> **to find someone or something after a search** (encontrar alguém ou algo após uma busca)
>> After a two-day search, the police finally **tracked down** the robbers' hiding place and arrested them.
>> Após dois dias de busca, a polícia finalmente localizou o esconderijo dos assaltantes e os prendeu.
>> "I feel we are getting closer to **tracking down** those criminals. Let's not call off the search now," detective Mason told his team.
>> "Sinto que estamos cada vez mais perto de encontrar aqueles criminosos. Não vamos suspender a busca agora", o investigador Mason disse a sua equipe.

TRADE IN (FOR) (TRADED - TRADED / TRADING)

> **to give, esp. a car, as a partial payment when buying a newer one** (trocar, esp. carro, por um mais novo, dando o velho como parte do pagamento; permutar)
>> "Your car is getting old and rusty. Why don't you **trade** it **in** for a new one?" my friend Stan suggested.
>> "O seu carro está ficando velho e enferrujado. Por que você não o permutatroca por um novo?", meu amigo Stan sugeriu.

» "We are planning to **trade** our car **in** for a minivan next year," Kate told her friend Liz.
"Estamos planejando permutartrocar nosso carro por uma minivan no ano que vem", Kate disse a sua amiga Liz.

noun form: **trade-in:** a car or another piece of equipment given in part payment for a new one (um carro ou outro equipamento que é dado como parte de pagamento por um novo)

» "Did you get a good **trade-in** price for your old car?", Brian asked Robin.
"Você conseguiu um bom preço pelo seu carro velho na troca?", Brian perguntou ao Robin.

TRY ON (TRIED - TRIED / TRYING)

› **to put on clothes, shoes etc. to test the fit or check the appearance** (provar, experimentar roupas, sapatos etc.)

» "Can I **try on** a larger size?" Jack asked the clerk at the store. "This shirt is too tight."
"Posso experimentar um número maior?", Jack pediu ao atendente da loja. "Esta camisa está apertada demais."

TRY OUT (TRIED - TRIED / TRYING)

› **to test something** (experimentar, testar alguma coisa)

» Gilbert says he will never forget the first time he **tried out** a Ferrari. He says it was an unforgettable experience.
Gilbert diz que ele nunca vai esquecer a primeira vez que experimentou uma Ferrari. Ele diz que foi uma experiência inesquecível.

» "Jeff told me they are **trying out** a new kind of sun block that is supposed to offer better protection against both ultra-violet and infra-red sun rays," Mary told Kate.
"Jeff me disse que estão testando um novo tipo de protetor solar que deve oferecer melhor proteção contra os raios ultravioleta e infravermelhos", Mary disse a Kate.

noun form: **tryout:** a test to see if something works well (um teste para checar se algo funciona bem)
» "We were all satisfied with the performance of the car after the **tryout**," said Tim at the meeting.
"Ficamos todos satisfeitos com o desempenho do carro após o teste", disse Tim na reunião.
» "The **tryout** proved how good the equipment is and what we can expect from it," Barry told Nick.
"O teste provou a qualidade do equipamento e o que podemos esperar dele", Barry disse para o Nick.

TUCK AWAY (TUCKED - TUCKED / TUCKING)

› **to hide or store in a safe place** (guardar em lugar seguro; esconder)
» "Where did you **tuck away** the money I gave you?", Robinson asked Nick.
"Onde que você escondeu o dinheiro que eu te dei?", Robinson perguntou ao Nick.

TUCK IN (TUCKED - TUCKED / TUCKING)

1. to make, esp. a child, comfortable in bed by pulling the sheets and blankets over him (colocar, esp. crianças, na cama, ajeitando-as e cobrindo-as)
» Every night Ralph **tucks** his son **in** and tells him a bedtime story until he falls asleep.
Todas as noites Ralph coloca o filho na cama e lhe conta uma história até ele adormecer.

2. to push the end of a shirt, T-shirt etc. inside the pants (colocar camisa, camiseta etc. por dentro da calça)
   » "**Tuck** your shirt **in.** You will look more presentable," Jeff advised his friend before they both walked into the building.
   "Coloque a sua camisa por dentro da calça. Você vai ficar mais apresentável", Jeff aconselhou a seu amigo antes de entrarem no prédio.

TUNE UP (TUNED - TUNED / TUNING)

1. to tune musical instruments (afinar instrumentos musicais)
   » During the rehearsal, the conductor asked some of the orchestra musicians to **tune up** their instruments again as he thought they were slightly out of tune.
   Durante o ensaio, o maestro pediu a alguns músicos da orquestra para afinarem seus instrumentos novamente, porque achava que estavam ligeiramente desafinados.

2. to adjust a car's engine so that it works better or goes faster (regular motor de carro)
   » "My car has been eating up too much gas lately. I guess I need to have its engine **tuned up**," Reggie told Keith.
   "Meu carro tem bebido gasolina demais. Acho que preciso regular o motor", Reggie disse a Keith.

   noun form: **tune-up:** adjustments made to an engine to improve its performance (regulagem de motor)
   » "It looks like your car could do with a **tune-up**. Why don't you take it to Joe's Service Center near your home?" Eric suggested to his friend Rick.
   "Parece que o seu carro precisa de uma regulagem de motor. Por que você não o leva à oficina do Joe, perto da sua casa?", Eric sugeriu a seu amigo Rick.

TURN AROUND (TURNED - TURNED / TURNING)

› **to turn to face the opposite direction** (virar-se, dar meia-volta)
   » When Patty called out Sam's name, he **turned around** and saw her waving at him.
   Quando Patty gritou o nome do Sam, ele se virou e a viu acenar para ele.

TURN AWAY (TURNED - TURNED / TURNING)

1. to move your face to avoid looking at something (desviar o olhar)
   » "I often **turn away** from the homeless as I find it heart-breaking," Monica told a friend.
   "Eu frequentemente desvio o olhar dos moradores de rua porque acho muito triste", Monica contou para uma amiga.

2. to refuse to receive someone or let them come into a place (não deixar alguém entrar em algum lugar; rejeitar alguém; repelir)
- » "How could you have **turned** him **away**? He's your cousin!", Brian told Tim.
  "Como você pode ter rejeitado-o? Ele é seu primo!", o Brian disse para o Tim.

TURN DOWN (TURNED - TURNED / TURNING)

1. to reduce the volume (abaixar o volume)
- » "We'd better **turn down** the music. I think we are disturbing our neighbors," Sally told her husband.
  "É melhor abaixarmos a música. Acho que estamos incomodando os vizinhos", Sally disse ao marido.

- » Veja também o antônimo **turn up**.

2. to refuse, to reject (recusar, rejeitar)
- » "What's the matter with Bill? I can't believe he **turned down** such a good job offer," Stanley told us.
  "Qual o problema com Bill? Não consigo acreditar que ele recusou uma oferta de emprego tão boa", disse-nos Stanley.
- » "You've already asked Jane out twice, and she **turned** both of your invitations **down**. Why don't you give up?" Joe asked his friend Bert.
  "Você já convidou a Jane para sair duas vezes, e ela recusou ambos os convites. Por que você não desiste?", Joe perguntou a seu amigo Bert.

TURN IN (TURNED - TURNED / TURNING)

1. to submit a school assignment etc. (entregar um trabalho escolar etc.)
   Mr. Edwards has been very satisfied with his students. The quality of the assignments they have been **turning in** is excellent.
   O sr. Edwards tem estado bastante satisfeito com seus alunos. A qualidade dos trabalhos que eles vêm entregando é excelente.
   » Veja também **hand in**.

2. to deliver to the police (entregar-se à polícia)
   » After the car chase, the robber was trapped and had no other choice but to **turn** himself **in** to the police.
   Depois da perseguição de carro, o assaltante foi encurralado e não teve outra escolha senão entregar-se à polícia.

3. (informal) to go to bed (ir para a cama dormir)
   » "I'm planning to **turn in** early tonight. I have an early morning appointment tomorrow," Liz told her friends.
   "Estou pretendendo ir dormir cedo hoje à noite. Tenho um compromisso amanhã bem cedo", Liz disse a suas amigas.

TURN INTO (TURNED - TURNED / TURNING)

› **to become or change into something different** (transformar-se em, tornar-se)
   » "Our summer vacation **turned into** a nightmare when we realized the hotel accommodations were shoddier than what was advertised at their Web site," Susanne told Lucy.
   "Nossas férias de verão se tornaram um pesadelo quando percebemos que as acomodações eram inferiores ao que se divulgava no site do hotel", Susanne disse a Lucy.
   » "I can hardly believe Sheila has **turned into** such a pretty woman. The last time I saw her, she was just a teenager with pimples on her face," Stan told Frank.
   "Mal posso acreditar que Sheila se transformou numa mulher tão bonita. A última vez que a vi, ela era apenas uma adolescente com espinhas no rosto", Stan disse a Frank.

TURN OFF (TURNED - TURNED / TURNING)

1. to make something stop functioning, esp. a TV, radio, computer etc. (desligar, esp. TV, rádio, computador etc.)
   "Why did you **turn off** the radio? I was listening to it," Jeff complained to his roommate.
   "Por que você desligou o rádio? Eu estava escutando", Jeff se queixou a seu colega de quarto.

» "Don't **turn** the TV **off** just yet, I want to watch a little more before I go to sleep," Nancy asked her husband.
"Não desligue a TV ainda, eu quero assistir um pouco mais antes de dormir", Nancy pediu ao marido.
» Veja também **switch off**.
» Veja também o antônimo **turn on**.

2. to stop someone from feeling sexually excited ("tirar o tezsão, "fazer brochar")
» "Sarah looks great, but her bad breath really **turns** me **off**," Brian told a friend.
"A Sarah tem uma ótima aparência, mas o mau hálito dela é de tirar o tesão", Brian contou para um amigo.

noun form: **turnoff:** something that causes loss of interest or excitement (algo que causa perda de interesse ou excitação, "broxchante")
» "Alice's bad breath is a **turnoff**," said Jake.
"O mau hálito da Alice é brochxante." , disse Jake.

TURN ON (TURNED - TURNED / TURNING)

1. to switch on (acender a luz, ligar rádio, TV etc.)
» "Could you **turn** the TV **on,** honey? My favorite program is about to start," said Daisy.
"Você poderia ligar a TV, querido? Meu programa preferido está para começar", disse Daisy.
» As soon as Paul gets to his office in the morning, he **turns on** his computer and checks his e-mails.
Assim que Paul chega ao escritório de manhã, ele liga seu computador e checa os e-mails.
» Veja também **switch on**.
» Veja também o antônimo **turn off**.

2. to excite someone sexually (excitar alguém sexualmente)
» "Susan's see-through dress really **turned** me **on** at the party last night," Mark told Jeff.
"O vestido transparente de Susan realmente me deixou excitado na festa de ontem à noite", Mark disse a Jeff.
Mike says it's the older mature women that really **turn** him **on.**
Mike diz que são as mulheres mais velhas e maduras que realmente o excitam.

noun form: **turn-on:** something that causes excitement or stimulating interest (algo que causa interesse ou excitação)
» "Wow, check out that chick's see-through dress. That's really a **turn-on** man!", Mark told Terry at the pub.
"Nossa, dá só uma olhada no vestido transparente daquela gata. É de deixar excitado, cara!", Mark disse para o Terry no bar.

TURN OUT (TURNED - TURNED / TURNING)

1. to happen in a way; to become (resultar, revelar-se)
- » "Don't worry! My first few cakes didn't **turn out** fine either. You will soon get the hang of it," Kelly's mother told her.
  "Não se preocupe! Meus primeiros bolos também não saíram bons. Você logo vai pegar o jeito", a mãe de Kelly disse a ela.
- » To our surprise, Nick **turned out** to be an expert mechanic and fixed our car in no time.
  Para nossa surpresa, Nick se revelou um mecânico experiente e consertou nosso carro num piscar de olhos.

2. to turn off the lights (apagar a luz)
- » "Who **turned out** the lights? It's dark in here," Jeff complained to his friends.
  "Quem apagou as luzes? Está escuro aqui dentro", Jeff se queixou aos amigos.
- » Veja também **turn off** e **switch off**.

3. to produce, to make (produzir, fabricar)
- » Mr. Davies told us that the main plant **turns out** six hundred refrigerators a week.
  O sr. Davies nos contou que a fábrica principal produz seiscentas geladeiras por semana.

TURN OVER (TURNED - TURNED / TURNING)

1. to turn something in such a way that the top becomes the bottom or vice versa (virar)
- » "Make sure you **turn over** the hamburgers and fry them on the other side as well," Joe reminded Tim.
  "Não deixe de virar os hambúrgueres e fritá-los do outro lado também", Joe lembrou Tim.
- » A: "What does the acronym PTO stand for at the end of the page?" Tom asked Mike.
  B: "It means Please **Turn Over**," Mike answered.
  A: "O que significa a abreviação PTO no final da página?", Tom perguntou a Mike.
  B: "Significa please turn over,"* Mike respondeu.

2. to do businesss or sell goods worth a stated amount (movimentar, faturar)
- » Todd runs a very profitable business that **turns over** ten thousand dollars a week.
  Todd dirige um negócio bastante lucrativo que movimenta dez mil dólares por semana.

noun form: **turnover:** 1. volume of business (faturamento) 2. the rate at which employees leave a company and are replaced (rotatividade de funcionários; "turnover")
- » Fred says his shoe store's monthly **turnover** is up to sixty thousand dollars now.
  Fred diz que o faturamento mensal de sua loja de calçados subiu para sessenta mil dólares.

*"Por favor, vire [a página]."

» They have such a high **turnover** at that factory because the salary they pay is really low.
Eles têm uma alta rotatividade de funcionários naquela fábrica porque o salário que eles pagam é muito baixo.

3. to deliver into the responsibility or control of someone else (transferir responsabilidade ou controle para outra pessoa)
» After his recent health problems, Mr. Clark has decided to slow down and **turn** the management of his business **over** to his eldest son.
Após seus recentes problemas de saúde, o sr. Clark decidiu diminuir o ritmo de trabalho e transferir o gerenciamento de seu negócio para o filho mais velho.

TURN TO (TURNED - TURNED / TURNING)

› **to resort to** (recorrer)
» "Let's ask uncle Fred for help. We have no one else to **turn to**," Phil told his brother.
"Vamos pedir ajudar ao tio Fred. NãoNão temos mais ninguém a quem recorrer", Phil disse ao irmão.

TURN UP (TURNED - TURNED / TURNING)

1. to increase the volume, heat etc. (aumentar o volume, o aquecedor etc.)
» "Hey, I love that song! Can you **turn up** the volume?" Frank asked Bill.
"Ei, eu adoro esta música! Você pode aumentar o volume?", Frank pediu a Bill.
» "I'm freezing to death in here. Can't you **turn up** the heat?" Sally asked Darlene.
"Estou morrendo de frio aqui dentro. Você não pode aumentar a temperatura do aquecedor?", Sally pediu a Darlene.
» Veja também o antônimo **turn down**.

2. to arrive, to appear (chegar, aparecer)
» "Guess who **turned up** at the restaurant where Dave and I were having dinner last night?" Sue asked her friend Linda.
"Você consegue adivinhar quem apareceu no restaurante onde Dave e eu estávamos jantando ontem à noite?", Sue perguntou a sua amiga Linda.
» By the time Jason **turned up** at the party, most of his college friends had already left.
Quando Jason chegou à festa, a maioria de seus amigos da faculdade já tinha ido embora.
» Veja também **show up**.

USE UP (USED - USED / USING)

› **to use all of something** (usar tudo, gastar)
  » "We have **used up** our supply of cleaning materials. Can you drop by the supermarket after work and pick up some more?" Sandra asked her husband.
  "Já gastamos o nosso estoque de material de limpeza. Você pode dar um pulo no supermercado depois do trabalho e comprar mais?", Sandra perguntou ao marido.

VEG OUT (VEGGED - VEGGED / VEGGING)

› **to spend time doing nothing at all, relaxing** (ficar relaxando sem fazer nada; "ficar de papo pro ar")
  » "I'm beat! I just feel like **vegging out** in front of the TV tonight," Sam told a coworker.
  "Eu estou morto! Só tenho vontade de relaxar em frente à TV hoje à noite", Sam disse para um colega de trabalho.

VOUCH FOR (VOUCHED - VOUCHED / VOUCHING)

› **to guarantee that someone or something is reliable or of a high standard** (garantir, atestar o caráter ou qualidade de alguém ou algo)
  » "I can **vouch for** William's work. He is really good at what he does," said Greg.
  "Eu posso garantir o trabalho do William. Ele é realmente bom no que faz", disse Greg.
  » The coach **vouched for** the rookie player's abilities to the rest of his players.
  O técnico atestou as habilidades do jogador novato para o resto dos jogadores.

WAIT ON (WAITED - WAITED / WAITING)

1. to serve, to attend to, esp. in a restaurant, store etc. (servir, atender, esp. em restaurante, loja etc.)
  Brian was so satisfied with the waitress who **waited on** him that he left her a good tip.
  Brian ficou tão satisfeito com a garçonete que o serviu que ele lhe deixou uma boa gorjeta.
  » "Have you been **waited on** yet, madam?" a smiling clerk asked Susan.
  "A senhora já foi atendida?", uma atendente sorridente perguntou a Susan.

227

2. **to wait for someone or something that is late** (esperar)
   - » "I'm starting to get tired of always **waiting on** Alice. She is always late!" Steve told us.
   "Estou começando a ficar cansado de sempre esperar por Alice. Ela está sempre atrasada!", disse-nos Steve.
   - » "Sarah is anxious because she is **waiting on** the results of her lab tests," Mark told Jim.
   "Sarah está ansiosa porque está esperando o resultado de seus exames de laboratório", Mark disse a Jim.

WAIT UP (WAITED - WAITED / WAITING)

1. **to wait for someone to come back home at night and not go to bed** (esperar acordado alguém voltar para casa)
   - » "Please don't **wait up** for me tonight. I might come back very late," Audrey told his mother before going out.
   "Por favor, não me espere acordada hoje à noite. Eu talvez volte muito tarde", Audrey disse à mãe antes de sair.
   - » Compare com **stay up**.

2. **(informal) to wait** (esperar)
   - » "**Wait up**, I still need to talk to you about something else," Dick told Ray as he stood up from his armchair to leave the room.
   "Espere aí, eu ainda preciso falar com você sobre outra coisa", Dick disse a Ray quando este se levantou da poltrona para sair da sala.

WAKE UP (WOKE - WOKEN / WAKING)

› **to awaken; to stop sleeping** (despertar, acordar)
   - » Jim never gets up as soon as he **wakes up**. He likes to roll over in bed and rest for a few more minutes.
   Jim nunca se levanta assim que acorda. Ele gosta de rolar na cama e descansar mais alguns minutos.
   - » "I wish our neighbor's dogs would stop barking at night. They are always **waking** me **up**," Frank told his wife.
   "Eu gostaria que os cachorros do vizinho parassem de latir à noite. Eles estão sempre me acordando", Frank disse à esposa.
   - » Compare com **get up**.

WAKE UP TO (WOKE - WOKEN / WAKING)

› **to begin to realize something important; to become aware of something** (acordar para algum fato importante)

» "It's about time you **woke up to** the fact that she doesn't love you anymore," said Newton to a friend.
"Já está na hora de você acordar para o fato de que ela não te ama mais", disse Newton para um amigo.

WALK OUT ON (WALKED - WALKED / WALKING)

› **to abandon, to desert** (deixar, abandonar)
  » Lucy had a hard time raising three kids on her own after her husband **walked out on** her.
  Não foi fácil para Lucy criar três filhos sozinha depois que o marido a abandonou.
  » Veja também **run out on**.

WANT OUT (WANTED - WANTED / WANTING)

› **to want to free yourself from a situation** (querer sair de uma situação, "querer cair fora")
  » "Because Jeff is no longer happy with the partnership, he now says he **wants out**," Mike told his friend Gilbert.
  "Como Jeff não está mais contente com a sociedade, ele agora diz que quer sair fora", Mike disse a seu amigo Gilbert.
  » At first Nick **wanted out** of his marriage, but he changed his mind later on and decided to work things out with his wife.
  A princípio Nick queria cair fora de seu casamento, mas depois mudou de ideia e decidiu acertar-se com a esposa.

WARM UP (WARMED - WARMED / WARMING)

1. **to heat cold food until it is warm enough to eat** (esquentar comida em geral)
  » "Make sure you **warm up** the milk a little before you give it to Jimmy," Ruth told her sister.
  "Não deixe de esquentar o leite um pouco antes de dá-lo a Jimmy", Ruth disse à irmã.
  » Veja também **heat up**.

2. **to make warm** (esquentar, aquecer)
  » "Let's light the fireplace and **warm up** the living room. It's kind of cold in here," said Todd.
  "Vamos acender a lareira e aquecer a sala. Está meio frio aqui dentro", disse Todd.
  » "Put a heavy coat on to **warm** yourself **up**. It's very cold outside," Jim's mother told him.
  "Ponha um casaco pesado para se esquentar. Está muito frio lá fora", a mãe de Jim disse a ele.

3. to do a series of exercises to prepare for a sports activity (fazer aquecimento para se preparar-se para uma atividade esportiva)
- » As an experienced athlete, Bernard knows the importance of always **warming up** before starting a race.
Como atleta experiente, Bernard sabe da importância de sempre fazer aquecimento antes de iniciar uma corrida.
- » "**Warming up** before any sports activity improves your overall performance," our personal trainer explained to us.
"Fazer aquecimento antes de qualquer atividade esportiva melhora a sua performance geral", nosso personal trainer nos explicou.
- » Veja também **loosen up**.

noun form: **warm-up:** exercising in preparation for physical activity (aquecimento)
- » Albert says that his football* team's **warm-up** lasts for about half an hour before each game.
Albert diz que o aquecimento do seu time de futebol americano dura aproximadamente meia hora antes de cada jogo.

WARM UP TO (WARMED - WARMED / WARMING)

› **to begin to like someone or something** (começar a gostar de alguém ou algo; simpatizar com alguém ou algo)
- » "I'm sure people will **warm up to** this new treadmill. It's got everything to be a winner!", said Ralph at the meeting.
"Tenho certeza de que as pessoas vão gostar desta nova esteira ergométrica. Ela tem tudo para ser campeã!", disse Ralph na reunião.
- » "We didn't **warm up to** each other immediately, but I guess I can say we get along fine now," Liam told Jay.
"Nós não simpatizamos um com o outro de imediato, mas acho que posso dizer que temos um bom relacionamento agora", Liam contou para o Jay.

WATCH OUT (WATCHED - WATCHED / WATCHING)

› **to notice, to be mindful of something** (tomar cuidado)
- » The sign on the road read, "**Watch out** - Sharp bend ahead".
A placa na estrada dizia: "Cuidado - Curva fechada à frente".
- » Veja também **look out**.

---

*Nos EUA, a palavra **football** é utilizada apenas para designar o futebol americano. Para referirem-se ao "nosso" futebol (o football association), os americanos utilizam a palavra soccer.

WATCH OUT FOR (WATCHED - WATCHED / WATCHING)

› **to pay attention because of a possible danger** (tomar cuidado, prestar atenção para evitar algum perigo)
  » "You'd better slow down and **watch out for** the bumps ahead," Peter told his friend Mark.
  "É melhor você diminuir a velocidade e tomar cuidado com as lombadas à frente", Peter disse a seu amigo Mark.
  » Veja também **look out for**.

WATCH OVER (WATCHED - WATCHED / WATCHING)

› **to guard and protect someone or something; to take care of** (cuidar de alguém ou algo, tomar conta de)
  » "Can you **watch over** my bags while I go to the bathroom?" Walter asked Luke.
  "Você pode olhar as minhas malas enquanto eu vou ao banheiro?", Walter pediu a Luke.
  » Veja também **look after**.

WEAR OUT (WORE - WORN / WEARING)

1. **to gradually become shabby and useless from wear** (gastar de tanto usar)
   » "What do you do with your clothes when they **wear out**?" Arnold asked Bernie.
   "O que você faz com suas roupas quando elas gastam?", Arnold perguntou a Bernie.
   » "Your car tires are **worn out**. You'd better get new ones soon", Stan advised his friend Todd. "It's dangerous to drive like that."
   "Os pneus do seu carro estão gastos. É melhor você comprar uns novos logo", Stan aconselhou a seu amigo Todd. "É perigoso dirigir assim."

2. **to make physically or mentally exhausted** (cansar física ou mentalmente)
   » "The kids are **wearing** me **out.** Can you ask them to play outside for a while?" Fred asked his wife.
   "As crianças estão me cansando. Você pode pedir a elas que brinquem lá fora por um tempinho?", Fred perguntou à esposa.
   » "I'd rather stay home tonight. I'm feeling **worn out**," Jack told his wife when she asked him if he wanted to go to the movies.
   "Eu preferia ficar em casa hoje à noite. Estou me sentindo exausto", Jack disse à esposa quando ela perguntou se ele queria ir ao cinema.

WIND UP (WOUND - WOUND / WINDING)

› **to get into a usually unpleasant situation or place, often unexpectedly** (acabar em, ir parar em)
  » "If you keep smoking like that, you are going to **wind up** in the hospital," Matt told Bill.
  "Se você continuar a fumar assim, vai acabar no hospital", Matt disse a Bill.
  » "You'd better not drink anymore or you're going to **wind up** drunk!" Keith told Sam.
  "É melhor você não beber mais ou vai acabar bêbado!", Keith disse a Sam.
  » Veja também **end up**.

WIPE OUT (WIPED - WIPED / WIPING)

› **to destroy completely** (destruir por completo, "limpar")
  » "Make sure you install an updated version of an anti-virus software", Ray advised Carol. "Some of the new viruses can **wipe out** your hard disk in a matter of seconds."
  "Não deixe de instalar uma versão atualizada de programa antivírus", Ray aconselhou Carol. "Alguns vírus novos conseguem destruir um disco rígido em questão de segundos."

WISE UP (WISED - WISED / WISING)

› **to realize the real facts of a situation** (perceber a verdade, "acordar", "cair na real")
  » "It's about time Jake **wised up** to the fact that Helen is not coming back to him anymore," Bob told his friend Carl.
  "Já está na hora de Jake acordar para o fato de que Helen não vai mais voltar para ele", Bob disse a seu amigo Carl.
  » "Come on, Fred, **wise up**! Don't let her fool you again," Stan told Fred.
  "Vamos, Fred, caia na real! Não a deixe enganar você de novo", Stan disse a Fred.

WORK ON (WORKED - WORKED / WORKING)

› **to work to make or improve something** (trabalhar para fazer ou melhorar alguma coisa)
  » Tom had barely finished writing one book when he started **working on** his new novel.
  Tom mal tinha acabado de escrever um livro quando começou a trabalhar num novo romance.

WORK OUT (WORKED - WORKED / WORKING)

1. to do physical exercise (fazer exercício físico, "malhar")
  » Stanley has been feeling a lot better since he started **working out** at the gym twice a week.
  Stanley sente-se muito melhor desde que ele começou a malhar na academia duas vezes por semana.

» Mr. Wells has always kept himself fit by **working out** regularly in a park near his house.
O sr. Wells sempre se manteve em forma fazendo exercícios físicos regularmente num parque perto de sua casa.

noun form: **workout:** physical exercise to improve one's fitness; a physical exercise session (exercício físico, atividade física, treino)
» "There's nothing like starting the day with a good **workout**. You feel so much better afterwards!" Larry told his coworker.
"Não há nada como começar o dia com uma boa atividade física. Você se sente tão melhor depois!", Larry disse a seu colega de trabalho.

2. to think carefully in order to decide what to do (decidir, resolver um problema etc.)
» "I have no idea what we can do about this situation. I'll let you two **work** it **out!**" Gilbert told Bob and Jay.
"Não tenho ideia do que podemos fazer a respeito dessa situação. Vou deixar vocês dois resolverem!", Gilbert disse a Bob e Jay.

3. to find the answer by reasoning or calculation (calcular, solucionar)
» "Have you **worked out** how much you've spent on your trip yet?" Sally asked Linda.
"Você já calculou quanto você gastou na sua viagem?", Sally perguntou a Linda.
» "Don't tell Jim the answer. Let him **work** it **out** by himself," said the teacher.
"Não diga a resposta a Jim. Deixe-o calcular sozinho", disse o professor.

4. to develop in a particular way (dar certo ou errado, "acontecer")
» Things don't always **work out** the way we plan them to.
As coisas nem sempre acontecem da forma que planejamos.
» "Don't worry about the party arrangements. Everything is going to **work out** fine," Marion's husband told her.

"Não se preocupe com os preparativos para a festa. Vai dar tudo certo", o marido de Marion disse a ela.
» Veja também **turn out**.

WORK OUT TO (WORKED - WORKED / WORKING)

> **to amount to; to reach a total** (chegar a um valor; totalizar)
> » "How much do all the items **work out to** please?", Barry asked the check out attendant.
> "Qual é o valor de todos os itens por favor?", Barry perguntou ao caixa.
> » Veja também **come to**.

WRAP UP (WRAPPED - WRAPPED / WRAPPING)

1. to wrap (embrulhar; empacotar)
  » "Can you help me **wrap up** the Christmas presents honey?", Samantha asked her husband.
  "Você pode me ajudar a embrulhar os presentes de Natal, querido?", Samantha pediu ao marido.

2. to finish something (terminar algo)
  » "The manager said we're supposed to **wrap up** this project by the end of the month, so we may have to work overtime," said Hank to a coworker.
  "O gerente disse que devemos terminar este projeto até o final do mês, então talvez tenhamos que fazer hora extra", disse Hank para um colega de trabalho.

3. to put on warm clothes; to bundle up (agasalhar-se)
  » "It's snowing today, so make sure you **wrap up** before you go out," Denise told Billy.
  "Está nevando hoje, agasalhe-se bem antes de sair", Denise disse para o Billy.
  » Veja também **bundle up**.

WRITE DOWN (WROTE - WRITTEN / WRITING)

> **to record in writing** (registrar por escrito, anotar)
> » "We'd better **write down** what we need to buy at the supermarket, otherwise we will forget," Mary told her husband.
> "É melhor anotarmos o que precisamos comprar no supermercado, pois do contrário vamos esquecer", Mary disse ao marido.
> » Veja também **jot down**.

Z

ZERO IN ON (ZEROED - ZEROED / ZEROING)

1. to aim one's attention towards, to focus on (concentrar a atenção em)
- » "You'd better **zero in on** your current project now and forget about everything else, otherwise you won't meet the deadline," George advised Bill.
  "É melhor você concentrar a atenção no seu projeto atual agora e esquecer todo o resto, porque do contrário não terminará no prazo", George aconselhou Bill.
- » Veja também **focus on**.

2. to aim gunfire directly at (mirar em alvo)
- » With the new technological resources available, it's now possible to **zero in on** an enemy target even in the dark.
  Com os novos recursos tecnológicos disponíveis, agora é possível mirar num alvo inimigo mesmo no escuro.

ZIP UP (ZIPPED - ZIPPED / ZIPPING)

› **to close with a zipper** (fechar com zíper)
- » "Hey pal, you forgot to **zip up** your fly," Dave told Jim in the restroom.
  "Ei amigo, você esqueceu de fechar o zíper da calça", Dave disse para o Jim no banheiro.

COMO EXPRESSAR 130 IDEIAS ESSENCIAIS EM INGLÊS COM PHRASAL VERBS

Esta seção objetiva a aplicação imediata de phrasal verbs essenciais, tal qual um falante nativo o faria, a partir da ideia que se quer expressar em português. Veja os exemplos apresentados nas páginas indicadas para cada uma das ideias listadas abaixo.

1. abaixar o volume: **turn down**
2. acalmar alguém, acalmar-se: **calm down**
3. acelerar, ir mais rápido: **speed up**
4. acender a luz, ligar rádio, TV etc.: **turn on**
5. acessar um computador digitando uma senha; "entrar" num sistema: **log on /onto**
6. acontecer: **go on**
7. adiar: **put off**
8. apressar-se; agir mais rapidamente: **hurry up**
9. aguardar ansiosamente; "não ver a hora de": **look forward to**
10. ajudar alguém: **help out**
11. alcançar alguém: **catch up with**
12. animar-se, alegrar-se; animar alguém: **cheer up**
13. anotar: **write down**; **jot down**
14. apagar assoprando, esp. velas: **blow out**
15. apagar um incêndio, um cigarro etc.: **put out**
16. assumir o controle; assumir o comando ou um cargo: **take over**
17. aumentar o volume: **turn up**
18. cancelar: **call off**
19. compensar por alguma coisa; reparar algum erro: **make up for**
20. confiar em alguém ou alguma coisa, "contar com": **count on**; **rely on**
21. confundir alguém: **mix up**
22. considerar algo cuidadosamente, pensar bem, refletir: **think over**
23. continuar: **go on**; **keep on**; **carry on**
24. convencer alguém a fazer algo, persuadir: **talk into**
25. convencer alguém a não fazer algo, dissuadir: **talk out of**
26. convidar alguém para sair: **ask out**
27. cuidar de: **look after**
28. chamar a atenção para algum fato, salientar: **point out**
29. chegar, aparecer: **show up**; **turn up**
30. crescer, ref. a pessoas: **grow up**

237

31. decolar, ref. aviões: **take off**
32. deitar-se: **lie down**
33. deixar alguma coisa ou alguém em algum lugar, esp. de carro: **drop off**
34. decepcionar alguém: **let down**
35. descobrir: **find out**
36. desligar, esp. TV, rádio, computador etc.: **turn off**
37. desmaiar: **pass out**
38. despedaçar-se, ruir, "cair aos pedaços": **fall apart**
39. despertar, acordar: **wake up**
40. desistir: **give up**
41. destacar-se, sobressair: **stand out**
42. devolver: **give back**
43. diminuir o ritmo de trabalho ou negócios: **slow down**
44. discutir, conversar a fim de chegar a uma decisão: **talk over**
45. distinguir entre duas pessoas ou coisas parecidas, diferenciar: **tell apart**
46. encher o tanque de um carro com combustível: **fill up**
47. entender alguém ou algo: **figure out**
48. entrar em algum lugar, em carro etc.: **get in /into**
49. entrar, subir em ônibus, trem, metrô, avião etc.; embarcar: **get on**
50. escapar, fugir correndo: **run away**
51. escolher, selecionar: **pick out**
52. esclarecer: **clear up**
53. esquentar comida: **heat up**; **warm up**
54. estragar, arruinar, fazer algo muito errado, "pisar na bola": **fuck up**; **screw up**
55. examinar cuidadosamente, analisar, investigar: **look into**
56. expressão usada para animar, encorajar ou apressar alguém, "Vamos": **come on**
57. falar mais alto: **speak up**
58. falar mais devagar: **slow down**
59. fazer algo que já deveria ter sido feito; "colocar em dia": **catch up on**
60. fazer exercício físico, "malhar": **work out**
61. fazer uma cópia, "fazer backup": **back up**
62. fazer uma visita breve; "dar um pulo na casa de": **drop by**; **drop in on**
63. ficar acordado até mais tarde: **stay up**
64. ficar em pé; levantar-se: **stand up**
65. formar-se em, graduar-se em: **major in**
66. guardar no devido lugar: **put away**
67. herdar: **come into**
68. iluminar: **light up**
69. implicar com alguém, "pegar no pé": **pick on**
70. inventar uma história, desculpa etc.: **make up**
71. instalar equipamento, montar: **set up**
72. ir mais devagar, reduzir a velocidade de um veículo: **slow down**

73. irritar alguém, "deixar p. da vida": **piss off**
74. jogar fora: **throw away**
75. levantar-se da cama: **get up**
76. levar de volta, devolver: **take back**
77. lidar com pessoas, uma situação, um problema: **deal with**
78. limpar tudo, organizar, arrumar: **clean up**
79. marcar, agendar reunião ou compromisso: **set up**
80. melhorar, recuperar-se, esp. negócios, a economia etc.: **pick up**
81. montar um negócio: **set up**
82. mostrar alguém ou algo apontando: **point out**
83. mostrar algum lugar para alguém: **show around**
84. não ter, "estar sem": **be out of**
85. não ter mais, "ficar sem", acabar, p.ex. gasolina, tempo, paciência etc.: **run out of**
86. pagar, devolver dinheiro, reembolsar: **pay back**
87. parar de falar, "calar a boca": **shut up**
88. parar de fazer alguma coisa, largar: **give up**
89. quebrar, esp. carros, equipamento eletrônico etc.: **break down**
90. parecer-se com: **look like**
91. pedir: **ask for**
92. pegar alguém ou algo, esp. de carro: **pick up**
93. perder uma oportunidade de fazer algo: **miss out on**
94. precipitar-se: **rush in/into**
95. preencher um formulário, questionário, documento etc.; completar: **fill in**
96. procurar alguém ou alguma coisa: **look for**
97. procurar informação em dicionário, lista telefônica, Internet etc.: **look up**
98. provar, experimentar roupas, sapatos etc.: **try on**
99. reciclar conhecimento: **brush up on**
100. recobrar a consciência, voltar a si: **come around ; come to**
101. reconciliar-se, "fazer as pazes": **make up**
102. recuperar-se de um resfriado, gripe etc.; sarar: **get over**
103. recusar, rejeitar: **turn down**
104. reduzir despesas ou a quantidade de algo, "cortar": **cut back (on)**
105. registrar-se em hotel etc.; fazer o check-in em aeroporto: **check in**
106. render-se, ceder: **give in**
107. retirar, levar embora: **take away**
108. retornar uma ligação telefônica para alguém, "ligar de volta": **call back**
109. sair de casa, esp. para divertir-se: **go out**
110. sair de um sistema de computadores: **log off**
111. sair, descer, de ônibus, trem, metrô, avião etc.; desembarcar: **get off**
112. sair, ir embora: **go away**
113. saldar uma dívida, quitar: **pay off**
114. sentar-se: **sit down**

115. sentir vontade de, ter vontade de, "estar a fim de": **feel like**
116. servir, atender, esp. em restaurante, loja etc.: **wait on**
117. superar problemas emocionais; recuperar-se, "esquecer": **get over**
118. telefonar, ligar para alguém: **call up**
119. ter relacionamento amigável com; dar-se bem com alguém: **get along with**
120. terminar um relacionamento, romper, separar-se: **break up**; **split up**
121. tirar roupas, sapatos, óculos etc.: **take off**
122. tolerar, "aguentar", suportar: **put up with**
123. tomar cuidado, prestar atenção: **look out**; **watch out**
124. transformar-se em, tornar-se: **turn into**
125. trazer de volta: **bring back**
126. olhar para alguém ou algo, ver: **look at**
127. vestir roupas, colocar sapatos, perfume etc.: **put on**
128. vestir-se bem, formalmente; "arrumar-se": **dress up**
129. voltar de algum lugar: **come back**
130. voltar, retornar, ir de volta: **go back**

Exercises

SET OF EXERCISES - 1

A. Rewrite the sentences below replacing the words in bold with a phrasal verb from the word bank. Make sure you use the appropriate verb tense.

BLOW OUT	LOOK FOR	GO ON	BRING UP
SHOW UP	PUT OUT	LOOK AFTER	RUN OVER
PICK UP	MAKE UP	TAKE UP	DROP BY

1. "Who is going to **take care of** our dogs while we are away?" Lucy asked her husband.
2. "If you **continue** working like this, you're going to end up having a heart attack," Jack told his friend Paul.
3. "Tom was supposed to **come to get me** at 6:00 p.m. I wonder why he hasn't arrived yet!" Kate told her friend Liz.
4. The security guard went up to Bill and told him to **extinguish** his cigarette as that was a non-smoking area.
5. "This story is very strange. I think Bob is **inventing** it!" Jake told his friends.

B. Choose the alternative that best explains the meaning of the phrasal verbs in the sentences below.

1. "Susan **is** not **into** antique art," Susan is not...
   a. interested in antique art.
   b. an antique art expert.
   c. at all worried about antique art.
   d. an antique art critic.

2. "How come you didn't **show up** for the rehearsal?" Dan asked Linda. Dan asked Linda how come she didn't...
   a. mention the rehearsal to her friends.
   b. come for the rehearsal.
   c. do what she was supposed to have done during the rehearsal.
   d. show the pictures of the rehearsal to everyone.

3. "I wish Tony would stop **bossing** me **around**," Janet told her friend Anna. Janet told her friend Anna...
   a. she would like Tony to stop treating her as if she were the boss.
   b. she would like Tony to stop treating her nicely.
   c. she would like Tony to stop helping her out.
   d. she would like Tony to stop telling her what to do.

4. During the meeting Jeff **came up with** a stupid remark that **pissed off** his boss. Jeff...
   a. had a funny idea that made his boss laugh a lot.
   b. showed up late for the meeting and made his boss angry.
   c. presented some unusual ideas that surprised his boss greatly.
   d. voiced a stupid comment that irritated his boss.

5. "Don't **wait up** for me," Catherine told her mother. Catherine told her mother not to...
   a. wake up in the middle of the night because of her.
   b. stay up late waiting for her.
   c. wait for her standing.
   d. stay home waiting for her.

C. Match the colloquial equivalents in Portuguese on the left (1-10) with the phrasal verbs on the right (a-j).

1. fazer as pazes
2. dar de cara com alguém
3. pegar no pé
4. devorar
5. puxar a alguém
6. bater na mesma tecla
7. malhar
8. cair aos pedaços
9. bajular
10. amaciar

a. butter up
b. fall apart
c. take after
d. break in
e. pick on
f. make up
g. gobble down
h. bump into
i. harp on
j. work out

SET OF EXERCISES - 2

A. Rewrite the sentences below replacing the words marked excluir in bold with a phrasal verb from the word bank. Make sure you use the appropriate verb tense.

BUTT IN	BREAK UP	BE OUT OF	GET OVER	COUNT ON
PUT OFF	LET DOWN	COME INTO	STAND FOR	ACT UP
EGG ON	ASK OUT	CALL OFF	TURN INTO	ASK FOR

1. "I'm sorry, sir. We **don't have any** chicken today," the waiter told Mr. Harris.
2. "I wish you would stop **instigating** the children because, if they keep **misbehaving**, we will have to **cancel** the picnic we had planned," Bob's mother told him.
3. Mr. Watts wanted to **request** a short break, but several students kept **interrupting** and asking questions.

4. "I hope you won't **disappoint** your father anymore," Mike's mother told him.
5. "Do you know why Brad and Marsha decided to **separate**?" Alice asked Jane.

B. Choose the alternative that best explains the meaning of the phrasal verbs in the sentences below.

1. "Stop **fooling around**!" Tom told Jim. Tom told Jim to...
   a. stop making a fool out of himself.
   b. stop making other people think he is a fool.
   c. stop behaving in a playful way.
   d. stop calling other people a fool

2. Jack is glad he will have plenty of time to **catch up on** his reading during his vacation. Jack is glad he will...
   a. not need to read at all during his vacation.
   b. have enough time to read all the back issues of his favorite magazine he did not have time to read before.
   c. enjoy himself buying lots of different books during his vacation.
   d. not need to bother about reading work documents during his vacation.

3. **Come on** is a phrasal verb used to...
   a. cheer someone up, only.
   b. make someone move or act faster, only.
   c. call someone's attention to some important fact.
   d. cheer someone up and make someone move or act faster.

4. "Don't **take** your bad mood **out on** people!" Gina told Brian. Gina told Brian not to...
   a. treat people badly just because he is in a bad mood.
   b. be in a bad mood because things aren't so bad.
   c. feel sorry for people who are in a bad mood.
   d. reveal his bad mood to other people.

5. **Hurry up** is a phrasal verb used to...
   a. tell people to take their time to do something.
   b. tell people to act or move more quickly.
   c. tell people to get out of bed in the morning.
   d. tell people to open up their eyes and see what is happening.

C. Match the definitions on the left (1-10) with the phrasal verbs on the right (a-j).

1. stop working, esp. cars, electronic equipment etc.
2. put on fancy or formal clothes
3. return something to its owner
4. eat something quickly
5. hit and make someone unconscious
6. behave or look like an older member of the family
7. go to live with somebody else
8. enter; board a bus, train, subway, plane etc.
9. gain access to a computer system by typing in a password
10. gradually stop using a system, a product etc.

a. get on
b. phase out
c. knock out
d. move in with
e. log on
f. break down
g. gobble down
h. dress up
i. take after
j. give back

SET OF EXERCISES - 3

A. Match the phrasal verb in the sentences below with the idea it expresses.

TAKE OFF

1. "What time did you say your plane is supposed to **take off**?" Jill asked Fred.
2. "I wish I could **take** some days **off** to unwind. I'm really tired out," Cheryl told Ann.
3. "**Take off** your overcoat. It's not that cold in here," Linda told Simon.
4. Jeff's friends were surprised when he **took off** without even saying good-bye.
5. "I'd be willing to **take off** a couple of dollars if you pay cash," the salesman told Joe.
6. George's career as an economist really **took off** after he got a Master's degree.

a. to remove clothes, shoes, glasses etc. from your body
b. to depart, to leave the ground, esp. planes
c. to have a period of time free from work, to take a vacation from work
d. to become very successful, popular or well-known
e. (informal) to leave quickly or suddenly
f. to deduct

B. Match the phrasal verb in the sentences below with the idea it expresses.

MAKE UP

1. Sandy spends about an hour **making** herself **up** before going out with her boyfriend.
2. "Don't believe what Ray is telling you. He's always **making** things **up**," Sharon told Patty.
3. "I'm glad to know Bill and Jane have already **made up**," Linda told her friends.
4. "Is it okay if I go home earlier today and **make** it **up** tomorrow?" Sue asked her boss.
5. Donald works for an international company whose staff is **made up** of people from all over the world.

a. to invent a story, an excuse etc.
b. to reconcile, to become friends again after an argument
c. to put on cosmetics, to put make-up on
d. to comprise, to constitute
e. to compensate for time taken off work

C. Use the phrasal verb bank and the tips in Portuguese to help you fill in the gaps. Make sure you use the appropriate verb tense.

```
COME ON    PICK UP    COME IN    HANG AROUND WITH
DROP OFF   WIND UP    TAKE UP    COME ALONG    GO ON
   FEEL LIKE    PUT OUT    THROW AWAY    TAKE AWAY
TAKE OFF   SPLIT UP   GET ALONG   THROW UP   LET OUT
```

1. "What's _____ here?" Peter asked his kids when he got home and saw the living room turned upside down. [acontecer]
2. "Those piles of old magazines are _____ too much space in our apartment. Why don't you give them to someone or _____ them _____?" Luke's mother asked him. [ocupar] [jogar fora]
3. Fred always _____ his kids _____ at school on his way to work, but his wife _____ them _____. [deixar alguém em algum lugar, esp. de carro] [pegar alguém, esp. de carro]
4. "I _____ taking a walk in the sun. Would you like to _____?" Terry invited Gina. [sentir vontade de] [ir junto]
5. "_____ your boots before you _____ They are very dirty!" Carol told Nick. [tirar] [entrar]
6. "Tim is going to _____ in jail if he keeps _____ that sort of people," Mr. Atkinson warned Tim's parents. [acabar] [andar com; ficar com]
7. Jennifer and Warren decided to _____ because they were not _____ well together anymore. [separar] [ter bom relacionamento; "dar-se bem"]

SET OF EXERCISES - 4

A. Choose the alternative that best explains the meaning of the phrasal verbs in the sentences below.

1. "How come you **missed out on** such a great party?!" Ron told Matt. Ron told Matt...
   a. he could not understand why he did not show up for the party.
   b. he missed him at the party.
   c. someone was missing at the party.
   d. he didn't want to know why he had missed the party.

2. George sometimes enjoys **staying up** all night watching movies on his DVD-player. George sometimes enjoys...
   a. waking up in the middle of the night to watch movies on his DVD-player.
   b. standing up as he watches movies on his DVD-player.
   c. being awake all night long watching movies on his DVD-player.
   d. watching movies on his DVD-player at night.

3. "**Back off** or else I'll shoot!" the cop yelled at the suspicious looking man. The cop told the suspicious looking man not to...
   a. stay where he was.
   b. turn his back on him.
   c. come any closer.
   d. turn around.

4. Laura felt a lot better after she **threw up**. Laura felt better after she...
   a. told her friends how she felt.
   b. started to talk more freely.
   c. vomited.
   d. saw someone throwing up.

5. "I'm sure our hard work will eventually **pay off**," Jake told Rick. Jake told Rick he was sure...
   a. their hard work would one day be understood.
   b. their hard work would never be forgotten.
   c. their hard work would certainly prevail.
   d. their hard work would one day be worthwhile.

B. Rewrite the sentences below replacing the words in bold with a phrasal verb from the word bank. Make sure you use the appropriate verb tense.

> **HAND OUT   PICK OUT   TURN UP   MAKE OUT**
> **HAND IN   PUT OFF   HOLD ON   FIGURE OUT**
> **HOLD UP   GET OFF   LOOK UP TO   PUT THROUGH**

1. Jack has always **admired** his uncle ever since he was a young kid.
2. "**Wait** a second, I'll **connect** you to Mr. Livingston," the operator told Jill.
3. Pamela **chose** a beautiful dress to go to the prom.
4. "I can't **understand** George. He's always changing his mind about everything," said Luke.
5. "The teacher told us we are supposed to **submit** our essays by Friday the latest," Heather told her classmate Rita.

C. Match the colloquial equivalents in Portuguese on the left (1-10) with the phrasal verbs on the right (a-j).

1. dar a volta por cima
2. não ver a hora de
3. amarelar
4. não dar em nada
5. pisar na bola
6. ser chegado a; ser ligado em alguma
7. calar a boca
8. pular a cerca
9. bater o telefone na cara de alguém
10. envenenar o motor

a. be into
b. soup up
c. bounce back
d. cheat on
e. chicken out
f. hang up on
g. look forward to
h. screw up
i. fall through
j. shut up

SET OF EXERCISES - 5

A. Rewrite the sentences below replacing the words in bold with a phrasal verb from the word bank. Make sure you use the appropriate verb tense.

> **TALK OUT OF   GO ON   MAKE OUT   PICK UP**
> **STICK UP FOR   WAIT ON   SHOW OFF   STAND FOR**
> **GET DOWN TO   TALK INTO   PUT OFF   TURN UP**

1. "We were not at all pleased with the waitress that **served** us at that restaurant," Linda told her friend.
2. "No one seems to know what is **happening** with the stock market these days," said Brian.

3. "I had no idea the word 'Scuba' was an acronym that **means** Self Contained Underwater Breathing Apparatus," Brian told his friend Luke.
4. "After a period of sluggish sales, I'm glad business is finally **improving** now," the sales director told his managers.
5. Frank **persuaded** his parents to buy him a car when he turned eighteen.

B. Choose the alternative that best explains the meaning of the phrasal verbs in the sentences below.

1. To **fill** someone **in on** something is to...
   a. listen to what someone has to tell you.
   b. understand what someone is telling you.
   c. brief someone on something that has happened.
   d. make sure someone understands what you are telling them.

2. To be **taken in** by something or someone is to...
   a. be understood.
   b. be reminded of something.
   c. be fooled.
   d. be very interested in something.

3. If a plan **falls through**...
   a. it turns out fine in the end.
   b. it is very successful.
   c. it doesn't turn out fine in the end.
   d. it is considered foolish.

4. To **get back at** someone is to...
   a. return a phone call to someone.
   b. remind someone of something.
   c. get revenge on someone.
   d. talk to someone later.

5. **Answer back** is a phrasal verb that means...
   a. to reply to someone promptly.
   b. to reply to someone politely.
   c. to reply to someone quickly.
   d. to reply to someone rudely.

C. Match the phrasal verbs on the left (1-10) with their opposites on the right (a-j).

1. pick up
2. turn on
3. take off
4. speed up
5. put on
6. stand up
7. phase in
8. log on
9. turn up
10. move in

a. sit down
b. move out
c. log off
d. turn down
e. take off
f. drop off
g. touch down
h. phase out
i. turn off
j. slow down

SET OF EXERCISES - 6

A. Rewrite the sentences below replacing the words in bold with a phrasal verb from the word bank. Make sure you use the appropriate verb tense.

```
    TALK INTO    STAND UP    PUT UP WITH    GO OUT
GET DOWN TO    COME BACK    PASS OUT    TALK OUT OF
        GET TO    LOOK INTO    RUN OVER    WATCH OUT
        SOUP UP    WALK OUT ON    COME AROUND
```

1. Not being able to **tolerate** so much pressure, Mr. Jones decided to resign.
2. "**Be careful**! There's a car coming!" Phillip warned his friend.
3. Even though Mr. Spencer spent a long time trying to **persuade** his nephew **not to** quit his job, he was not able to.
4. Mrs. Harris never really understood why her husband **abandoned** her.
5. "To our relief Mary had just **fainted** because of the heat and soon after she **regained consciousness**," said Rita.

B. Choose the alternative that best explains the meaning of the phrasal verbs in the sentences below.

1. "I can't **do without** chocolate," Liz told her friends. Liz told her friends she...
   a. can't make a cake without chocolate.
   b. hardly ever eats chocolate.
   c. enjoys eating chocolate once in a while.
   d. often eats chocolate.

251

2. "Why did Brian and Sue decide to **put off** their wedding?" Maggie asked Jane. Maggie asked Jane why...
   a. Brian and Sue decided not to marry anymore.
   b. Brian and Sue decided to marry so soon.
   c. Brian and Sue decided to cancel their wedding.
   d. Brian and Sue decided to postpone their wedding.

3. When Bill told Fred he was going to a TGIF party, Fred asked him what that **stood for**. Fred...
   a. wanted to know where the party was supposed to be.
   b. wanted to know what TGIF meant.
   c. wondered where Bill was planning to go.
   d. knew exactly what Bill was talking about.

4. To **catch up on** something is to...
   a. try to do something.
   b. start doing something again.
   c. do something that should have already been done.
   d. delay doing something.

5. If you **get along with** someone, you...
   a. go together with someone somewhere.
   b. have the same opinion as someone about something.
   c. approve of someone's behavior.
   d. have a friendly relationship with someone.

C. Match the definitions on the left (1-10) with the phrasal verbs on the right (a-j).

1. be in favor of
2. leave quietly without having others notice consider something carefully
3. survive an accident, a disease etc.
4. be leaving for
5. talk about something over and over again
6. be certain to experience something unpleasant
7. look after and educate a child
8. become gradually shabby and useless from wear
9. look at or examine quickly

a. harp on
b. wear out
c. be in for
d. look over
f. be for
g. think over
h. be off to
i. pull through
j. bring up

SET OF EXERCISES - 7

A. Match the colloquial equivalents in Portuguese on the left (1-10) with the phrasal verbs on the right (a-j).

1. sair de fininho
2. dar um pulo na casa de alguém
3. colocar em dia
4. sair correndo, sair voando
5. dar-se bem com
6. estar a fim de
7. esfriar a cabeça
8. cair na conversa de alguém ou em algum truque
9. dedurar
10. bolar

a. tell on
b. feel like
c. cool down
d. sneak away
e. think up
f. drop in on
g. take off
h. get along
i. catch up on
j. fall for

B. Rewrite the sentences below replacing the words in bold with a phrasal verb from the word bank. Make sure you use the appropriate verb tense.

> PUT AWAY   PUT OFF   TURN OUT   GET THROUGH
> TAKE ON   CALL UP   TURN INTO   PICK UP
> TAKE UP   CALL OFF   TALK OUT OF   THINK OVER

1. David was about to leave home when Neil **telephoned** him to tell him that the meeting had been **canceled**.
2. "This is a crazy idea! We need to **persuade** Ted **not to** do this," Jack told his friends.
3. "Our trip **became** a nightmare when we ran out of fuel in the middle of the road at night," Sharon told her friends.
4. "We'll have to **postpone** the meeting until next Tuesday," Jeff told his co-workers.
5. The factory where Brad works decided to **employ** some new people as sales have **improved** again.

C. Choose the phrasal verb that best completes the sentences below.

1. "I'm _____ my car keys. Do you know where they are?" Derek asked Sean.
    a. looking at
    b. looking after
    c. looking for
    d. looking up
    e. looking around

2. Maggie is _____ her trip to Europe.
   a. looking up
   b. looking around
   c. looking out
   d. looking forward to
   e. looking after

3. "Barry can sometimes be so arrogant! I don't know how he can _____ people like that," Shirley told her friends.
   a. look like
   b. look up to
   c. look at
   d. look down on
   e. look out

4. Dave: "What does 'serendipity' mean?"
   Tom: "I don't have a clue. Why don't you _____ it _____ in a dictionary?"
   a. look for
   b. look at
   c. look up
   d. look up to
   e. look after

5. Most kids _____ their fathers as their role models.
   a. look down on
   b. look at
   c. look forward to
   d. look after
   e. look up to

SET OF EXERCISES - 8

A. Fill in the gaps with an appropriate phrasal verb from the box. Make sure you use the appropriate verb tense.

BUMP INTO	GET ON	CLAM UP	BOSS AROUND
DROP OUT	BE ABOUT	CHICKEN OUT	STICK UP FOR
PUT OFF	ASK OUT	CHECK IN	RUN OUT OF
COME OVER	END UP	BUTTER UP

1. The Johnsons are supposed to _____ at the hotel at about 5:00 p.m.
2. Roger was planning to _____ of college, but, after he _____ his favorite professor at the library, he was persuaded not to.
3. The director of the company knew that, if he kept _____ his employees, he would _____ being fired.
4. Since Douglas knew that his boss liked to be flattered, he planned to _____ him _____ at the meeting, but at the last minute he became timid and _____ .
5. The young man was extremely attracted to the girl he met at the party and was planning to _____ her _____ on a date, but as she _____ to speak with him he _____ .

B. Choose the alternative that best explains the meaning of the phrasal verbs in the sentences below.

1. To **back** someone **up** is to...
   a. turn one's back on someone.
   b. defend or support someone.
   c. follow someone wherever he or she goes.
   d. talk to someone in a very rude way.

2. "Don't worry. You will soon **be over** Bob," Bianca told her friend. Bianca told her friend she...
   a. would soon forget Bob.
   b. would soon find Bob.
   c. would soon find out where Bob is.
   d. would soon understand Bob.

3. If you can't **put up with** someone, you can't...
   a. keep the same rhythm of work as someone else.
   b. stand or tolerate someone.
   c. do the same thing someone else is doing.
   d. understand why someone is doing something.

4. To **egg** someone **on** to do something is to...
   a. advise someone to do something.
   b. explain to someone how to do something.
   c. beg someone to do something.
   d. instigate or incite someone to do something.

5. If you can't **figure** someone **out**, you can't ...
   a. understand him or her.
   b. find him or her anywhere.
   c. understand what someone is telling you.
   d. believe what someone is telling you.

C. **Match the definitions on the left (1-10) with the phrasal verbs on the right (a-j).**

1. lose control of one's emotions and start to cry   a. freak out
   pay the bill and leave a hotel   b. live up to
2. make clear or more easily understood   c. break down
3. become frantic or extremely agitated   d. rush in
4. leave a bus, train, subway, plane etc.   e. stick up for
5. act or move more quickly   f. check out
6. charge too much for something, to overcharge   g. get off
   defend someone against attack or criticism   h. clear up
7. correspond to one's expectations   i. hurry up
8. hurry or act too quickly often without   j. rip off
   thinking carefully

SET OF EXERCISES - 9

A. **Rewrite the sentences below replacing the words in bold with a phrasal verb from the word bank. Make sure you use the appropriate verb tense.**

> FIND OUT   TURN UP   PUT OFF   TAKE TO
> TUNE DOWN   BUCKLE UP   COME DOWN WITH   COME UP
> WITH   GET OVER   CALL OFF   TUNE UP   TAKE ON

1. "**Fasten your seat belts**! The road is kind of bumpy up ahead," the van driver told us.
2. Paul needs to take his car to a mechanic to have its engine **adjusted**.
3. Sally was furious when she **discovered** her boyfriend had lied to her.
4. Mary **caught** a bad cold last week and she hasn't **recovered from** it yet.
5. "**Cancel** all my afternoon appointments. I'm not feeling very well. I think I need to go see a doctor," Mr. Thompson told his secretary.

B. Choose the alternative that best explains the meaning of the phrasal verbs in the sentences below.

1. Barry is **looking forward to** his trip to Europe next December. Barry...
   a. is visualizing his trip to Europe next December.
   b. is thinking a lot about his trip to Europe next December.
   c. can hardly wait to travel to Europe next December.
   d. has had a lot of thoughts about his trip to Europe next December.

2. If you **track** something **down**, you...
   a. find it after a search.
   b. lock it up in a safe.
   c. follow it everywhere.
   d. manage to grab it.

3. To **carry out** a task is to...
   a. let everybody know about it.
   b. accomplish it.
   c. pretend to go on with it.
   d. delay doing it.

4. "I always knew I could **count on** you," Steve told Dennis. Steve told Dennis he always knew he...
   a. could tell him his most intimate secrets.
   b. could consider him a self-confident person.
   c. could depend on him.
   d. could consider him a self-assured man.

5. "I'm feeling a lot healthier since I started to **work out**," Bill told Mark. Bill told Mark he...
   a. is feeling better since he started to work at home.
   b. is feeling better since he began lifting weights and doing physical exercise.
   c. is feeling better since he began to work outdoors.
   d. is feeling better since he began to work outside the office.

C. Match the definitions on the left (1-10) with the phrasal verbs on the right (a-j).

1. decide not to do something you previously agreed to do
2. control, esp. tears, anger, laughter etc.
3. return a phone call to someone
4. fall in love with someone
5. get revenge on someone

a. wise up
b. get back at
c. phase in
d. call back
e. tell apart
f. back out

257

6. defend or support someone, esp. in an argument   g. fall for
7. introduce gradually a system, a product etc.   h. hold back
8. draw attention to a fact   i. back up
9. realize the real facts of a situation   j. point out
10. distinguish between two similar people or things

SET OF EXERCISES - 10

A. Match the phrasal verb in the sentences below with the idea it expresses.

PICK UP

1. Mary has a natural talent for **picking up** languages. She learned French in no time.
2. "Can you **pick up** that box from the floor and place it on this shelf?" Ed asked Marvin.
3. As Louise wanted to make a cake, she went to the supermarket to **pick up** some eggs and flour.
4. It's great to have someone **pick** you **up** at the airport when you come back from a trip.
5. "Why don't you get cable TV so you can **pick up** some interesting channels?" Tim asked Ron.
6. Experts say that the economy is supposed to **pick up** over the next quarter.

a. to take hold of something and lift it up from a surface
b. to collect someone or something, esp. by car
c. to improve; to get better
d. to learn through observation and practice
e. to receive radio signals, TV channels etc.
f. to buy or get something

B. Match the phrasal verb in the sentences below with the idea it expresses.

GO OFF

1. As soon as the school bell **went off**, the students got up and left the classroom.
2. "If I were you, I'd **go off** those pills. They are making you very sleepy," Dan told Rick.
3. Jack wishes he could **go off** to the countryside for good. He can't stand the stress of the city anymore.
4. So many bombs have **gone off** in the Middle East lately that it's hard to keep track of them.
5. All the lights **went off** after a lightning bolt struck the city.

a. to leave for
b. to ring or sound
c. to explode
d. to stop functioning
e. to stop taking a medicine

C. Use the word bank and the tips in Portuguese to help you fill in the gaps. Make sure you use the appropriate verb tense.

> HANG UP   GET TO   BE AROUND   WORK OUT
> TURN INTO   WAKE UP   PUT ON   KEEP ON   HELP OUT
> GET UP   FALL OFF   CHECK IN   DRESS UP
> BE ABOUT TO   TRADE IN   END UP   TAKE OFF
> FIT IN   CUT DOWN ON   FALL APART   DROP OUT

1. Steve _____ leave his apartment when the phone rang. [estar prestes a]
2. Sue wishes her friend Linda _____ to _____ her _____ [estar por perto] [ajudar]
3. A: Tom: Check out that guy's car! It's _____ ["cair aos pedaços"]
   B: Joe: Yeah, it's about time he _____ it _____ for a new one. [trocar por um novo]
4. "If you _____ smoking that much you are going to _____ in the hospital. Why don't you try to the number of cigarettes you smoke every day?" Dan asked Mike. [continuar] ["ir parar"] [diminuir]
5. Paul likes to _____ early on Saturdays, _____ his jogging suit and go to the gym to _____ [levantar] [pôr, colocar] [fazer exercício físico, malhar]
6. "We are supposed to _____ the airport at least an hour before our plane is scheduled to _____ , so that we can have plenty of time to _____ our bags," said Rita. [chegar] [decolar] [fazer o check-in]
7. Mr. Wayne has managed to ... his little company _____ a very successful business by working hard all these years. [transformar]

SET OF EXERCISES - 11

A. Fill in the gaps with an appropriate phrasal verb from the box. Make sure you use the appropriate verb tense.

CARRY OUT	RAT ON	ROOT FOR	TIDE OVER
PAT DOWN	WRAP UP	BREATHE IN	CARRY ON
SCREW OVER	WARM UP TO	STORM OUT	PATCH UP

1. Even though some of the students were not paying attention, the teacher had to _____ _____ with the lesson anyway.
2. The doctor told the patient that the medicine should _____ him _____ during the next few hours while he recovers from surgery.
3. "I think Maria is beginning to _____ George. Do you see how she is looking at him?", Rachel told a friend.
4. The man at the deli counter _____ the sandwich for Kevin so he could take it outside to eat.
5. The two girls thought it would be best to _____ their friendship after fighting over who would get to go to the school dance with Bryan.

B. Choose the alternative that best explains the meaning of the phrasal verbs in the sentences below.

1. "I'll have to wrap up my kids in extra clothes today," Mrs. Frazer said to her neighbor. "It looks like it's going to be very cold out and I don't want my children to freeze on their walk home from school."
   a. Mrs. Fraser will pick her kids up at school.
   b. Mrs. Fraser will have to buy new clothes for her kids.
   c. Mrs. Frazer will have to bundle up her kids.
   d. Mrs. Fraser thinks it''s too cold for her kids to go to school today.

2. The judge wanted to **hear out** the defendant's explanation before he made his final decision on the case.
   a. the judge wanted the defendant to keep his mouth shut during the trial.
   b. the judge did not understand what the defendant tried to explain.
   c. the judge was not sure he could make his final decision after the defendant explained what had happened.
   d. the judge wanted to listen to everything that the defendant had to say before he made his final decision.

3. "The new football season is going to **kick off** in two weeks,." said Harry to his friends.
   a. Harry told his friends the new football season will start in two weeks.
   b. Harry told his friends the new football season will be a lot more exciting in two weeks' time.
   c. Harry told his friends the new football season will finish in two weeks.
   d. Harry doesn't seem to enjoy football very much.

4. The third grade teacher was **blown away** by his student's presentation on the life cycle of a frog.
   a. the third grade teacher thought his student's presentation sucked.
   b. the third grade teacher thought his student's presentation was great.
   c. the third grade teacher thought his student's presentation was confusing.
   d. the third grade teacher thinks his student did not prepare properly for the presentation.

5. "Can you **buzz** me **in**?", Fred asked Jim over the intercom.
   a. Fred wanted Jim to come down to the ground floor of the building.
   b. Fred had the key to the door in his pocket.
   c. Fred wanted Jim to open the door for him by operating the electric lock in his apartment.
   d. Fred wanted to enter the building immediately as it was a cold winter day.

C. Match the definitions on the left (1-10) with the phrasal verbs on the right (a-j).

1. continue doing something; go on
2. put on warm clothes; wrap in something warm
3. happen; take place
4. support or sustain someone through a difficult period
5. pay a short visit; drop by
6. become unconscious suddenly; pass out
7. begin to like someone or something
8. finish something
9. become friends again after an argument
10. spend time doing nothing at all, relaxing

a. black out
b. come by
c. wrap up
d. tide over
e. bundle up
f. patch up
g. carry on
h. veg out
i. come about
j. warm up to

SET OF EXERCISES - 12

A. Fill in the gaps with an appropriate phrasal verb from the box. Make sure you use the appropriate verb tense.

PULL OVER	GO DOWN ON	COME OVER	SNITCH AT
TUCK IN	COME INTO	SNITCH ON	TRADE IN
GEAR UP	FALL THROUGH	DIVE INTO	COME TO

1. In most inner city neighborhoods, it is an unwritten rule that you never _____ _____ anyone to the police.

261

2. Since the children had received a few new video games for their birthday, once they opened them up they wanted to immediately _____ playing them.
3. The team was _____ for road trip over the next six days where they would play in five different cities.
4. The bartender surprised us greatly when he said the bill _____ a whopping $285!
5. If you could _____ to my office sometime after lunch today, we should be able to finish up that assignment we've been working on for the boss.

B. Choose the alternative that best explains the meaning of the phrasal verbs in the sentences below.

1. To **crack down on** something is to...
   a. do something that should have already been done.
   b. try to understand how something works.
   c. repress something considered undesirable.
   d. enjoy doing something.

2. If you try to **sound** someone **out**, you try to...
   a. find out someone's opinions, ideas or intentions by talking to them.
   b. help someone by providing them with financial support.
   c. make them understand how you feel.
   d. convince them that you are right.

3. "If I were you I would **bundle up**," Gary advised Ron.
   a. Gary advised Ron to leave asap.
   b. Gary advised Ron to put on warm clothes.
   c. Gary advised Ron to forget about what happened.
   d. Gary advised Ron to hurry up.

4. To **veg out** means to...
   a. eat vegetables as often as possible as they are healthy.
   b. do physical exercises regularly.
   c. respect peoples' privacy.
   d. spend time doing nothing at all, relaxing.

5. "Joe is always **griping about** something," Joe is always...
   a. coming up with crazy ideas.
   b. gossiping.
   c. complaining about something.
   d. asking people about what happened.

C. Match the definitions on the left (1-10) with the phrasal verbs on the right (a-j).

1. visit a person or place briefly
2. deal with bad or illegal behavior more severely; repress something considered undesirable
3. try to find out someone's opinions, ideas or intentions by talking to them
4. start; begin
5. listen to what someone has to say until they have finished
6. begin to study or work again after a break
7. make strong or stronger; improve; reinforce
8. impress someone very much
9. relax; take it easy
10. eat a lot, usually quickly

a. kick off
b. start back
c. hear out
d. crack down on
e. blow away
f. swing by
g. chill out
h. chow down
i. beef up
j. sound out

SET OF EXERCISES - 13

A. Fill in the gaps with an appropriate phrasal verb from the box. Make sure you use the appropriate verb tense.

> COME UP   RAT OUT   STICK AROUND   GO ON
> VEG OUT   TURN DOWN   GET OFF   COME ALONG
> SOBER UP   HORSE AROUND   WRAP UP   BOIL DOWN

1. The mafia boss swore he would never _____ his associates, even if the police were going to send him to jail.
2. The project we have been working on is really _____ . We should be done in the next week or two.
3. We used to get in trouble with our parents all of the time for _____ when they told us we should have been behaving.
4. The movie producer was extremely happy when they _____ shooting the movie.
5. Every day when Tom comes home from work, all he wants to do is _____ on the couch and watch television.

B. Match the definitions on the left (1-10) with the noun forms of phrasal verbs on the right (a-j).

1. physical exercise to improve one's fitness; a physical exercise session
2. the rate at which employees leave a company and are replaced
3. a document printed from a computer printer
4. someone who quits school before graduating
5. a physical or mental failure
6. the end of a relationship
7. something done to continue an earlier action or to check up on results
8. place where one likes to spend time
9. the moment when a plane leaves the ground
10. cosmetics applied to the face to improve the appearance

a. breakdown
b. dropout
c. follow-up
d. printout
e. make-up
f. workout
g. takeoff
h. turnover
i. breakup
j. hangout

C. Choose the phrasal verb that best completes the sentences below.

1. The child was leaning back too far on his chair and _____ when he lost his balance.
   a. fell through
   b. fell apart
   c. fell in
   d. fell over
   e. fell back

2. "The new season is going to _____ in two weeks. I can't wait to start watching basketball again," said Bill to his friends.
   a. kick off
   b. kick in
   c. kick on
   d. kick up
   e. kick back

3. The _____ on drunk driving has made a positive change in the community in only a few months.
   a. crackoff
   b. crackdown
   c. crackaway
   d. crackup
   e. crackon

4. "Did you hear that the movie theater was going to _____ free tickets to the new movie?", Dave asked a friend.
   a. give off
   b. give away
   c. give up
   d. give in
   e. give out

5. "Can you believe that classes will _____ again in two days?", Mary asked her friend Betty.
   a. start back
   b. start up
   c. start off
   d. start on
   e. start down

SET OF EXERCISES - 14

A. Fill in the gaps with an appropriate phrasal verb from the box. Make sure you use the appropriate verb tense.

BUZZ IN	THROW AWAY	START BACK	BLOW UP
START OVER	WORK OUT	CRACK DOWN	PUT UP WITH
HANG AROUND	CHILL OUT	BLOW AWAY	CRACK UP

1. The mayor has decided to _____ on major crimes this year in the tough neighborhoods.
2. After hiking up the mountain for over two hours, our guide said it was too windy to continue and that we would have to _____ down the mountain toward our campsite.
3. The professor forgot his papers on the bench and watched them all _____ when a strong gust of wind came through the park.
4. When my friends came over to my apartment for the party, the doorman of my building had to _____ them _____ before they could take the elevator up to my floor.
5. After three weeks of non-stop work, Mr. Francis wanted nothing more than to just _____ on the beach for a few days and relax.

B. Choose the phrasal verb that best completes the sentences below.

1. After a long day of work, Herman enjoyed nothing more than _____ his shoes and relaxing his feet.
   a. kicking over
   b. kicking away
   c. kicking off
   d. kicking around
   e. kicking on

2. William stayed at work for an extra three hours on Thursday night so he could _____ some reports for the upcoming sales meeting.
   a. crank in
   b. crank out
   c. crank off
   d. crank down
   e. crank away

3. Leila is always _____ something at work. She is almost never happy it seems.
   a. griping around
   b. griping over
   c. griping against
   d. griping about
   e. griping through

4. My friend asked me to _____ with him after work. We decided to go out and get some drinks with some friends.
   a. hook up
   b. hook over
   c. hook around
   d. hook down
   e. hook into

5. Mr. Velazquez was trying to _____ the opinion of the board members before he made the decision in which new direction he was going to take the company.
   a. sound off
   b. sound out
   c. sound around
   d. sound over
   e. sound down

C. Match the definitions on the left (1-10) with the noun forms of phrasal verbs on the right (a-j).

1. a momentary loss of consciousness or memory
2. disappointment
3. robbery at gunpoint
4. a plan or design of something
5. a sweater, a sweatshirt
6. an increase in price
7. illegal entrance into a place with the intent to steal
8. heavy rain
9. a thorough medical examination
10. sudden advance especially in knowledge, such as a great discovery

a. layout
b. checkup
c. blackout
d. downpour
e. breakthrough
f. pullover
g. markup
h. letdown
i. break-in
j. holdup

SET OF EXERCISES - 15

A. Fill in the gaps with an appropriate phrasal verb from the box. Make sure you use the appropriate verb tense.

> ACT UP   HAVE ON   GO ALONG WITH   LUCK OUT
> HACK INTO   ABSTAIN FROM   PULL OFF   RAT OUT
> ACT ON   TUCK IN   AIM AT   CHECK ON

1. Before Michael went out with his friends to the club, he made sure he _____ his new watch and some nice cologne.
2. Franklin really _____ that his teacher was absent on Friday because he forgot to study for his big test.
3. "The only way my parents would let me travel over the weekend with my friends was if I promised to _____ using drugs and alcohol," Jordan told a friend.
4. I was given a hot stock tip by my boss and decided to _____ it quickly. I'm hoping I will make some quick money on the deal.
5. The advertising company has decided to _____ young boys and girls for the launch of their new sports equipment next month.

B. Match the definitions on the left (1-10) with the noun forms of phrasal verbs on the right (a-j).

1. surveillance of a place or a person by the police
2. temporary dismissal of a worker
3. severely disciplinary action
4. an overpriced product or service; theft
5. exercise done by lying on the back and rising to a sitting position
6. a piece of paper that is given out
7. backward counting to mark the time before an event
8. someone who behaves so as to attract attention by showing their talents
9. an escape from prison
10. a transition in a novel, movie, etc, to an earlier event or scene that interrupts the normal chronological flow of a story

a. sit-up
b. flashback
c. rip-off
d. breakout
e. countdown
f. show-off
g. stakeout
h. lay-off
i. handout
j. crackdown

C. Choose the phrasal verb that best completes the sentences below.

1. The DJ was trying to play records at the club that would _____ everyone on the dance floor.
   a. bail out
   b. abstain from
   c. appeal to
   d. pull through
   e. buckle up

2. The waiter tried to _____ the tablecloth by pulling one end of it down a little further.
   a. even out
   b. b. tuck in
   c. pour down
   d. shell out
   e. stir up

3. "I was trying to cook some spaghetti for my girlfriend but I wasn't paying attention to the stove and then the water _____ and spilled onto the floor," Jeff told a friend.
   a. blew down
   b. boiled down to

c. blew over
   d. bailed out
   e. boiled over

4. "Do you want to come over and _____ after school today?" Liz asked Stephanie.
   a. hang over
   b. hang up
   c. hold on
   d. hang out
   e. hold out

5. The general instructed his troops to _____ their weapons because the two warring countries had declared a ceasefire.
   a. lay off
   b. lay down
   c. let down
   d. lay out
   e. lay over

SET OF EXERCISES - 16

A. Fill in the gaps with an appropriate phrasal verb from the box. Make sure you use the appropriate verb tense.

DROP OFF	FROWN ON	CHASE AFTER	PITCH IN
EAT UP	CLOUD OVER	LOCK UP	CUT OUT
MAX OUT	KEEP OUT	EAT IN	RUN AWAY WITH

1. The bear was _____ the raccoon that had gotten too close to her cubs.
2. The fog began rolling in this morning and now the valley is totally _____ .
3. Mary started a new diet and has been trying to _____ soda and candy.
4. Since we are trying to save money this month, I recommend that we _____ a few times and hopefully save a few bucks.
5. Mrs. Spielvogel knew that whenever her son invited his friends over after soccer practice that they were going to _____ all of the ice cream.

B. Match the definitions on the left (1-10) with the noun forms of phrasal verbs on the right (a-j).

1. a division of something into smaller parts
2. bursting of a tire
3. a copy, an extra copy
4. ruin; sudden loss of position, success or reputation
5. a reduction in price
6. someone who has escaped from somewhere; fugitive
7. a delay
8. final competition to determine a championship
9. a stop on a journey, especially one between flights
10. a traffic accident, a collision involving several vehicles

a. setback
b. stopover
c. downfall
d. markdown
e. blowout
f. pile-up
g. back-up
h. runaway
i. breakdown
j. playoff

C. Choose the phrasal verb that best completes the sentences below.

1. Lawyers from both companies were still trying to _____ the details so that the merger would be a success.
    a. rule out
    b. wipe out
    c. lock out
    d. show out
    e. iron out

2. The horses got loose in the barn and started to _____ everything in sight!
    a. knock up
    b. clam up
    c. let up
    d. smash up
    e. pile up

3. The young man had been _____ Elena ever since he first met her at the bookstore several months ago.
    a. brushing up on
    b. lusting after
    c. harping on
    d. turning in
    e. wising u

4. The marketing team was _____ on paperwork to get prepared for next week's presentation and product launch.
   a. tracking down
   b. holding back
   c. slaving away
   d. backing up
   e. striking back

5. Mr. Case was upset at always having to _____ money for dinner, drinks and the taxi home whenever he went out with his friends. They never had any cash.
   a. crank out
   b. shell out
   c. chicken out
   d. bail out
   e. clock out

SET OF EXERCISES - 17

A. Fill in the gaps with an appropriate phrasal verb from the box. Make sure you use the appropriate verb tense.

> RULE OUT   LONG FOR   STAND OUT   PIPE DOWN
> SLIP UP   DATE BACK   FALL APART   SHOOT DOWN
> RUN OVER   HOOK UP   ROOT FOR   CATCH UP WITH

1. After twelve weeks of a very cold winter, the people were _____ the sun and warm temperatures of summer like never before.
2. The bus driver was always telling the children to _____ and be quiet so that he concentrate on the driving.
3. The origin of the fossil _____ to the Paleolithic Era, the professor told us.
4. Since Robert had lived in New England all of his life, he has always _____ the Boston Red Sox.
5. The army snipers were trying to _____ any one that got too close to the base.

B. Match the definitions on the left (1-10) with the phrasal verbs on the right (a-j).

1. let someone enter a door by operating the electric lock
2. break into a computer system
3. flirt and try to make advances with the opposite sex
4. get together; meet someone and spend time together
5. help out; contribute; cooperate
6. become weaker; disappear slowly
7. perform oral sex on someone
8. support a team in a game or competition; support or encourage someone
9. touch someone's clothes in order to detect concealed weapons; illegal drugs; etc.
10. desire; yearn for; crave for; want something very much

a. fade away
b. hack into
c. pat down
d. long for
e. buzz in
f. go down on
g. hit on
h. pitch in
i. root for
j. hook up

C. Choose the phrasal verb that best completes the sentences below.

1. After the explosion, the police were asking everyone to _____ and clear the way so they could figure out what was going on.
    a. spring back
    b. strike back
    c. speed up
    d. stand back
    e. stick up

2. We had bought so many items from the clothing store that the store manager _____ two more shirts for free. It was great!
    a. threw up
    b. threw in
    c. threw out
    d. threw away
    e. threw down

3. After the snowstorm in Washington, DC, the tow trucks had to help _____ cars that were parked illegally or simply abandoned due to the storm.
    a. throw away
    b. turn out
    c. tow away

d. turn away
   e. strike up

4. The bouncers at the club had to _____ customers because it had become so crowded inside.
   a. turn around
   b. lock out
   c. leave behind
   d. show up
   e. turn away

5. It always bothered Aidan that when he arrived home from school his father would _____ questions asking about his day.
   a. fire away
   b. frown on
   c. shell out
   d. speak up
   e. freak out

SET OF EXERCISES - 18

A. Fill in the gaps with an appropriate phrasal verb from the box. Make sure you use the appropriate verb tense.

| DIVVY UP PAN OUT STRIKE BACK SLIP ON |
| TOP OFF WIPE OUT JERK OFF LOOSEN UP |
| TUCK AWAY STAND BACK ZIP UP POUR DOWN |

1. After letting two goals slip by their goalie in the first half, the soccer team planned to _____ and score some goals of their own in the second half.
2. The bartender told us he was about to end his shift and asked if he could _____ our drinks for us before he left.
3. "My mom asked me to _____ a $10 bill into my pocket in case I needed it later on my field trip with my class to the zoo," Bart told Jake.
4. Marvin's lawyer found it difficult to _____ after work because he was working on such a complex and challenging case.
5. "We never let our daughter go outside on a snowy day without first making sure to _____ her coat. It's just so cold out there," said Sally to a friend.

B. Match the definitions on the left (1-10) with the noun forms of phrasal verbs on the right (a-j).

1. adjustments made to an engine to improve its performance
2. a person who hides aboard a ship or plane so as to get a free passage
3. reward; the benefit that you get from doing something
4. a test to see if something works well
5. a car or another piece of equipment given in part payment for a new one
6. a situation in which someone is incriminated on a false charge
7. volume of business
8. something that causes excitement or stimulating interest
9. a mechanical failure
10. something such as an advertising message that appears suddenly on a computer screen

a. stowaway
b. turn-on
c. trade-in
d. setup
e. payoff
f. tryout
g. pop-up
h. tune-up
i. breakdown
j. turnover

C. Choose the phrasal verb that best completes the sentences below.

1. The passersby had to _____ from the car accident because it was such a gruesome sight. Two people had been badly injured.
   a. turn back
   b. turn around
   c. turn over
   d. turn away
   e. turn down

2. The missile defense system was constructed solely for the purpose of _____ anything that entered our airspace without our expressed consent or permission.
   a. storming out
   b. shooting down
   c. stowing away
   d. summing up
   e. switching off

3. The sunset was nearly upon us, and the sun was _____ behind the clouds.
   a. clamming up
   b. evening out

274

c. slipping away
   d. falling through
   e. clouding over

4. The referee of the basketball game had to _____ two players that got into a scuffle after a tough play.
   a. stake out
   b. strike up
   c. stem from
   d. straighten out
   e. stick around

5. Maria and Cynthia just _____ for the marathon. They are very good runners.
   a. stood up
   b. slipped up
   c. struck up
   d. sobered up
   e. signed up

SET OF EXERCISES - 19

A. Fill in the gaps with an appropriate phrasal verb from the box. Make sure you use the appropriate verb tense.

> **BRANCH OUT   SIT BACK   LOOSEN UP   LOG OFF
> SLIP ON   LINE UP   THINK BACK   BEEF UP
> TIDE OVER   CHOW DOWN   TOW AWAY   STRIKE UP**

1. "I like to _____ for at least ten minutes before I go for a run or play sports," Tyler told a friend.
2. The gymnasium floor had just been mopped and the teacher _____ the wet floor and twisted her ankle.
3. Marta never found it difficult to _____ conversation with a stranger. She had traveled a lot and felt comfortable in almost every social situation.
4. Stacy's grandmother was trying to _____ and remember how different life had been when she herself was a very young girl. So much had changed since then.
5. After getting straight A's on her first few biology tests, Kendra thought she might be able to _____ and relax and not study so hard for the next exam.

B. Match the definitions on the left (1-10) with the phrasal verbs on the right (a-j).

1. stop talking; be quiet; make less noise
2. pay; spend money on something
3. avoid someone or something; keep away from
4. find time for; manage to fit into
5. add something extra with no additional charge
6. cause trouble; start trouble
7. betray someone
8. prepare a document such as a contract
9. start doing something in a very enthusiastic way
10. amount to

a. shell out
b. dive into
c. stir up
d. throw in
e. draw up
f. shy away
g. rat out
h. pipe down
i. work out to
j. squeeze in

C. Choose the phrasal verb that best completes the sentences below.

1. "The bouncers will _____ if you start a fight in here," said Doug to a friend at the night clubnightclub.
   a. kick you out
   b. kick you around
   c. kick you on
   d. kick you off
   e. kick you in

2. "There are hamburger joints _____ everywhere now," said Danny to a friend.
   a. popping out
   b. popping in
   c. popping up
   d. popping down
   e. popping away

3. "That guy is going to _____ if he drinks any more whiskey," Jason told a friend at the pub.
   a. black out
   b. pull through
   c. pitch in
   d. buckle up
   e. patch up

4. The rebellious college students were trying to _____ their university's server to try and change some of their grades.

a. break up
   b. harp on
   c. bump into
   d. hang up
   e. hack into

5. The coach was wondering how the rest of the season would _____ for his team.
   a. burn out
   b. pan out
   c. bum off
   d. phase out
   e. bundle up

SET OF EXERCISES - 20

A. Fill in the gaps with an appropriate phrasal verb from the box. Make sure you use the appropriate verb tense.

> RIP OFF   PICK UP   HIT ON   RULE OUT
> SPLIT UP   PHASE IN   RUN DOWN   SHELL OUT
> REACH OUT   SQUEEZE IN   PICK ON   SHY AWAY

1. The taxi driver wasn't paying attention and accidentally _____ a dog crossing the street.
2. People tend to _____ from difficult topics of conversation such as politics or religion when meeting someone for the first time.
3. "Do you think Barry was trying to _____ me at the party last night?", Heather asked Lucy.
4. "My daughter is just learning how to walk and now she wants to _____ and touch everything she can get her hands on,.", Mike told a friend.
5. "It didn't take very long for the economy to _____ after it bottomed out," said Sean.

B. Match the definitions on the left (1-10) with the noun forms of phrasal verbs on the right (a-j).

1. an adult
2. process of bringing up and training a child
3. a mistake, confusion or misunderstanding

a. turnoff
b. grown-up
c. playback

4. the final payment of a debt
5. exercising in preparation for physical activity
6. something that causes loss of interest or excitement
7. the act of reproducing recorded material
8. when a company takes control of another by buying it
9. the moment when a plane lands on the ground
10. an act of passing the hands over the body of a clothed person to check for concealed weapons, illegal drugs, etc.

d. takeover
e. pat-down
f. mix-up
g. upbringing
h. payoff
i. touchdown
j. warm-up

C. Choose the phrasal verb that best completes the sentences below.

1. "Can you _____ your hand and try to reach the light bulb? I want to change the lighting in the kitchen," Barbra asked Joe.
   a. stake out
   b. stick up
   c. stand up
   d. stand out
   e. strike up

2. After going out to dinner with four of her friends, Deborah noted that the bill _____ about $25 each.
   a. worked up to
   b. wrapped up
   c. worked out to
   d. woke up to
   e. wiped out

3. As the boxer aged, he saw his chances at winning the title _____ more and more each day.
   a. fading away
   b. falling off
   c. fading out
   d. falling down
   e. falling out

4. Believe it or not, the boy had _____ on ocean liners and cruise ships for years and had taken himself to visit all of Europe and Northern Africa.
   a. swung by
   b. stormed out

278

c. sworn in
   d. stowed away
   e. stuck around

5. We didn't want to hang out with Ralph anymore because he was always so annoying, so when he called us to hang out we decided to _____ and not call him back.
   a. bail him out
   b. blow him off
   c. buckle him up
   d. bottom him out
   e. blow him up

Key to exercises

KEY TO EXERCISES

SET 1

A.
1. "Who is going to **look after** our dogs while we are away?" Lucy asked her husband.
2. "If you **go on** working like, this you're going to end up having a heart attack," Jack told his friend Paul.
3. "Tom was supposed to **pick** me **up** at 6:00 p.m. I wonder why he hasn't arrived yet!" Kate told her friend Liz.
4. The security guard went up to Bill and told him to **put out** his cigarette as that was a non-smoking area.
5. "This story is very strange. I think Bob is **making** it **up**!" Jake told his friends.

B.
1. a
2. b
3. d
4. d
5. b

C.
1. f
2. h
3. e
4. g
5. c
6. i
7. j
8. b
9. a
10. d

SET 2

A.
1. "I'm sorry Sir. We **are out of** chicken today," the waiter told Mr. Harris.
2. "I wish you would stop **egging on** the children because, if they keep **acting up,** we will have to **call off** the picnic we had planned," Bob's mother told him.
3. Mr. Watts wanted to **ask for** a short break, but several students kept **butting in** and asking questions.
4. "I hope you won't **let** your father **down** anymore," Mike's mother told him.
5. "Do you know why Brad and Marsha decided to **break up**?" Alice asked Jane.

B.
1. c
2. b
3. d
4. a
5. b

C.
1. f
2. i
3. j
4. g
5. c
6. h
7. d
8. a
9. e
10. b

SET 3

A.
1. b
2. c
3. a
4. e
5. f
6. d

B.
1. c
2. a
3. b
4. e
5. d

C.
1. "What's **going on** here?" Peter asked his kids when he got home and saw the living room turned upside down.
2. "Those piles of old magazines are **taking up** too much space in our apartment. Why don't you give them to someone or **throw** them **away**?" Luke's mother asked him.
3. Fred always **drops** his kids **off** at school on his way to work, but his wife **picks** them **up**.
4. "I **feel like** taking a walk in the sun. Would you like to **come along**?" Terry invited Gina.
5. "**Take off** your boots before you **come in**. They are very dirty!" Carol told Nick.
6. "Tim is going to **wind up** in jail if he keeps **hanging around with** that sort of people," Mr. Atkinson warned Tim's parents.
7. Jennifer and Warren decided to **split up** because they were not **getting along** well together anymore.

SET 4

A.
1. a
2. c
3. c
4. c
5. d

B.
1. Jack has always **looked up to** his uncle ever since he was a young kid.
2. "**Hang on** a second, I'll **put** you **through** to Mr. Livingston," the operator told Jill.
3. Pamela **picked out** a beautiful dress to go to the prom.
4. "I can't **figure** George **out**. He's always changing his mind about everything," said Luke.
5. "The teacher told us we are supposed to **hand in** our essays by Friday the latest," Heather told her classmate Rita.

C.

1. c
2. g
3. e
4. i
5. h
6. a
7. j
8. d
9. f
10. b

SET 5

A.

1. "We were not at all pleased with the waitress that **waited on** us at that restaurant," Linda told her friend.
2. 2 . "No one seems to know what is **going on** with the stock market these days," said Brian.
3. "I had no idea the word 'Scuba' was an acronym that **stands for** Self Contained Underwater Breathing Apparatus," Brian told his friend Luke.
4. "After a period of sluggish sales, I'm glad business is finally **picking up** now," the sales director told his managers.
5. Frank **talked** his parents **into** buying him a car when he turned eighteen.

B.
1. c
2. c
3. c
4. c
5. d

C.
1. f
2. i
3. g
4. j
5. e
6. a
7. h
8. c
9. d
10. b

SET 6

A.

1. Not being able to **put up with** so much pressure, Mr. Jones decided to resign.
2. "**Watch out**! There's a car coming!" Phillip warned his friend.
3. Even though Mr. Spencer spent a long time trying to talk his nephew **out of** quit**ting** his job, he was not able to.
4. Mrs. Harris never really understood why her husband **walked out on** her.
5. "To our relief Mary had just **passed out** because of the heat and soon after she **came around**," said Rita.

B.
1. d
2. d
3. b
4. c
5. d

C.
1. f
2. e
3. g
4. i
5. h
6. a
7. c
8. j
9. b
10. d

SET 7

A.
1. d
2. f
3. i
4. g
5. h
6. b
7. c
8. j
9. a
10. e

B.
1. David was about to leave home when Neil **called** him **up** to tell him that the meeting had been **called off**.
2. "This is a crazy idea! We need to **talk** Ted **out of** do**ing** this," Jack told his friends.
3. "Our trip **turned into** a nightmare when we ran out of fuel in the middle of the road at night," Sharon told her friends.
4. "We'll have to **put off** the meeting until next Tuesday," Jeff told his co-workers.
5. The factory where Brad works decided to **take on** some new people as sales have **picked up** again.

C.
1. c
2. d
3. d
4. c
5. e

SET 8

A.
1. The Johnsons are supposed to **check in** at the hotel at about 5:00 p.m.

2. Roger was planning to **drop out** of college, but, after he **bumped into** his favorite professor at the library, he was persuaded not to.
3. The director of the company knew that, if he kept **bossing around** his employees, he would **end up** being fired.
4. Since Douglas knew that his boss liked to be flattered, he planned to **butter** him **up** at the meeting, but at the last minute he became timid and **clammed up**.
5. The young man was extremely attracted to the girl he met at the party and was planning to **ask** her **out** on a date, but as she **came over** to speak with him he **chickened out**.

B.
1. b
2. a
3. b
4. d
5. a

C.
1. c
2. f
3. h
4. a
5. g
6. i
7. j
8. e
9. b
10. d

SET 9

A.
1. "**Buckle up!** The road is kind of bumpy up ahead," the van driver told us.
2. Paul needs to take his car to a service station to have its engine **tuned up**.
3. Sally was furious when she **found out** her boyfriend had lied to her.
4. Mary **came down with** a bad cold last week and she hasn't **gotten over** it yet.
5. "**Call off** all my afternoon appointments. I'm not feeling very well. I think I need to go see a doctor," Mr. Thompson told his secretary.

B.
1. c
2. a
3. b
4. c
5. b

C.
1. f
2. h
3. d
4. g
5. b
6. i
7. c
8. j
9. a
10. e

SET 10

A.
1. d
2. a
3. f
4. b
5. e
6. c

287

B.
1. b
2. e
3. a
4. c
5. d

C.
1. Steve **was about to** leave his apartment when the phone rang.
2. Sue wishes her friend Linda **was around** to **help** her **out**.
3. A: Tom: Check out that guy's car! It's **falling apart**.
4. B: Joe: Yeah, it's about time he **traded** it **in** for a new one.
5. "If you **keep on** smoking that much you are going to **end up** in the hospital. Why don't you try to **cut down on** the number of cigarettes you smoke every day?" Dan asked Mike.
6. Paul likes to **get up** early on Saturdays, **put on** his jogging suit and go to the gym to **work out**.
7. "We are supposed to **get to** the airport at least an hour before our plane is scheduled to **take off** so that we can have plenty of time to **check in** our bags," said Rita.
8. Mr. Wayne has managed to **turn** his little company **into** a very successful business by working hard all these years.

SET 11

A.
1. Even though some of the students were not paying attention, the teacher had to **carry on** with the lesson anyway.
2. The doctor told the patient that the medicine should **tide** him **over** during the next few hours while he recovers from surgery.
3. "I think Maria is beginning to **warm up to** George. Do you see how she is looking at him?", Rachel told a friend.
4. The man at the deli counter **wrapped up** the sandwich for Kevin so he could take it outside to eat.
5. The two girls thought it would be best to **patch up** their friendship after fighting over who would get to go to the school dance with Bryan.

B.	**C.**	
1. c	1. g	6. a
2. d	2. e	7. j
3. a	3. i	8. c
4. b	4. d	9. f
5. c	5. b	10. h

SET 12

A.
1. In most inner city neighborhoods, it is an unwritten rule that you never **snitch on** anyone to the police.
2. Since the children had received a few new video games for their birthday, once they opened them up they wanted to immediately **dive into** playing them.
3. The team was **gearing up** for road trip over the next six days where they would play in five different cities.
4. The bartender surprised us greatly when he said the bill **came to** a whopping $285!
5. If you could **come over** to my office sometime after lunch today, we should be able to finish up that assignment we've been working on for the boss.

B.
1. c
2. a
3. b
4. d
5. c

C.
1. f
2. d
3. j
4. a
5. c
6. b
7. i
8. e
9. g
10. h

SET 13

A.
1. The mafia boss swore he would never **rat out** his associates, even if the police were going to send him to jail.
2. The project we have been working on is really **coming along**. We should be done in the next week or two.
3. We used to get in trouble with our parents all of the time for **horsing around** when they told us we should have been behaving.
4. The movie producer was extremely happy when they **wrapped up** shooting the movie.
5. Every day when Tom comes home from work, all he wants to do is **veg out** on the couch and watch television.

B.
1. f
2. h
3. d
4. b
5. a
6. i
7. c
8. j
9. g
10. e

C.
1. d
2. a
3. b
4. e
5. a

289

SET 14

A.
1. The mayor has decided to **crack down** on major crimes this year in the tough neighborhoods.
2. After hiking up the mountain for over two hours, our guide said it was too windy to continue and that we would have to **start back** down the mountain toward our campsite.
3. The professor forgot his papers on the bench and watched them all **blow away** when a strong gust of wind came through the park.
4. When my friends came over to my apartment for the party, the doorman of my building had to **buzz** them **in** before they could take the elevator up to my floor.
5. After three weeks of non-stop work, Mr. Francis wanted nothing more than to just **chill out** on the beach for a few days and relax.

B.
1. c
2. b
3. d
4. a
5. b

C.
1. c
2. h
3. j
4. a
5. f
6. g
7. i
8. d
9. b
10. e

SET 15

A.
1. Before Michael went out with his friends to the club, he made sure he **had on** his new watch and some nice cologne.
2. Franklin really **lucked out** that his teacher was absent on Friday because he forgot to study for his big test.
3. "The only way my parents would let me travel over the weekend with my friends was if I promised to **abstain from** using drugs and alcohol,.", Jordan told a friend.
4. I was given a hot stock tip by my boss and decided to **act on** it quickly. I'm hoping I will make some quick money on the deal.
5. The advertising company has decided to **aim at** young boys and girls for the launch of their new sports equipment next month.

B.
1. g
2. h
3. j
4. c
5. a
6. i
7. e
8. f
9. d
10. b

C.
1. c
2. a
3. e
4. d
5. b

SET 16

A.
1. The bear was **chasing after** the racoon that had gotten too close to her cubs.
2. The fog began rolling in this morning and now the valley is totally **clouded over**.
3. Mary started a new diet and has been trying to **cut out** soda and candy.
4. Since we are trying to save money this month, I recommend that we **eat in** a few times and hopefully save a few bucks.
5. Mrs. Spielvogel knew that whenever her son invited his friends over after soccer practice that they were going to **eat up** all of the ice cream.

B.
1. i
2. e
3. g
4. c
5. d
6. h
7. a
8. j
9. b
10. f

C.
1. e
2. d
3. b
4. c
5. b

SET 17

A.
1. After twelve weeks of a very cold winter, the people were **longing for** the sun and warm temperatures of summer like never before.
2. The bus driver was always telling the children to **pipe down** and be quiet so that he concentrate on the driving.
3. The origin of the fossil **dates back** to the Paleolithic Era, the professor told us.
4. Since Robert had lived in New England all of his life, he has always **rooted for** the Boston Red Sox.
5. The army snipers were trying to **shoot down** any one that got too close to the base.

B.
1. e
2. b
3. g
4. j
5. h
6. a
7. f
8. i
9. c
10. d

C.
1. d
2. c
3. e
4. a
5. b

291

SET 18

A.
1. After letting two goals slip by their goalie in the first half, the soccer team planned to **strike back** and score some goals of their own in the second half.
2. The bartender told us he was about to end his shift and asked if he could **top off** our drinks for us before he left.
3. "My mom asked me to **tuck away** a $10 bill into my pocket in case I needed it later on my field trip with my class to the zoo,.", Bart told Jake.
4. Marvin's lawyer found it difficult to **loosen up** after work because he was working on such a complex and challenging case.
5. "We never let our daughter go outside on a snowy day without first making sure to **zip up** her coat. It's just so cold out there,.", said Sally to a friend.

B.
1. h
2. a
3. e
4. f
5. c
6. d
7. j
8. b
9. i
10. g

C.
1. d
2. b
3. c
4. d
5. e

SET 19

A.
1. "I like to **loosen up** for at least ten minutes before I go for a run or play sports,.", Tyler told a friend.
2. The gymnasium floor had just been mopped and the teacher **slipped on** the wet floor and twisted her ankle.
3. Marta never found it difficult to **strike up** conversation with a stranger. She had traveled a lot and felt comfortable in almost every social situation.
4. Stacy's grandmother was trying to **think back** and remember how different life had been when she herself was a very young girl. So much had changed since then.
5. After getting straight A's on her first few biology tests, Kendra thought she might be able to **sit back** and relax and not study so hard for the next exam.

B.
1. h
2. a
3. f
4. j
5. d
6. c
7. g
8. e
9. b
10. i

C.
1. a
2. c
3. a
4. e
5. b

SET 20

A.
1. The taxi driver wasn't paying attention and accidentally **ran down** a dog crossing the street.
2. People tend to **shy away** from difficult topics of conversation such as politics or religion when meeting someone for the first time.
3. "Do you think Barry was trying to **hit on** me at the party last night?", Heather asked Lucy.
4. "My daughter is just learning how to walk and now she wants to **reach out** and touch everything she can get her hands on,.", Mike told a friend.
5. "It didn't take very long for the economy to **pick up** after it bottomed out,.", said Sean.

B.
1. b
2. g
3. f
4. h
5. j
6. a
7. c
8. d
9. i
10. e

C.
1. b
2. c
3. a
4. d
5. b

SOBRE OS AUTORES

Jonathan T. Hogan
Americano de Nova York, é graduado em Comunicações e Filosofia pela Boston College (Massachussets, USA). Após uma temporada lecionando inglês para executivos em São Paulo, cursou o mestrado sobre TOEFL - Teaching of English as a Foreign Language (Ensino de Inglês como Língua Estrangeira) na Columbia University (Nova York). É interessado em línguas e culturas de outros países, fala português e espanhol e trabalha como professor de inglês para alunos estrangeiros no sistema público de Nova York.

José Roberto A. Igreja
Graduado em língua e literatura inglesa pela PUC (SP), possui os certificados de proficiência em inglês das universidades americanas BYU - Brigham Young University (Salt Lake City, Utah) e Michigan. Atua no segmento de cursos de inglês *in-company* sendo responsável pelo site www.dialectoenglish.com.br e pelo blog www.faletudoemingles.com.br. É autor de vários livros sobre o idioma inglês, como **Fale Tudo em Inglês!**, **Inglês Fluente em 30 lições** e **How do you say... in English?**, entre outros. É também coautor, com Robert C. Young, dos livros **Inglês de Rua - American Slang**; **Fluent Business English**, **Fale inglês como um Americano** e **English for Job Interviews!** e com **Joe Bailey Noble III**, dos livros **American Idioms!** e **Essential American Idioms**, publicados pela Disal Editora.

Este livro foi composto na fonte Interstate e
impresso em julho de 2025 pela Paym Gráfica Editora Ltda.,
sobre papel offset 75g/m².